TECENDO REDES ANTIRRACISTAS III

Entre resistências e emancipações

TECENDO REDES ANTIRRACISTAS III

Entre resistências e emancipações

Renísia Cristina Garcia Filice
Leandro Santos Bulhões de Jesus
Redy Wilson Lima
Miguel de Barros
Organizadores

Coleção Cultura Negra e Identidades

autêntica

COORDENADORA DA COLEÇÃO
Nilma Lino Gomes

CONSELHO EDITORIAL
Marta Araújo (Universidade de Coimbra); Petronilha Beatriz Gonçalves e Silva (UFSCAR); Renato Emerson dos Santos (UERJ); Maria Nazareth Soares Fonseca (PUC Minas); Kabengele Munanga (USP)

EDITORAS RESPONSÁVEIS
Rejane Dias
Cecília Martins

REVISÃO
André Figueiredo Freitas
Anna Izabella Miranda
Deborah Dietrich
Lorrany Silva

CAPA
Alberto Bittencourt
(Sobre imagem de Adobe Stock / TALVA)

DIAGRAMAÇÃO
Waldênia Alvarenga

Dados Internacionais de Catalogação na Publicação (CIP)
(Câmara Brasileira do Livro, SP, Brasil)

Tecendo redes antirracistas III : entre resistências e emancipações / organização Renísia Cristina Garcia Filice...[et al.]. -- Belo Horizonte: Autêntica, 2024. -- (Cultura Negra e Identidades)

Vários autores.
Outros organizadores: Leandro Santos Bulhões de Jesus, Redy Wilson Lima, Miguel de Barros.
Bibliografia
ISBN 978-65-5928-237-1

1. Antirracismo 2. Decolonialidade 3. Luta de classes 4. Racismo - Aspectos sociais 5. Resistência 6. Xenofobia I. Filice, Renísia Cristina Garcia. II. Jesus, Leandro Santos Bulhões de. III. Lima, Redy Wilson. IV. Barros, Miguel de. V. Série.

22-134153 CDD-305.8

Índice para catálogo sistemático:
1. Antirracismo : Resistência : Sociologia 305.8

Eliete Marques da Silva - Bibliotecária - CRB-8/9380

GRUPO **AUTÊNTICA**

Belo Horizonte
Rua Carlos Turner, 420
Silveira . 31140-520
Belo Horizonte . MG
Tel.: (55 31) 3465 4500

São Paulo
Av. Paulista, 2.073 . Conjunto Nacional
Horsa I . Sala 309 . Bela Vista
01311-940 . São Paulo . SP
Tel.: (55 11) 3034 4468

www.grupoautentica.com.br
SAC: atendimentoleitor@grupoautentica.com.br

Prefácio

Encampar a luta, enraizar o pensamento: tecer redes coletivas em busca de um mundo comum

wanderson flor do nascimento

A história das lutas de independência dos países africanos, assim como a luta antirracista dos povos da diáspora negra e dos indígenas, foi, e tem sido, atravessada pelo esforço de enfrentar o desmantelamento de laços comunitários, que é uma das tônicas da estruturação política da colonial Modernidade. Essa desarticulação do coletivo se dá por estratégias tanto políticas como epistêmicas, seja centrando o conhecimento na instância do individual – e recusando ou reduzindo a importância da produção coletiva do conhecimento –, seja criando a sensação política de que não há muito a fazer além de uma adequação ao mundo tal como ele se apresenta hoje, numa sensação de *sem saída*.

Neste terceiro volume da série vinculada ao projeto Tecendo Redes, encontramos a motivação trazida por Amílcar Cabral como mote, mas não apenas. A ideia de *caminhar com seus próprios pés e pensar com a própria cabeça* é um projeto político revolucionário. Há uma revolução política nítida: é um comando para abandonar as orientações políticas coloniais que vieram conduzindo hegemonicamente os processos históricos e políticos desde os começos da Modernidade, como também para deslocar o sujeito tributário da revolução da pessoa individual para o sujeito coletivo.

Uma das mais intensas estratégias modernas de ressignificação do mundo e de criação de forças de controle foi a individualização das instâncias da ação e do pensamento, o que, efetivamente, resulta no enfraquecimento do tecido comunitário vivido. E é nesse cenário que a dependência nociva acontece. Nem mesmo no individualismo é possível agir e pensar sozinho. Mas, nesse cenário, o contato com quem nos cerca ou é de servilismo ou de expropriação.

Na proposta de Cabral, o caminho é outro. Os laços que nos une rumo à revolução, à emancipação, é exatamente a necessidade de reestabelecermos vínculos comunitários que sejam enfrentadores dessa faceta destrutiva do individualismo, que deixa as pessoas mais suscetíveis de serem controladas, violadas, que as isola, desenraiza e dificulta o compromisso com o que historicamente nos violou.

Assim, seguindo a esteira de Cabral, teríamos uma missão dupla: de um lado, de retomarmos, no coletivo, as rédeas da produção de nossa força política, recusando-nos a sermos apenas meros reprodutores de ideais que não são de nossas coletividades, de nossos povos historicamente marcados pela ferida colonial, ou a nos conduzirmos pelas agendas de outras coletividades ou individualidade; e, do outro, a necessidade de produzirmos de maneira insurgente – e também comunitária – os conhecimentos necessários para essa nova configuração de sociedades que surjam com a recusa das malhas coloniais.

Essa não é uma tarefa fácil nem imediata. Perceber os riscos de caminhar com os pés dos outros e de pensar com outras cabeças (ou seguir ideias forâneas) não é algo que aconteça sem esgarçamentos de lógicas que nos constituíram como sujeitos (ou objetos) históricos. Fomos formados por um pensamento educacional e um pensamento político que nos contaram que os valores civilizatórios construídos e difundidos pelo Ocidente eram o caminho seguro e legítimo para uma sociedade que se aproxima do progresso. E, com isso, aprendemos que essas lógicas estranhas que nos cercam, que esses pés dos outros, que outras cabeças podem estar sempre contra nós e nossos processos emancipatórios.

Exatamente por isso que um imperativo como o apontado por Amílcar Cabral nos convoca a nos alinhar coletivamente no enfrentamento dessa lógica colonial que tem no racismo sua coluna vertebral. É isso que pode construir alianças entre os países africanos, a diáspora negra, os povos indígenas e as pessoas antirracistas do velho mundo colonizador. Essas alianças passam por reconhecermos as diferenças sem hierarquizá-las, por estarmos mais dispostos a aprender do que ensinar e, ainda assim, quando necessário e possível, partilharmos saberes que sejam emancipatórios. Passam por contarmos a história das lutas como parte constitutiva daquilo que a Modernidade quis que fosse apenas opressão.

O famoso *hoax* em torno da suposta carta de William Lynch[1] que ensinaria a colonos de todo o novo mundo a ideia de *separar para conquistar e evitar*

[1] Na década de 1970 começou a circular a narrativa de que o escravagista do século XVIII William Lynch teria encontrado uma maneira eficaz de controlar pessoas escravizadas dentro de suas propriedades, colocando-os uns contra os outros. A carta em que essa

a luta pode até apontar para algo que não aconteceu, mas que se materializou na narrativa ficcional de forma a apontar uma lógica que, se não fora proposta por um colono irlandês, o foi por todo o sistema colonial moderno. Acontece que a história nos legou outras possibilidades, vinculadas com a resistência, com a criação, com a criação resistente, com a resistência criativa. E é fundamental conhecer essas possibilidades para que não fiquemos aprisionados por um derrotismo histórico que pense que a história termina com um certo triunfo colonial do Ocidente sobre seus outros: *o resto*.

É nesse cenário que as experiências e as reflexões provocativas que este terceiro volume da série Tecendo Redes Antirracistas colaboram para essas alianças, que, em meio às múltiplas diferenças, mobilizam intenções de um mundo desligado das estratégias que separam, que violam, que ultraindividualizam, que nos deixam isolados e com a percepção de que nada há para fazer diante deste mundo e das relações violentas que nos cercam.

Ter mobilizado, para seguir a convocatória cabralina, a ideia de resistências e emancipações, trouxe para este livro um cenário bastante interessante: o da luta por um mundo outro. Como será esse mundo? Não sabemos. Estamos buscando por ele, criando as condições para construí-lo. E, por isso, multiplicar olhares, observar as experiências desde as quais possamos repensar o que é possível *fazer juntos* é importante.

Nas lúcidas transformações do modo como nos vemos em meios às coletivas mobilizações culturais que assumem posições de resistência; nos jogos que coletivamente nos ensinam que há algo mais importante do que vencer; nas partilhas de olhares que problematizam, desde os esforços para repensar, com outras e atuais categorias, os impactos do racismo e da xenofobia na experiência das sociedades africanas, das comunidades indígenas em busca do conhecimento universitário; nas relações políticas, pedagógicas, existenciais entre Cabral, Freire e Fanon; nas avaliações das dimensões identitárias na política externa de Cabo Verde; na discussão sobre a presença de produtos estadunidenses "descartados" no mercado informal cabo-verdiano; nas discussões sobre gênero em Cabo-Verde e também no Brasil, desde a perspectiva

ideia apareceria também teria sido a fonte da lógica do linchamento, como punição para as pessoas escravizadas. E o nome desta prática violenta teria sido utilizado em homenagem a Lynch, embora a suposta carta afirme que tais métodos violentos não fossem eficazes. Hoje sabemos que essa narrativa não corresponde ao que efetivamente teria acontecido nos pronunciamentos desse irlandês proprietário de escravizados que vivia nos Estados Unidos.

de autoras do continente e da diáspora, trazendo para o centro do debate, seja político, seja educacional, seja migratório, a categoria da interseccionalidade – em todas essas abordagens encontramos a oportunidade da partilha de saberes e práticas que criam resistindo, que resistem criando e que podem nos legar outros mundos, diversos desse denunciado.

Partilhar saberes hoje não é apenas uma tarefa epistemológica das universidades, mas também um engajamento político-social que nos permita rearticular o tecido coletivo na busca de construção de novos projetos de futuro.

Em sua leitura de algumas das consequências atuais da adoção de políticas que reverberam e reproduzem as forças coloniais, o politólogo camaronês Achille Mbembe, em sua obra *Políticas da inimizade*, nos conta sobre o estabelecimento de estratégias modernas de controle e violência que chamou de "sociedades da inimizade", como o eixo fundamental de afastamento, de estabelecimento de fronteiras, de separação entre os viventes. Com isso, ele busca mapear o conjunto de forças que estabelecem relações sem desejo, capazes de fazer com que não vejamos como aliadas as outras pessoas. A figura do inimigo vai tomando a cena relacional e construindo relações corroídas em que as vidas se tornam descartáveis e indignas de luto.

A ideia do exército de excedentes que Mbembe mobiliza para pensar que tipo de contatos estabelecemos e quais vidas entendemos como dignas de que experimentemos o luto, mostra o quanto essa estrutura da inimizade torna-se a gramática fundamental das possibilidades políticas herdeiras da colonização racista da modernidade.

Trazendo Frantz Fanon para o debate, Mbembe pensa em uma utopia realizável da busca por um espaço relacional em que se possa lidar com as diferenças, com as histórias diversas, de maneira não destrutiva. É aí que ele nos apresenta sua proposta de uma revalorização da humanidade que assuma a forma da busca por *um mundo comum*. Tal mundo está por ser construído pelas forças políticas que percebam a bancarrota que o processo colonial nos legou.

Um mundo comum não é aquele em que todos pensam, sabem, experimentam as lutas da mesma maneira. Não é uma experiência que julgue uma hierarquia de dores, mas que perceba o entrelaçamento pernicioso entre economia e política que a Modernidade fomenta, de modo a consumir o mundo e as pessoas que nele vivem. Esse mundo comum é antes a aposta de que os muitos encontros promovidos pela polifonia de vozes, multiplicidade de projetos de futuro e diversidade de desejos, poderes e interesses possam fortalecer as possibilidades de construir, criar, resistir em conjunto, em meio a essa cena apocalíptica que o mundo moderno nos apresenta como o único mundo que temos para viver.

A humanidade e o próprio mundo estão, mais que nunca, em disputa. Fortalecer os laços entre as comunidades de viventes que habitam – ou estão na iminência de habitar – aquilo que Fanon chamou de "Zona de Não-Ser" é a aposta que parece fazer convergir Fanon, Paulo Freire, Amílcar Cabral e Mbembe. E também faz convergir as lutas de resistência e emancipação de povos indígenas, africanos, de terreiro e toda uma miríade de experiências de gentes que contam suas histórias de maneira diversa daquela que a Modernidade nos ensinou a conhecer.

Se outro camaronês, Jean-Godefroy Bidima, tiver razão, não podemos entrar na vida – e, eu diria, também na luta – senão em meio às histórias que nos cercam. Essas histórias nem sempre são contadas por nós. Agora, nessa tentativa de experimentar um mundo comum, em que a sociedade da inimizade seja apenas uma pálida lembrança, faz-se necessário que possamos contar outras histórias, que *nós* nos contemos outras histórias, mobilizando as resistências e emancipações. E que essa narrativa possa atuar como dínamo para o reestabelecimento dessa humanidade e desse mundo que as tramas coloniais tentaram solapar.

Este livro é uma contribuição para a pluralização dessas histórias, dessas narrativas que, ao mesmo tempo em que denunciam o legado colonial, mobilizam também alternativas de emancipação, nos mostrando que o mundo comum, embora atacado, é ainda um horizonte a ser (per)seguido. Tecer redes seria, assim, um dos modos possíveis de pavimentar caminhos – de conhecimento e luta – rumo a outras histórias, histórias plurais vividas nesse mundo comum, que partilham a aposta de um refazimento, de uma criação coletiva, comunitária, revolucionária, insurgente.

Brasília, setembro de 2022.

Apresentação

"Caminhar com seus próprios pés" e "pensar com sua própria cabeça": trilhas da história, resistência(s) e emancipações

Renísia Cristina Garcia Filice
Leandro Santos Bulhões de Jesus
Redy Wilson Lima
Miguel de Barros

Esta coletânea compõe um projeto que existe desde 2016, coordenado pelo Geppherg/FE-UnB.[1] Trata-se da terceira publicação, sequencial ao *Tecendo Redes Antirracistas: Áfricas, Brasis e Portugal* (Oliva *et al.*, 2019) e *ao Tecendo Redes Antirracistas: contracolonização e soberania intelectual* (Jesus; Filice; Barros, 2020); este, o *Tecendo Redes Antirracistas III: entre resistências e emancipações*, além de textos que foram apresentados durante o Segundo Seminário Internacional Tecendo Redes Antirracistas: Áfricas, Brasis e Portugal, ocorrido em julho de 2019 na cidade da Praia, em Cabo Verde, África,[2]

[1] Projeto idealizado pela pesquisadora e líder do Grupo de Estudos e Pesquisas em Políticas Públicas, História, Educação das Relações Raciais e Gênero, sediado na Faculdade de Educação da Universidade de Brasília (Geppherg/FE-UnB), profª Renísia C. Garcia Filice. O grupo segue com a parceria na vice-coordenação do prof. Leandro Santos Bulhões de Jesus, da Universidade do Ceará, e com o apoio do Núcleo de Estudos Afro-Brasileiros do Centro de Estudos Avançados Multidisciplinares da UnB (Neab – Ceam-UnB). Esta terceira coletânea conta com a participação do Centro de Estudos Amílcar Cabral (Cesac) da Guiné-Bissau, na pessoa do investigador Miguel de Barros, fruto do Acordo de Cooperação assinado entre a UnB e o Cesac em 2019; do sociólogo Redy Wilson Lima, de Cabo Verde; e do prof. Odair Barros-Varella, da Universidade de Cabo Verde.

[2] O II Seminário Internacional Tecendo Redes Antirracistas: Áfricas, Brasis e Portugal foi uma realização do Coletivo Nhanha Bongolon, com a participação do Geppherg/FE-UnB e apoio da Universidade de Cabo Verde e da Universidade Federal do Ceará (UFC). Em razão da pandemia da covid-19, a publicação que ocorreria em 2020 foi prorrogada e, nesse intervalo, houve um Edital da UFC no qual fomos selecionados, resultando na publicação do *Tecendo Redes Antirracistas II: contracolonização e soberania intelectual* (JESUS; FILICE; BARROS, 2020). As três publicações só foram possíveis em função da participação em editais da Fundação de Apoio a Pesquisa (FAP-DF) em 2017 e da

incorpora artigos e relatos de experiências produzidos por pessoas de Cabo Verde, Guiné-Bissau, Portugal e Brasil.

Em 2022, dada a participação no edital n. 05/2018, Seleção Pública de Propostas Institucionais: Bolsas de Pós-Doutorado no Exterior, da Universidade de Brasília, recursos financiados pela Fundação de Apoio a Pesquisa do Distrito Federal (FAPDF), foi possível dar continuidade ao projeto iniciado em 2019.

Na continuidade do compromisso estabelecido no projeto Tecendo Redes, neste material, as abordagens contracoloniais seguem sendo a tônica, todavia, diferentemente de edições passadas, a maior aproximação com o continente africano, pela porta de Cabo Verde, em diferentes situações[3] nos trouxe a possibilidade de termos contato com variados temas do cotidiano do país que se apresentaram como possibilidades discursivas, permeadas por memórias individuais e coletivas. Muitas dessas histórias e memórias revelaram elos de ligação e familiaridade com os escritos de um dos maiores intelectuais do século XX, considerado por muitos o maior líder da Revolução Africana, Amílcar Cabral. Esse contato se deu de diferentes formas: desde o cotidiano na cidade da Praia, revelador de imagens e registros pós-memória por todos os cantos (Khan; Cruz; Garcia, 2016), até os escritos e homenagens que já tomam o país com a aproximação, em 2023, dos cem anos de nascimento de Cabral.

Em *"Cartas de Amílcar Cabral a Maria Helena": A Pós-memória como coragem cívica*, as autoras e o autor, ao analisarem a contribuição das mensagens deixadas pelo grande líder à sua primeira esposa, tecem considerações de grande importância acerca da relação entre o estudo do passado africano e seus feixes de possibilidades, a fim de pensar aspectos atuais da colonização das mentes. Chama-se a atenção na obra citada para o fato que o direito ao ofício de historiadoras/es não se restringe a uma categoria; é um direito de "toda gente". O "estudo da história engrandece a vida porque promove a apreciação e compreensão de encontros com pessoas e artefactos, ruas e textos, paisagens e ruínas" (Fernández-Armesto *apud* Khan; Cruz; Garcia, 2016, p. 93).

Universidade Federal do Ceará, em 2020, aos quais registramos nossos agradecimentos. Este volume III foi pago antecipadamente, com recursos do Edital Fap-DF/2017.

[3] Participação da professora Renísia C. Garcia Filice, junto ao programa de Mestrado em Relações Internacionais e Diplomacia Econômica da Universidade de Cabo Verde, no curso "Diálogos Transnacionais" durante o seu pós-doutoramento, sob a supervisão do professor Odair de Barros-Varella, de janeiro a junho de 2022 (2019, participação em Seminário Internacional) .

Nessa tessitura entre memórias, artefatos, fontes e vestígios do passado e atravessamentos do presente, delineia-se sedutoramente uma escrita da História mais fluida e respeitosa, que nos permite problematizar esse presente e quiçá (re)escrever a História do passado. Nesse formato, a História, enquanto registo, integra, e ao mesmo tempo é composta por, uma memória coletiva (Halbwachs, 2004), embora não se confunda com esta (Khan; Cruz; Garcia, 2016, p. 94).

Nesses encontros e desencontros presente-passado, Cabo Verde, Brasil e Portugal, fosse no Seminário, no curso "Diálogos Transnacionais" realizado na Universidade de Cabo Verde, na visita à Cidade Velha, ao Campo de Concentração do Tarrafal, na ida ao mercado da Sucupira, fosse na viagem para dentro de muitos e muitas autoras e autores, percebemos uma dinâmica que, contraditoriamente, nos aproxima, e, por vezes, nos distancia da perspectiva de "reafricanização dos espíritos", que o texto de Kwame Gamal Mascarenhas nos apresenta na sua vivência das releituras de Cabral. Seja uma leitura para fora – sobre as realidades cabo-verdianas –, e ato contínuo, também uma leitura para dentro de nós, lidarmos com as Áfricas que existem em nós, e fora de nós, tornou-se uma urgência de sobrevivência.

Os textos dados a conhecer nesta coletânea assumem vida própria, não como a organizadora e os organizadores acham que deva ser, mas como nos foi possível conhecer. Reflexões e sentimentos desencadeados por atravessamentos cabralinos sulearam nossa "organização" da variedade de temas que nos foram apresentados por cabo-verdianos e cabo-verdianas, majoritariamente, mas também por textos de autoras brasileiras, incluindo uma indígena do povo Baré, e um investigador português.

A afirmação de Cabral da necessidade de "pensar com as suas próprias cabeças, caminhar com seus próprios pés" serviu como linha motivadora e condutora para as trilhas deste livro.

Os textos aqui apresentados ampliam o universo de reflexões, mas não exatamente da compreensão da forma como se deu a libertação de Guiné-Bissau e Cabo Verde no passado, sob a liderança de Cabral – por mais genial e urgente que seja a compreensão destes percursos, em marcha há décadas por pessoas de múltiplas filiações ideológicas e disciplinares –; interessa-nos, nesta obra, observar e problematizar temas que nos desafiam, que possibilitam o entrecruzamento de temporalidades, formas e percepções variadas que lançam luz sobre o presente. Interessa-nos também, mas não só, compreender o racismo, o sexismo, a resistência da mulher em Cabo Verde. Assim como as incômodas permanências que, certamente, têm muito pouco a ver com os ensinamentos do visionário Amílcar Cabral.

Para além, mas nem tão distante assim , da História da libertação oficial de África da colonização portuguesa – historicamente, o que são 47 anos? –, está presente nesta coletânea uma variedade de registros sobre as permanências, rupturas e, principalmente, a dinâmica das relações étnico-raciais e de gênero, tanto no âmbito da sobrevivência, como, por exemplo, no registro que veremos sobre as vendedeiras de "Ya" – produtos de segunda mão vindos dos EUA e vendidos no país –, e diferentes debates sobre e das mulheres cabo-verdianas, mas não só, numa perspectiva interseccional, na ocupação de diferentes espaços políticos; referência às relações internacionais tão presentes em Cabo Verde e que também nos foi apresentada, como verão, por se tratar, como dizem, de uma ilha que se vê ainda muito "dependente do capital externo". O Brasil também contribui com textos que atravessam o além-mar, se aproximam e distanciam de África. O registro sobre as "relações interétnicas" em Portugal continua sendo, no contexto destas reflexões cabralinas, um ponto fora da curva. O que o torna mais instigante e impõe a sua presença nesta coletânea.

Como toda sociedade, Cabo Verde tem muito a nos revelar. Ao assumirmos uma perspectiva de diálogo com o local, provocada por Cabral com sua orientação sobre a necessidade de se "pensar com sua própria cabeça" e "caminhar com seus próprios pés", nos abstemos de estabelecer *a priori* e/ou de forma rígida os temas dos artigos desta coletânea. Daí compartilharmos com a/o leitora/or o prazer de nos depararmos com registros importantes da resistência interna e externa presentes nos relatos de experiência de pessoas que buscam "caminhar com seus próprios pés" e o esforço teórico de outras que seguem, seriamente, a perspectiva de tentar se descolonizar e "pensar com sua própria cabeça", emancipar-se pela narrativa, mesmo que, numa leitura criteriosa, vejamos que isso ainda está longe de se materializar. As "cabeças", por vezes, parecem ainda não terem se libertado das teias coloniais (e também as nossas). E não há muito o que nós da organização deste título possamos fazer – de imediato – a respeito. Temos sim a prova cabal de que, para mudar-se mentes, leva-se tempo.

Enfim, provocada/os pela dinâmica cabralina e pelas experiências dos textos dados a conhecer, evidenciou-se com bastante ênfase a resistência de hoje em Cabo Verde, ao se reconhecer a participação das mulheres nas lutas pela libertação de África, em que homens e mulheres eram convocados.

Notam-se, na história do presente, continuidades desconfortáveis de uma história escrita por homens para o engrandecimento dos homens.

A participação da esmagadora maioria das mulheres cabo-verdianas no movimento independentista passou largamente despercebida, sendo normalmente referidos poucos nomes. Por conseguinte, no pós-independência, esta participação tornou-se pouco perceptível e até invisível para a maioria da população a residir em Cabo Verde (Coutinho, 2020, p. 1).

Com tantos textos e contextos, esta coletânea foi pensada em diferentes momentos interligados (seminários, cursos, visitas e outros); assim, mais do que o binarismo passado/presente, que é marcador da cosmovisão ocidental, herança do cristianismo/judaísmo, temporalidades plurais se entrecruzam de múltiplas formas e performances, no reconhecimento, por exemplo, de que opera uma perspectiva de espaço privado para as mulheres cabo-verdianas, mas que, concomitantemente, estas mesmas mulheres se organizam e, com ações políticas diferenciadas, se "intrometem" (alguns diriam) na política, elaboram manifestos, cobram políticas públicas, ocupam a feira da Sucupira e as esquinas da cidade da Praia, como pudemos ver diariamente. Por assim ser, esta coletânea foi levada a percepções cruzadas de temporalidades que extrapolam lógicas binárias passado/presente.

A organizadora e os organizadores compreendem que os temas aqui abordados, quando acionam eventos de outras épocas, o fazem exatamente porque há apropriações muito particulares, e também coletivas, das formas de (r)existir e de ser africano em África, por exemplo, no caso de Cabo Verde, de ser negro e negra no Brasil, ou de ser reduzido a imigrante em Portugal, mesmo tendo nascido lá.

O conhecimento dos escritos sobre a luta de libertação e os insistentes chamados de Amílcar Cabral para a construção da própria autonomia pelos militantes, camaradas, pelo povo guineense e cabo-verdiano fez com que nós, envolvida/os pelo pensamento cabralino – embora, como dito, não seja ele o autor homenageado –, também percebêssemos a necessidade de mudar a nossa postura e respeitar a dinâmica que foi estabelecida pelas pessoas que nos brindaram com seus textos e que quiseram apresentar a si ou aos seus temas. Trata-se de uma forma de sermos respeitosa/os e de tentarmos materializar uma solidariedade acadêmica entre nós. Afinal, Cabral "sempre encarnou o espirito de ideais nacionalistas e libertárias, demonstrando a necessidade de solidariedade para com os povos oprimidos e explorados do mundo inteiro" (Galvão; Neves; Lopes, 2020). Nesse quesito, "estamos juntas/os e misturadas/os", como usamos dizer no Brasil.

Tal como o pensador quilombola Mestre Antônio Bispo dos Santos (2019), compreendemos a colonização mais como um processo do que como um fato histórico datado e devidamente superado por outros regimes políticos, como as repúblicas modernas. Temos aqui, portanto, várias histórias, memórias, reflexões sobre os atravessamentos coloniais como a raça, a etnia, o gênero, a classe, o território, o meio ambiente, entre outros, que irão, certamente, registrar marcadores de opressão, de silenciamentos e mortes, e também a identificação das autonomias, autogestões e soberanias de toda ordem, em trânsitos de negociações e daquilo que é inegociável.

É nesse movimento que é possível reconhecer outras epistemologias e formas de (vi)ver tanto de cabo-verdianas/os, como de brasileiras/os, guineenses, portuguesas/es e de quem mais se interessar. Há um esforço intencional por parte desse grupo de sistematização voltado para o campo da formação de professoras/es, provocados pela necessidade de contribuir com a implementação do Artigo 26-A da Lei de Diretrizes e Base da Educação Nacional (LDB), que determina o ensino de História da África, Cultura Afro-Brasileira e Indígena em todo o sistema de ensino brasileiro. Espera-se que tais contributos se desdobrem no reforço da autoestima das nossas crianças, e também adultos, negras/os, indígenas, africanas/os, brasileiras/os e portuguesas/es; com seus tempos muito próprios, que fazem parte do processo de SE AUTOCONHECER individual e coletivamente, como dizia Cabral aos militantes e camaradas, e que agora aprendemos:

Assim sendo, com essa tentativa de mergulho no diverso, o livro se apresenta em duas frentes, a saber: I) "Caminhar com seus próprios pés" – resistências. Relatos de experiências e entrevista , que não por acaso antecede a segunda frente; II) "Pensar com sua própria cabeça" – histórias e emancipações, invertendo a sequência da frase original.

Como parte das reflexões que vimos realizando para além de 2016, como o dissemos, somos um grupo diverso com percursos e percalços diferenciados, mas há algo que nos move: a certeza de que temos que desaprender muitas coisas que estão nas "nossas cabeças" e, ao aprender novas coisas, de que teremos também que compartilhar com os/as nossos/as, e os/as não nossos/as, caminhos novos a trilhar, dentro dos nossos limites, possibilidades e experiências.

Baseados na certeza de que o planeta precisa, urgentemente, de outros olhares, tatos e contatos, invertemos a lógica da academia que se nos apresenta, primeiro a revisão da literatura – "opte por uma teoria"; a seguir, depois de leituras exaustivas, nos autoriza a irmos "a campo", a mergulharmos na realidade com a "lente teórica", o recurso teórico-metodológico que – os de sempre, europeus e estadunidenses – tão "generosamente" nos dão a conhecer.

Com isso, são séculos e séculos de repetição sobre uma dada perspectiva civilizatória supremacista, de modernidade, que dita quem são os desenvolvidos e os subdesenvolvidos, o norte e o sul, o velho maniqueísmo do bem e do mal, do branco e do preto; nessa História Única/Única História, não precisamos de muito esforço para compreender "por onde nossos pés" andarão e andaram se não nos comprometermos com o mergulho em nós mesmos, juntos/as, e também separados/as. Caso contrário, seguiremos sempre pelos mesmos caminhos, olhos, sentimentos e coração, adestrados/as para o não-contato com o tal Outro, que, nesse caso, somos nós, africanas/os, brasileiras/os, latino-americanas/os, indígenas, quilombolas, não-brancas/os, que povoam maioritariamente o universo.

Mesmo inebriada e inebriados de Cabral, ainda somos incapazes de compreender sua profundidade tanto quanto os camaradas do Partido Africano para a Independência da Guiné-Bissau e de Cabo Verde (PAIGC), já que guineenses e cabo-verdianas/os, também tiveram seus limites; do ponto de vista dos obstáculos marcados pela diversidade étnico-cultural, linguística e potencializados pela presença do colonialista, nos idos das décadas de 1940 até o início da década de 1970. Dada a amplitude dos ensinamentos do pensador, respeitosamente, apresentamos os textos da forma como se nos deram a conhecer, com temas variados, prenhes de vivências cabo-verdianas, mas não só.

Por uma escolha, não haverá adaptação do português de Portugal para o português do Brasil, nem do português de Cabo Verde; no máximo, solicitamos às/aos autoras/es que traduzissem as frases escritas em crioulo para que "toda gente" compreenda a mensagem.

Parte I - "Caminhar com seus próprios pés": Resistências

No capítulo 1, "A reafricanização dos espíritos por meio da vivência de códigos culturais da resistência", Kwame Gamal Mascarenhas apresenta-nos algumas possibilidades de enfrentamento às tentativas dos colonizadores em destruir os referenciais civilizatórios africanos, tanto em África quanto em sua diáspora. A partir da sua própria trajetória, acessamos os caminhos pelos quais o autor se reencontra com um patrimônio cultural de base africana nos povos negros brasileiros. Trata-se de um texto inspirador nas estratégias de reorganização de projetos de sociedades libertas, nas quais a história, a memória, as narrativas, as danças, as sonoridades, entre outros gestos e dimensões políticas, imprimam com dignidade a autonomia e o devir dos povos africanos, como desejou Amílcar Cabral entre outras e outras de sua geração, nos tempos de luta pela independência em Cabo Verde.

No capítulo 2 – "Senet: jogo ancestral e patrimônio milenar africano" –, Fábio F. Gomes (Kwesi Ta Fari) resume seu livro, em que mostra as contribuições do jogo do Senet, criado por ele Kwesi nos mostra como o jogo integra o patrimônio cultural africano e da diáspora africana, possuindo bases históricas nas civilizações do Vale do Nilo (Hapi), como o Egito Antigo (Kemet), edificado mais de 4 mil anos Antes da Era Comum. Entre os patrimônios culturais materiais do Vale do Nilo, figuram jogos de tabuleiro e artefatos que abrangem conhecimentos diversos de matemática, filosofia e astronomia. O Senet foi um dos jogos de tabuleiro mais populares do Egito Antigo, tendo sido utilizado em funções educacionais, ritualísticas e astronômicas. Esse artigo tem por finalidade apresentar o jogo como recurso possível para o ensino de temáticas inerentes a história, filosofia, cultura africana e educação.

A autora indígena Suliete Baré, no capítulo 3 – "Presença indígena: partilha sobre nós na Universidade de Brasília" –, compartilha conosco como é ser uma indígena Baré e estudante do doutorado na UnB. Ela escreve sobre a importância da política de cotas para a apropriação de códigos e signos que permitam aos indígenas lutar por seus direitos, em especial seus territórios, e registra também o quanto ela e os parentes são atravessados pelo racismo institucional e estrutural. Para ela, falar de povos indígenas hoje no Brasil significa falar de uma diversidade de povos e culturas, habitantes originários das terras conhecidas atualmente como continente americano e/ou Améfrica Ladina (Gonzalez, 1988). Esses povos aqui já habitavam há milhares de anos, muito antes da invasão europeia (Luciano, 2006) e mesmo assim seguem invisibilizados. A autora desfila várias leituras e formas de resistência em curso pelo coletivo de estudantes indígenas e finaliza o texto dando um recado: não haverá retrocesso. Os povos indígenas assumem que querem estar onde quiserem e acharem necessário. Infere-se, à luz da proposta desta coletânea, que a sociedade brasileira terá que se esforçar para compreender que indígenas "caminham com seus próprios pés" e "pensam com sua própria cabeça", não importa o que se diga.

Entre um relato e outro, no capítulo 4 – "Diálogos Para Insurgir: vivências do racismo em contextos africanos" –, temos uma entrevista. O investigador guineense Miguel de Barros, em diálogo com a investigadora cabo-verdiana Eufémia Rocha, mergulha na proposta de expor não só o racismo, mas também como outros marcadores sociais de diferença operam, permitindo reconhecer a importância da abordagem interseccional, isto é, dos cruzamentos que acontecem entre género, raça, classe, etc. Outrossim, destaca-se a necessidade de se escancarar ou trabalhar a simultaneidade de distintas categorias nativas e/ou analíticas para uma melhor compreensão das realidades em revista. Este texto resulta de uma conversa entre ambos, posto ser Eufémia Rocha, historiadora e professora auxiliar da Universidade de Cabo Verde, pesquisadora vinculada ao Centro de Investigação e Formação em Género e Família (CIGEF/UniCV), com uma vasta gama de produção que gira em torno de mobilidades e migrações internacionais, na África Ocidental. Temas como relações étnico-raciais, racismo e xenofobia, gênero e religiões tradicionais foram explorados por Barros e Rocha em dois momentos: a primeira conversa ocorreu em maio de 2019, quando da realização do Segundo Seminário Internacional "Tecendo Redes Antirracistas" em Cabo Verde, e a segunda foi realizada três anos depois, em julho-agosto de 2022, na qual abordaram os desafios de serem identificados quadros de referência cultural e cognitivo para projeção de ideias e práticas emancipatórias sobre as questões das identidades e da raça no contexto africano.

II – "Pensar com sua própria cabeça": Histórias e emancipações

Andy Monroy Osório, Elisângela Oliveira de Santana e Leandro Bulhões transitam na história de Cabo Verde atenta e atentos para as questões que envolvem as tensões entre educação e escolarização no período colonial e pós-independência do país no capítulo 5 – "Amílcar Cabral, Frantz Fanon e Paulo Freire: descolonização das mentes e consciência histórica em Cabo Verde". Em diálogo com um manual didático publicado pelo Partido Africano para a Independência da Guiné e Cabo Verde (PAIGC) em 1974, a autora e os autores dialogam com Cabral, Fanon e Freire, entendendo que converge entre esses pensadores a concepção de que, para além das dimensões políticas e econômicas, a colonização mental é um complexo dispositivo cultural que impõe limites à ideia de autonomia e liberdade aos sujeitos que viveram a experiência da colonização. É por isso que problematizam a trajetória das implementações de sistemas educativos nas ilhas sob agenciamento dos portugueses, ao mesmo tempo que também identificam e apresentam algumas estratégias de resistência do povo cabo-verdiano na defesa dos seus sistemas próprios de educação – que, no texto, são entendidos para além da lógica da escolarização formal. Articulando uma bibliografia pertinente aos temas elencados, trazem à tona um debate sobre a indissociabilidade entre luta, cultura, identidade, narrativa, consciência histórica e produção de conhecimentos, tanto no contexto das lutas anticoloniais quanto na contemporaneidade, dentro e fora dos espaços acadêmicos.

No capítulo 6 – "Os reflexos das ambivalências político-identitárias na política externa cabo-verdiana: entre a retórica de *Djam Branku Dja* e o pragmatismo de *Undi Da Ki Panha* –, o investigador cabo-verdiano Odair Barros-Varela pretende atestar a hipótese de que a política externa cabo-verdiana, desde a independência do país em 1975 até os dias atuais, tem sido marcada por ambivalências político-identitárias derivadas, em grande medida, da sua condição de ex-colônia portuguesa e europeia, e que as consequências nocivas dessas ambivalências não têm sido suficientemente enfrentadas por políticas públicas do Estado, mediante subsídios da comunidade científica local. Os paradoxos na política externa do país-arquipélago que são alvo de análise desse ensaio centram-se na persistência de uma retórica identitária de pendor eurocêntrico apelidado de *Djam Branku Dja* ("já virei branco") e, simultaneamente, de um pragmatismo político circunstancial que é chamado de *Undi Da Ki Panha* ("onde der é para apanhar"). Em seguida, o autor apresenta as razões para a utilização dessas expressões populares da língua cabo-verdiana, como imagens ou metáforas, para caracterizar a postura ondulante da política externa do país; em simultâneo, busca apontar alguns trilhos que podem conduzir à de(s)colonialidade dessa política.

Na esteira dessa tentativa de pensar as relações internacionais em Cabo Verde, com o olhar voltado para a atuação das mulheres que atuam no mercado informal, no capítulo 7 – "Mercado informal em Cabo Verde: as vendedeiras de 'YA'" –, Débora de Jesus Borges Vieira, Euclides Pereira Cabral e Renísia Cristina Garcia Filice apostam no estudo da relação entre os Estados Unidos e Cabo Verde que remonta aos anos 1740, quando embarcações americanas faziam paragem nos portos de Cabo Verde para comprar sal ou escravizados, e quando baleeiros americanos começaram a recrutar tripulação da Brava e do Fogo para a pesca da baleia, que era abundante nas redondezas de Cabo Verde. Hoje, em 2022, registra-se uma relação forte de aquisição, por parte de nacionais cabo-verdianos residentes nos EUA, de produtos do mercado americano – conhecidos como "YA" –, transportados por via marítima nos chamados bidões para as ilhas. Essa aquisição se dá não só como forma de ajudar as famílias, mas também como investimento na área de comércio. O capítulo 7, então, discorre sobre os impactos da venda de produtos YA na vida de seis mulheres cabo-verdianas na cidade da Praia, especificamente quando se encontravam na feira conhecida como Sucupira. Constatou-se a intensidade desse comércio e sua contribuição para a economia local e para a subsistência das vendedeiras YA. Nota-se que essa atividade e as relações que ela mobiliza podem vir a se configurar como um movimento social e político, posto agregador de mulheres que se encontram e se fortalecem econômica e socialmente, servindo de fator estruturante de famílias cabo-verdianas. E, mais, desencadeia a intervenção do Estado no sentido de propor políticas sociais voltadas para esse mercado.

No capítulo 8 – "O corpo sexualizado feminino, expropriação e reparação: uma conversa entre (sobre) mulheres negras, escrito por duas autoras negras brasileiras" –, Loyde Cardoso e Renísia Cristina Garcia Filice, ao abordarem o tema das categorias sociais ocidentais, como gênero e raça, que passam a ser tencionadas. Informam que subjaz a essas categorias uma ideologia determinista biológica que fornece a base para a organização social do mundo, ou seja, o corpo passa a ser o alicerce sobre o qual a ordem social é fundada. Nessa conversa entre mulheres negras que ajudam a compor o pensamento decolonial em África e na diáspora, procuram compreender a implicação do gênero não como um dado universal, mas como um construto colonial utilizado como mecanismo de expropriações simbólicas e materiais pelas quais as mulheres negras são submetidas. Por meio do pensamento de Oyèrónkẹ́ Oyěwùmí (2021) e Denise Ferreira da Silva (2019), analisam a perspectiva da colonialidade do poder (Quijano, 2005), reconhecendo a posicionalidade do corpo da mulher, nativa, negra, em lugar do que – como é denunciado por ambas as autoras – se faz normalmente, que é analisá-la a partir do homem negro. Por meio das análises propostas podemos identificar também como a somatocentralidade (Oyěwùmí, 2021) é acionada desde sempre e faz da racialidade e do gênero limites para a justiça e para os direitos daqueles determinados como Outros, que não são incorporados pelo sistema jurídico e pela ética. A crítica radical que se faz a partir do corpo sexualizado da mulher negra revela não só um histórico de expropriações, mas um potencial subversivo capaz de confrontar os pilares da moderna colonialidade, capaz de recuperar/anunciar uma variedade de possibilidades para o conhecer, o fazer e o existir. Isso é demonstrado com base no pensamento da autora Lélia Gonzalez (2020), que em sua obra evidencia que o sistema de dominação ideológica operante na sociedade brasileira é também baseado em diferenças biológicas que incidem diretamente sobre a mulher negra. Demonstra-se também que a categoria de Amefricanidade, da qual um dos pilares para exemplificar o assunto é Nanny, uma mulher quilombola, se substancializa na luta cotidiana de mulheres negras contra a violência e pelo acesso à justiça, como uma práxis radical e subversiva.

No capítulo 9 – "Espaços de poder na trama do virtual e a visibilidade de mulheres negras"–, Angélica Ferrarez de Almeida analisa o território discursivo em que as mulheres negras têm mobilizado possibilidades de produção de narrativas para intervenções antirracistas e antissexistas e contribuído para a formação de novos campos de debates onde o trabalho e sua trajetória têm operado a partilha do sensível, mas com visibilidade e autonomia. Esse processo ocorre através da transição das ruas para o uso das ferramentas virtuais enquanto estratégia, na medida em que criam ressonância para um grupo que resiste às margens. Como horizonte epistêmico, o espaço virtual tem sido ferramenta de luta que, embora se considera que falam a partir das margens, tem conseguido criar condições para a insurgência de suas vozes.

Desse ponto de vista, a autora identifica elementos de referência que passam pela edificação de processos de educação popular emancipadora, através da apropriação da tecnologia enquanto base para a superação da opressão e confronto com estruturas institucionalizadas de manutenção de dominação e de privilégios, produção do novo sentido da democracia, as possibilidades da descolonização do pensamento e da ação educativa através da cidadania ativa e comunicação para ação pública. É aqui que experiências performativas protagonizadas por mulheres negras, particularmente no samba, geram dispositivos de poder, a fim de projetar com rapidez e maior alcance ideias, atitudes, comportamentos e estratégias de luta.

No capítulo 10 – "Interseccionalidade de raça e gênero na literatura para crianças: potências éticas, políticas e estéticas para uma educação antirracista" –, Débora Cristina Sales da Cruz Vieira e Renísia Cristina Garcia Filice, a partir da análise interdisciplinar dos livros infantis *O cabelo de Lelê*, de Valéria Belém, *O mundo no black power de Tayó*, de Kiusam de Oliveira, e *Betina*, de Nilma Lino Gomes, discutem as dimensões éticas, políticas e estéticas da representatividade de meninas negras nessas três obras que provocam a desnaturalização de narrativas e relações colonizadoras. Considera-se que um trabalho pedagógico interdisciplinar que compreende a literatura como direito possibilita múltiplas vozes e narrativas, ampliando a compreensão de si e do mundo. A presença de livros para crianças com personagens negras e a organização de um trabalho pedagógico sistemático envolvendo diversas linguagens artísticas em espaços educativos são parte de uma educação antirracista, produtora de novos conhecimentos e pedagogias, responsável por favorecer processos identitários de meninas negras e de crianças não negras. Ela possibilita reflexões sobre elementos da realidade, que envolvem a interseccionalidade de raça e gênero a partir da arte, em consonância com a orientação do Artigo 26-A da LDB 9394/96, que tornou obrigatório o ensino de História da África e Cultura Afro-Brasileira nas escolas públicas e privadas de educação básica do país.

No capítulo 11 – "Imigrantes africanos negros no Noroeste de Portugal: estratégias e registos semiocultos de adaptação e resistência nas relações interétnicas" –, o autor português Manuel Carlos Silva, com base em dados extraídos de uma pesquisa entre imigrantes africanos dos PALOP no Noroeste de Portugal, nomeadamente no distrito de Braga, avalia as relações entre "maiorias autóctones" e "minorias étnicas-imigrantes". Com base em seus achados, lança importantes desafios para se pensar a democracia e uma nova gestão política, uma vez que, segundo ele, determinadas situações históricas e atuais têm demonstrado que a identidade étnico-racial não traduz uma realidade imutável, mas é relacional e tem constituído, na esteira da tese weberiana, uma fonte de clivagem social tão ou mais importante que a identidade de classe. Segundo Silva "as posições de relativa desvantagem social e económica em que se encontra(va)m membros de minorias étnicas-raciais e imigrantes, agravadas pelas definições e categorizações externas por parte dos membros da alegada maioria, comportam tensões e encerram contradições que reflectem as da própria comunidade ou sociedade autóctone". E é nesse universo que ele mergulha, apresentando importantes reflexões teóricas acerca de processos de aculturação, a assimilação, a separação e a marginalização, bem como as modalidades estratégicas dos actores sociais na gestão das suas trajetórias entre a cultura de origem e a cultura da sociedade de acolhimento.

À guisa de conclusão: ... o caminho se faz no caminhar

Se Cabral é o pedagogo da revolução, Paulo Freire foi o pedagogo da esperança. Freire dizia que "Ninguém caminha sem aprender a caminhar, sem aprender a fazer o caminho caminhando, refazendo e retocando o sonho pelo qual se pôs a caminhar" (Freire, 1997, p. 79).

A maneira como os textos são distribuídos revela algumas das incorporações que ousamos realizar das ideias de Cabral: exercer a esperança de que outros escritos são possíveis, experiências e artigos acadêmicos também, desde que se envolvam diretamente na construção de outros mundos possíveis. Assim, caminhamos para o final da apresentação.

Como nos dizem Barros e Jaló, "ainda que frequentemente denunciando a opressão e a miséria em que se vive em Cabo Verde e na África colonizada, a poesia de Amílcar Cabral quase sempre lança um olhar de esperança para o futuro" (2021, p. 80).

E é com a esperança de que em algum tempo distante "nossos pés" caminhem em sintonia com a cabeça e o coração que finalizamos esta apresentação com a poesia de Amílcar Cabral: "o poeta [que] abandona o 'ego' do ser poeta para abraçar a causa, a razão de ser poeta, o Poema/a vida do seu povo, a causa da Humanidade" (Neves, 2021, p. 65). Afinal, temos muito a apreender com Cabral, temos a aprender com África, temos muito a aprender Uns/Umas com os/as Outros/as.

...Não, Poesia:

> Não te escondas nas grutas do meu ser,
> Não fujas à Vida.
> Quebra as grades invisíveis da minha prisão, abre de par a par as portas do meu ser
> – saí...
> Sai para a luta (a vida é luta)
> Os homens lá fora chamam por ti,
> E tu, Poesia és também um Homem.
> Ama as Poesias de todo o Mundo,
> – ama os Homens
> Solta teus poemas para todas as raças, para todas as coisas.
> Confunde-se comigo ...
> Vai, Poesia:
> Toma os meus braços para abraçares o Mundo, dá-me os teus braços para que abrace a Vida.
> A minha Poesia sou eu.
> (Amílcar Cabral, 2021, p. 80-81.)

Desejamos uma excelente leitura a todos, todas e todes.

Referências

BARROS, Miguel; JALÓ, Sumaila. A fome e o trabalho agrícola como alicerce da soberania cultural e política em Amílcar Cabral. *Revista de Letras, Arte e Cultura*, n. 5. Homenagem Amílcar Cabral, p. 80-85, set. 2021.

BISPO, Antônio. As fronteiras entre o saber orgânico e o saber sintético. In: OLIVA, Anderson; CHAVES, Marjorie N.; GARCIA FILICE, Renísia C.; flor do nascimento, wanderson (Orgs.). *Tecendo redes antirracistas: Áfricas, Brasis e Portugal*. Belo Horizonte: Autêntica, 2019, p. 23-35.

COUTINHO, Ângela Sofia Benoliel. Militantes invisíveis: as cabo-verdianas e o movimento independentista (1956-1974). *Revista Estudos Feministas*, Florianópolis, v. 28, n. 1, e68316, 2020. Disponível em: https://bit.ly/3VFeAy7. Acesso em: 18 out. 2022.

FREIRE, Paulo. *Pedagogia da Esperança*. Rio de Janeiro: Paz e Terra, 1997.

GALVÃO, Inês; NEVES, José; LOPES, Rui. Apresentação. *In*: CABRAL, Amílcar. *Análise de alguns tipos de resistência*. Edição revista e comentada, organizada por Inês Galvão, José Neves e Rui Lopes. Odivelas: Ed. Outro Modo Cooperativa Cultural, 2020.

GONZALEZ, Lélia. A categoria político-cultural de amefricanidade. *Tempo Brasileiro*, Rio de Janeiro, n. 92/93, p. 69-82, jan./jun. 1988.

HALBWACHS, M. *A Memória Coletiva*. São Paulo: Ed. Centauro, 2004.

JESUS, Leandro Santos Bulhões; BARROS, Miguel de; FILICE, Renísia Cristina Garcia (Orgs.). *Tecendo Redes Antirracistas II: contracolonização e soberania intelectual*. Fortaleza: Imprensa Universitária, 2020.

KHAN, Sheila; CRUZ, Rui Vieira; GARCIA FILICE, Renísia C. *Cartas de Amílcar Cabral a Maria Helena*: A Pós-memória como coragem cívica. *InterDISCIPLINARY Journal of Portuguese Diaspora Studies*, v. 5, p. 91-107, 2016.

LUCIANO, Gersem dos Santos. *O índio brasileiro: o que você precisa saber sobre os povos indígenas no Brasil de hoje*. Brasília: Ministério da Educação 2006.

NEVES, Manuel Varela. Amílcar Cabral nos Campos da Cultura. A Matriz Cultural. Seu Implícito Vector Científico - Invisível Multiplicador do Desenvolvimento. Revista de Letras, Arte e Cultura, n. 5. Homenagem a Amílcar Cabral, p. 65-67, set. 2021

OLIVA, Anderson; CHAVES, Marjorie N.; GARCIA FILICE, Renísia C.; flor do nascimento, wanderson (Orgs.). *Tecendo redes antirracistas: Áfricas, Brasis e Portugal*. Belo Horizonte: Autêntica, 2019.

QUIJANO, Aníbal. Colonialidade do poder: eurocentrismo e América Latina. In: LANDER, Edgardo *et al.* (Ed.). A colonialidade do saber: eurocentrismo e ciências sociais: perspectivas latino-americanas. CLACSO, Consejo Latinoamericano de Ciencias Sociales = Conselho Latino-americano de Ciências Sociais, 2005. Disponível em: https://edisciplinas.usp.br/pluginfile.php/2591382/mod_resource/content/1/colonialidade_do_saber_eurocentrismo_ciencias_sociais.pdf. Acesso em: 26/05/2022

PARTE I

“Caminhar com seus próprios pés”: resistências

A reafricanização dos espíritos por meio da vivência de códigos culturais da resistência[1]

Kwame Gamal Mascarenhas

"Descoberto" e ocupado, o espaço precisava ser organizado.

O sistema esclavagista se instalou e fez chegar às ilhas os obreiros desta nova terra – os escravizados africanos, os tais desprovidos de civilização e humanidade. Talvez por não estarem os imperiais tão convencidos dessa falta de civilização (e memória), instalaram logo um sistema de reprogramação cultural, com vista a criar um homem totalmente novo, mais civilizado (cristão submisso, etc.) e digno de conviver com os altos padrões civilizacionais dominantes. Havia que se trocar os nomes, converter e baptizar na fé verdadeira, retrajar, regestualizar, reagrupar até redefinir totalmente.

Era a tal "ladinização" que "polia" o escravizado, mediante sua desafricanização, tornando-o não totalmente humano, mas apenas menos inumano pois a manutenção do seu status de escravizado isso nos revela. Mesmo ladinizado, ele era inferior como ser. Aliás, na verdade, ele foi ladinizado para ser inferior.

Na sequência da ladinização, todo o sistema educativo engendrado ateve-se sempre ao desiderato de nos cortar, se não totalmente, o máximo possível, as ligações umbilicais com a matriz existencial e cultural africana.

Apesar do sucesso conceitual da ladinização permanente levada a cabo por centenas de anos, algo correu mal. Acreditamos que o elitismo que cerceou à população restante o acesso à educação acabou por permitir que traços identitários não ladinizantes prevalecessem, gerando uma identidade nacional

[1] Texto apresentado no II Seminário Internacional Tecendo Redes Antirracistas: Áfricas, Brasis e Portugal, na cidade da Praia, em Cabo Verde, África, no dia 19 de junho de 2019. Seminário realizado pelo Coletivo Universidadi Nhanha Bongolon, em parceria com a Universidade de Cabo Verde (Uni-CV), o Grupo de Estudos e Pesquisas em Políticas Públicas, História, Educação das Relações Raciais e de Gênero (Geppherg) e o Núcleo de Estudos Afro-Brasileiros (NEAB), ambos da Universidade de Brasília (UnB).

própria, não identificada com a do colonialista, cujo descaso em relação às fragilidades materiais do nosso povo teve certamente efeito ampliador no crescimento de uma não colonialista, quanto a mim foi o primeiro passo para a identidade anticolonial. A nossa identidade nacional solidificou-se até permitir que a identidade nacional cultural autóctone desse origem a acções anticoloniais, que acabaram por conquistar a maioria do nosso povo.

Mas sempre faltava alguma coisa que impedia que essa força nacional fosse mais além da simples recusa ao colonialismo em si e não à recusa de todo o sistema de valores a ele associado, atingindo os mais recônditos sectores do inconsciente popular, fruto da atrás referida vitória conceitual da ladinização, que foi o corte como nosso pré-1460, com a autoestima própria, com o esplendor da história dos nossos ancestrais (declarada inexistente por séculos) e até com a nossa capacidade de acreditar que pudéssemos ter tido um passado digno de orgulho. Acredito que era essa a preocupação de Amílcar Cabral quando afirmou ser necessária a tal "reafricanização dos espíritos" (Cabral, 1976, p. 226) para que a real reconstrução ocorresse, como garantia única e fundamental do progresso do nosso povo, baseado em paradigmas não impostos pela longa história colonial, paradigmas esses voltados para o bem-estar do povo dos colonialistas, para a docilização dos nossos espíritos e a apatização de nossas atitudes reactivas e para a desvalorização do nosso potencial. Só assim se conseguiria materializar cabalmente os desígnios revolucionários.

Essa foi a grande vitória dos colonialistas.

Conseguimos expulsá-los de nossas terras mas conseguiram manter-se connosco, pois não conseguimos ser revolucionários a ponto de sair das balizas dos seus paradigmas, que nos fazem ver a nós próprios com os olhares do outro, nos fazem organizar nossos sistemas de referências à luz da realidade deles e nos impedem de criar nossas próprias soluções e de nos concentrar nas nossas próprias prioridades.

Pois é, o que fazer para reafricanizar os espíritos?

A independência nacional de Cabo Verde foi em 1975 e hoje, em 2019, nossos manuais escolares de História ainda nos abordam (e abordam tudo) de forma eurocêntrica. A história da África é ainda ligada à acção europeia na África e seu volume relativo ao todo curricular tem minguado ano após ano. A escola, que devia ser o carro-chefe, falhou redondamente. Se for exagerado afirmar que continua a ladinizar, pelo menos podemos afirmar que não desladinizou nem está a desladinizar o suficiente.

A mídia nacional, salvo as conhecidas e raras excepções, parece não ter noção desse problema (nem a estatal nem a privada). Não conseguiu ser uma aliada e seu papel teria sido determinante. Poderá ser ainda...

Os movimentos civis pan-africanistas só agora começam a despontar com força e propriedade, gerando debates sobre os vários temas relativos à questão e é agora que surge um espaço que possa valorizar a experiência reafricanizante que temos para vos contar.

O meu primeiro contacto com pessoas racistas e atitudes racistas explícitas foi em Portugal, quando lá fui estudar Direito em Coimbra. Muito novo e imaturo, achei revoltante ser agredido verbalmente só por existir e ser diferente, ser discriminado sub-repticiamente em vários espaços sociais e condenado a ser considerado o pior só por ser negro.

Então, eu e meus colegas de "imaturidade" começamos a brigar com racistas. Acto racista? Tapa nele! Sem sentido agora, mas fazendo todo o sentido na época.

Eis que um belo dia chegam duas brasileiras (baianas) que estudavam no Porto e eram amigas de um irmão de um amigo meu. Uma delas (a Flora), uma negra da UFBA, chega com um LP vinil que tinha escrito na capa "Ilê Aiyê: Canto negro". Sem ver o "Ilê Aiyê", eu senti, ao ouvir aquele disco, uma energia que nunca havia vivenciado antes, uma força, uma certeza, uma altivez negra que não tinha sentido nem nas canções revolucionárias mais emocionantes. Uma orquestra percussiva complexa e maravilhosa, com cânticos que evocavam a história de vários impérios africanos, a luta de resistência contra a escravidão, as religiões afro originais, os heróis da resistência negra (ancestrais e hodiernos), a beleza da mulher negra; numa expressão, cânticos que evocavam o esplendor civilizacional negro.

O facto de ter crescido numa família de pan-africanistas convictos (por parte do meu pai) tinha-me conferido uma consciência africanista muito superior à média geral nacional, devido às inúmeras conversas a que tive acesso, com ou sem permissão, pelo que a audição do *Canto negro* promoveu uma revolução conceitual que alterou todo o meu modo de encarar a luta contra o racismo: de combatente contaminado com o ódio do opressor, passei a combatente revelador e exaltador da beleza e do esplendor da minha herança ancestral extirpada cruelmente do meu acervo identitário, para o ridículo do racista, que não só nega o meu valor como tenta sempre me convencer da falta dele.

Nada é mais desolador e desmotivante (depois da fúria, com a qual temos que estar sempre alertas!) para um racista convicto do que ter que reconhecer (mesmo que sem assumir) o esplendor radiante e feliz daquele que ele inferioriza, ao mesmo tempo que nada é mais animador e motivante para um desladinizado do que sentir a felicidade da autocerteza perante o tolo que o despreza.

Depois, fui saber o que significavam as palavras na capa do disco. Fiquei sabendo que Ilê Aiyê era o bloco afro pioneiro na diáspora africana, que em pleno 1974 (ditadura militar) saiu pela primeira vez nas ruas de Salvador (Bahia) com um bloco carnavalesco só de negros, exaltando a negritude e a resistência cultural, protegido da carga policial por mães de santo do candomblé. Era um bloco que desenvolvia uma intervenção social fortíssima no bairro periférico da Liberdade, no Curuzu, tirando crianças e jovens das ruas, integrando-os socialmente através das manifestações da cultura negra, que saía no carnaval tematizando a negritude e que o seu desfile era baseado em ritmos ancestrais afro-brasileiros e respectivas coreografias.

A percussão ancestral, as danças ancestrais e o enredo histórico negro.

O bloco afro, reunindo jovens através das expressões ancestrais, evocando o esplendor da ancestralidade negada.

Oferecer vivências que desladinizem, reafricanizando. (Caiu a ficha!)

Foi ali que começou a fazer um real sentido, para mim, o conceito de "reafricanização dos espíritos", de Amílcar Cabral. O resgate do orgulho africano!

Até letras do Bob Marley passaram a ter outro sentido...

Desapontado com o princípio das legitimidades das leis, deixei o curso de Direito e regressei a Cabo Verde.

Fui dar aulas de História em Assomada (cidade do interior da ilha de Santiago), onde comecei a desempenhar meu papel de desconstrutor de narrativas eurocêntricas: a interpretação das "entrelinhas da história", como dizia sempre a minha querida professora de História dona Lídia Anahory.

Ali percebi como a falta de domínio da língua portuguesa tinha relação directa com o insucesso e abandono escolares, com implicações gravíssimas na elevação científica da juventude.

Iniciava-se assim a minha primeira "subversão" ao sistema: comecei a dar aulas de História em crioulo, explicando os processos e as relações em crioulo, dando apontamentos em português, simplificando ao máximo e explicando o português escrito. O processo tornava mais lenta a progressão, é certo, mas a apropriação da matéria dada, pelos alunos, tornou-se uma realidade efectiva. Eu acreditava, e ainda acredito, que mais vale dar 75% do conteúdo e ele ser convenientemente apropriado do que cumprir 100% do conteúdo com a maioria sem se apropriar convenientemente de nada.

Outra peça de *puzzle* desladinizante se clarificava, a partir dos escombros das histórias: *A dignificação da nossa língua materna para que a apropriação científica não seja ad aeternum adiada, para além da sua óbvia relação com elevação da nossa autoestima coletiva.*

A dinâmica de recuperação da forma física perdida nas noitadas de Coimbra reacendeu a chama da minha vocação médica, relegada face à possibilidade de exercer uma profissão que me desligasse das artes, que me fascinavam desde criança. Comecei a perceber com mais clareza a relação entre as práticas físicas diversas e a saúde.

A busca por uma recuperação física total, que considerava fundamental para elevar meu veículo de acção (o meu corpo) a um estado de prontidão para a luta que o meu espírito vinha gradualmente assumindo, me fez parar voluntariamente no exército, em que minha permanência veio a reforçar a minha convicção em servir à saúde pública sem ter que ser médico (o que me afastaria das artes, pelas características e exigências inerentes à profissão), sendo um professor de educação física.

Também nessa época me envolvi com as artes marciais, principalmente com o Karate-Do, onde percebi a relação directa entre o autodomínio do corpo e a aquisição do domínio emocional, levando à elevação espiritual. Apesar de estar no Karate-Do, havia uma arte de luta que tinha visto numa novela (*A Escrava Isaura*) que era a capoeira brasileira, que me fascinava enormemente pois, mais do que a beleza gestual da arte, ela apontava um pedaço da certeza: afinal, existe uma luta de negros, que não foi ensinada pelos brancos! E é tão bela! Afinal, os negros tinham segredos ricos antes de serem escravizados! Conseguiram criar isso!

Já sabia do esplendor pré- "descobrimentos", mas nada como mais uma prova viva, forte, cheia de simbolismos e belíssima para reforçar o gáudio africanista.

Quis o destino e as energias africanas dos meus ancestrais que eu fosse, após o serviço militar, estudar Educação Física no Brasil. E logo em Curitiba, uma cidade, à altura, não muito fácil para negros africanos morando no centro, onde quase nenhum negro morava, valendo-nos o acolhimento mais caloroso dos brasileiros e brasileiras de outros estados que lá também estudavam.

À chegada em Curitiba, depois de quase 48 horas sem receber um olhar simpático, quanto mais um simples sorriso, as primeiras pessoas a me dirigirem um olhar sorridente e convidativo são três artesãos de rua negros:

dois baianos e uma maranhense, mais um bebé. Meus novos familiares e intérpretes da realidade brasileira. Ensinaram-me mais uma ferramenta de libertação – o artesanato pré-joalharia de rua, que me faz um joalheiro hoje, permitindo custear a minha intervenção social.

Eles indicaram-me um mestre de capoeira, com quem comecei a treinar. O mestre levou-me numa roda numa academia de outro mestre, onde havia um professor de dança afro-brasileira baiano, o Dermeval, que também estimava muito o Ilê Aiyê e me iniciou à gestualidade dos orixás, muito importante no trabalho que vim desenvolver aqui (em Cabo Verde) posteriormente.

Já estava na capoeira e na dança afro!

Perto de casa havia um conservatório de música popular brasileira, onde comecei a aprender ritmos afro-brasileiros e a maneira como foram rearmonizados para orquestras percussivas de rua.

Até que me encontrei no mundo da música com o Márcio Rosa, aquele que viria a ser baterista e parceiro fundamental na nossa intervenção consciencializante através da música, que era, por sua vez, sobrinho de uma mãe de santo – a mãe Minda, que dirigia um terreiro de candomblé, que passei a visitar com frequência, após o deleite de perceber uma maneira genuína, radiante e africana de comunicação com a dimensão divina, percebendo os sentidos dos gestos dos orixás que já estava a aprender na dança afro. Experiência muito emocionante.

Estava, pois, me municiando para estar apto a fundar um bloco afro (ideia que fez explodir em gargalhadas o meu professor de dança afro, dizendo "tá maluco! Vai fundar um na África", ao que respondia "a minha África tem muitos problemas que um bloco afro ajudaria a resolver").

A minha evolução na capoeira permitiu-me começar a perceber para além daquilo que é visível à primeira vista: a estonteante, diversificada e estimulante gestualidade da capoeira, com gestos motores totalmente fora do padrão supostamente estabelecido ocidentalmente para os humanos, devolvendo-nos a gestualidade ancestral pré-bipedia, cristalizada na nossa evolução e perdida com a bipedia. Ao me aperceber do multifacetamento da capoeira que, sendo uma manifestação folclórica afro-brasileira, acaba por englobar a luta, a dança, a defesa pessoal, a expressividade dramática, a musicalização vocal, instrumental e orquestral e a tradição oral, enquanto actividade ginástica de alta capacidade estimulativa ao desenvolvimento motor humano, percebi que se constitui, sem dúvida nenhuma, num instrumento educativo original e altamente eficaz, incentivando a maioria das vertentes importantes ao desenvolvimento, tais como o reforço das capacidades físicas e das qualidades motoras, bem como a socialização solidária (pelas funções dentro dos grupos, nas rodas).

Mas a vivenciação gestual que a capoeira nos obriga a processar tem efeitos ao nível do nosso subconsciente identitário.

Sem buscar por isso, descobri que todas essas vivências gestuais e rítmicas (na capoeira, dança e percussão) estavam reforçando a minha autocerteza em relação à minha renegada herança. A cada gesto se gerava uma nova energia, que me fazia sentir feliz originalmente, dissipando-se as dúvidas inculcadas pela ladinização desafricanizante.

Os gestos sagrados dos orixás na dança e os gestos, os cantos, os toques e as danças da capoeira, concomitantes à vivência espiritual, rítmica e gestual do terreiro, estavam reforçando e refinando a minha reconstituição identitária e aumentando minha autoestima histórica e, consequentemente, social, num meio onde só não fui humilhado porque a minha cultura geral não permitiu. Mas senti o que sentem os negros brasileiros.

E ao pesquisar sobre a capoeira, para efeitos de elaboração de minha monografia, entrei mais profundamente na ligação entre essa expressão cultural afro-brasileira e a resistência, no facto do candomblé ter dado guarida à capoeira no âmbito da resistência cultural e a relação entre os ritmos e a energia circundante – o axé.

Acabei descobrindo que todos esses gestos tinham em comum o traço da permanência resistente em contextos absolutamente hostis, com a religião conferindo a força e a sabedoria necessárias à resistência (daí o seu feroz combate diabolizante). São gestos libertadores, porque desladinizantes. São gestos e códigos que (devido à negação e à segregação) não foram apropriados pelos esclavagistas, pelo que não têm resquício nenhum da desafricanização. Não importa se alguns gestos vieram da Angola, do Congo ou da Guiné. O que é líquido e cristalino é que são gestos ancestrais negros, africanos e sua vivência acorda traços perdidos nos confins da nossa memória genética.

Pode parecer paradoxal, mas eu enegreci espiritualmente no Brasil, na capoeira, na dança afro e nas visitas ao candomblé.

Era, pois, preciso oferecer vivências similares aos jovens da minha terra.

Já nas primeiras férias em Cabo Verde iniciou-se um núcleo lectivo da capoeira que, nas férias seguintes, encontrei com duas extensões de miúdos. A capoeira já tinha dado pequenos frutos. Todas as férias, eu regressava com matérias novas, vídeos, revistas, etc., e acompanhava os progressos.

Terminada a licenciatura em Educação Física, chego a Cabo Verde totalmente municiado para a luta reafricanizante.

A capoeira já tinha dado os primeiros passos, com uma evolução fora do previsto, demonstrando a afinidade gestual ancestral de nossos jovens, sendo que estes tão somente passaram a "descobrir" a capoeira que tinham guardada em si.

Começa-se a estimulação rítmica motora (dança afro) e um protótipo de orquestra percussiva se instala. Inicia-se um trabalho de apropriação dos ritmos tradicionais cabo-verdianos, que comecei a rearmonizar para a orquestra percussiva de rua, começando já a marcar a diferença nas ruas. Era o processo aprendido dos mestres brasileiros a ser aplicado no contexto da nossa própria cultura rítmica. Aos poucos o repertório foi crescendo até que hoje tocamos dezoito ritmos, sendo dez nacionais e os restantes "ritmos primos", expressão utilizada para generalizar os ritmos de raiz africana materializados fora da África, tais como os ritmos afro-brasileiros, afro-americanos, afro-cubanos, etc. O repertório de ritmos nacionais rapidamente ganhou força e passou a ser a marca cultural da nossa orquestra Pantera, única no país a se propor a fazer um trabalho centrado nos ritmos tradicionais cabo-verdianos (resgate e divulgação).

Na dança, a estratégia foi acoplar aos gestos de dança tradicionais cabo-verdianos, ricos em movimentos da cintura para baixo, mas, ao mesmo tempo, paupérrima no que toca a movimentos de coluna e braços (vistosos demais para sobreviverem num ambiente ladinizante e extremamente exíguo territorialmente), os movimentos e gestos simbólicos dos orixás aprendidos, que passaram a enriquecer os gestos rítmicos nacionais que não usavam os braços e a coluna, conferindo-os uma expressividade nova e bela, que as pessoas diziam que ficavam radiantes só de ver as oferendas e outros simbologismos gestuais amplos. Diziam as pessoas que as nossas coreografias transmitiam algo diferente e deslumbrante.

Era o axé produzido pelos gestos. A cada novo ritmo se fazia corresponder uma sequência coreográfica relativa e, paulatinamente, fomos criando um repertório rítmico e coreográfico que hoje se constitui, seguramente, no primeiro sistema coordenativo rítmico-corporal educativo criado em Cabo Verde, com base em ritmos e gestos tradicionais, que inicia as crianças e jovens à culturalidade identitária nacional e pan-africanista por promover o diálogo intercultural com os seus congéneres da África diasporizada, valorizando, como elementos comparativos, expressões outrora desprezadas pelo colonialismo.

De uma experiência minúscula, temos hoje um subsistema cultural de autovalorização evidente.

A capoeira foi, sem dúvida, o carro-chefe neste processo, pois os primeiros figurantes acrobáticos e os primeiros ritmistas vieram da capoeira, que costumo dizer, resumindo, ter sido o "pequeno cofre onde as sementes de tudo foram guardadas pelos afro-brasileiros", daí a sua apetência multiestimuladora.

Temos uma primeira geração de adultos, que se tornou adulta dentro da capoeira (alguns estando no sistema desde a tenra adolescência), e a diferença entre estes e seus colegas que não entraram no sistema cultural é seguramente abismal. Todos são interventores ligados a alguma forma de expressão artística e se tornaram cidadãos seguros e autoconfiantes, com uma capacidade socioadaptativa muito acima da média. O sistema gestual rítmico (dança e ritmo) já produziu reprodutores sociais, actuantes nas respectivas comunidades, derivando em experiências circenses e culturais diversas, levando autonomia cultural e ferramentas de libertação económica a muitos jovens oriundos de famílias desfavorecidas socioeconomicamente.

Todos os subsistemas juntos resultaram no bloco afro Abel Djassi (pseudónimo de guerra de Amílcar Cabral), em homenagem ao conceitualizador da "reafricanização dos espíritos" que nos estimula e nos move na luta desladinizante. Os nossos enredos históricos complementam, em termos dramáticos, a nossa intervenção culturalista, ao conferir visualidade ao nosso conceito cultural histórico-crítico, sendo aproveitados para transversalizar os conceitos de etnicidade e identidade cultural.

Foram anos desafiantes, nada fáceis, mas que hoje claramente começam a mostrar, retroativamente, que valeu a pena o esforço.

Com o recurso às linguagens e códigos da resistência afro-diaspórica, conseguimos incutir uma outra "verdade cultural": aquela que abarca, sem complexos, as matrizes originais africanas, renegadas e vilipendiadas ao longo da nossa história, resgatando parte do orgulho civilizacional perdido.

É notória uma maior valorização da nossa africanidade intrínseca, apesar do tempo perdido e dos caminhos a percorrer.

Mas hoje, olhando para trás, verificamos que é, sim, possível trabalhar no sentido da nossa desladinização, conducente à reafricanização de nossos espíritos, outrora e ainda repletos de dúvidas identitárias.

A ladinização não conseguiu nos subverter a ponto de nos fazer identificar com o opressor, mas atingiu os confins da nossa consciência, abalando nossa autocerteza, impedindo-nos de concretizar a revolução cultural identitária na sua plenitude. Esta vivência de códigos da resistência afro-diaspórica conseguiu gerar energias muito fortes que se adentraram pelos espíritos até chegar aos mais íntimos redutos de nossa consciência, onde se encontraram com a memória última da nossa autocerteza, fazendo a desinstalação paulatina, permanente e definitiva dos resquícios ladinizantes autodestrutivos, recuperando a autoestima perdida na história mal contada e permitindo a reconstituição identitária ao integrar, com dignidade, afeto e convicção, a herança identitária trazida pela maioria da população original instalada.

A reformulação conceitual tem que ser acompanhada da respectiva reformulação praxiológica (atingindo todas as manifestações do ser).

E a mais feliz descoberta foi perceber que, ao reafricanizar, estávamos simplesmente a reumanizar, pois todas as vertentes levavam a expressões e conceitos onde a solidariedade, a valorização da importância do outro e a tolerância são elementos basilares na construção artística colectiva.

Libertemo-nos através das artes ancestrais.

Referências

CABRAL, Amílcar. *A arma da teoria: unidade e luta*. Lisboa: Seara Nova, 1976. v. 1.

CARREIRA, António. *Cabo Verde: formação e extinção de uma sociedade escravocrata (1460-1878)*. 3. ed. Praia: IPC, 2000. p. 259-280.

Senet: jogo ancestral e patrimônio milenar africano[1]

Fábio Florenço Gomes (Kwesi M. H. Ta Fari)

Os conceitos de africanidade e continuidade histórica são de suma importância para o ensino e a aprendizagem da história da África. Eles traduzem a existência de elos culturais compartilhados entre civilizações da antiguidade histórica africana (tais como Núbia-Kush e Egito Antigo/Kemet) e sociedades contemporâneas no continente africano e na sua diáspora (a exemplo do Senegal e da Martinica, respectivamente). Essas conexões de longa duração na história africana formam um amplo conjunto de patrimônios culturais, materiais e imateriais.

A atual diversidade de patrimônios culturais africanos está integrada em um mesmo paradigma civilizacional, caracterizado por ser meridional, matrilinear, comunitário, sedentário e com uma matriz geográfica localizada no Vale do Nilo (Hapi). A historiografia denomina esse paradigma de unidade cultural africana (Diop, 2014; Carruthers, 1999).

A unidade de base cultural africana que possuímos foi produzida no Vale do Nilo e, posteriormente, reproduzida e adaptada às diversas expressões culturais existentes. As investigações pluridisciplinares que desencadearam a construção do paradigma da unidade cultural africana e da ideia de unidade na diversidade foram introduzidas na historiografia por Cheikh Anta Diop, historiador do Senegal. O Egito Antigo foi conhecido pelos seus habitantes pelo nome Kemet (Terra/Nação Preta) e o seu significado como patrimônio cultural é importante para a população negra no Brasil, assim como para o ensino de história e cultura africanas e afrodescendentes.

---

[1] Este artigo é uma versão resumida do livreto *Senet: introdução ao jogo ancestral africano*, originalmente escrito por Henrique Cunha Júnior e Fábio Florenço Gomes (Kwesi Ta Fari), e foi apresentado no Segundo Seminário Internacional Tecendo Redes Antirracistas: Áfricas, Brasis e Portugal, ocorrido na cidade da Praia, em Cabo Verde, nos dias 18 e 19 de julho de 2019.

Patrimônios culturais são entendidos neste artigo como o conjunto de conhecimentos, criações e fatos históricos fundamentais na construção da identidade e da expressão de uma população, são marcadores que permitem dar sentido à existência de um povo e reconhecê-la. No caso das populações africanas e afrodescendentes (negras/pretas na diáspora), os patrimônios culturais produzidos no Egito Antigo constituem a herança cultural mais antiga.

Na primeira parte deste artigo temos uma breve apresentação do contexto histórico de promoção de jogos africanos no Brasil, na qual fazemos observações sobre os benefícios da prática desses jogos. Na segunda parte apresentamos o Senet, jogo africano de tabuleiro criado no Vale do Nilo, e encerramos com comentários sobre sua produção material e sua utilização contemporânea.

Contexto Brasil

O pan-africanismo é um movimento social e nacionalista africano formalizado no final do século XIX e afirmado na primeira metade do século XX como agenda política internacional dos povos africanos ao redor do mundo. O fim do colonialismo e o combate ao racismo foram dois dos tópicos centrais na agenda do movimento pan-africanista entre 1900 e 1950. Porém, foi a partir da década de 1950 que o pan-africanismo assumiu o projeto político de formar uma ampla rede de solidariedade, voltada à justiça social na diáspora africana e à construção da unidade federal do continente africano. A historiografia, os movimentos sociais anticoloniais, as artes engajadas e uma série de entidades educacionais foram decisivas para esse projeto político pan-africanista de unidade africana.

De outra parte, entre as décadas de 1950 e 1980, a historiografia africana renasceu com as obras publicadas por Cheikh Anta Diop (Senegal), J. C. de Graft-Johnson (Gana), Joseph Ki-Zerbo (Burquina Faso), Ivan Van Sertima (Guiana Inglesa), Djibril Tamsir Niane (Guiné-Conacri), Walter Rodney (Guiana Inglesa), Chancellor Williams (Estados Unidos) e outros. A grande produção historiográfica denominada História Geral da África faz parte desse período. O renascimento historiográfico ocorreu em um contexto internacional pan-africanista, em que escolas africanas de pensamento histórico, como as de Dakar (Senegal), Dar es Salaam (Tanzânia) e Ibadan (Nigéria), geraram recursos epistemológicos para a descolonização da história africana, e, acrescentamos, da história africana na diáspora.

No que se refere aos subsídios gerados por essas escolas, a conexão entre pan-africanismo e historiografia é um deles. Ela é essencial para que se evitem equívocos do racismo eurocêntrico contra a história africana, como a desafricanização do Egito Antigo e o apagamento das mulheres africanas na organização de movimentos sociais contemporâneos de resistência anticolonial. Além disso, a comunhão entre pan-africanismo e historiografia colabora com a reposição da importância da história da diáspora africana no conhecimento da história da África, sem hierarquização (Gomes, 2016).

No Brasil, a educação e o ensino da História da África estão na gênese da organização social da população afrodescendente e, a partir da Lei n.º 10.639/2003, ganharam evidência tanto na teoria, com a literatura e a escrita, quanto nas práticas culturais e artísticas. Essa gênese permeou a organização psicossocial, identitária e política da população negra no país através de instituições como quilombos, religiões de matriz africana, escolas alternativas, grupos capoeira, associações comunitárias, entidades políticas, livrarias, campanhas, companhias teatrais, imprensa, clubes e movimentos sociais. Essas iniciativas, em seus devidos períodos e contextos, permitiram à população negra no Brasil enfrentar o escravismo criminoso e o racismo em suas versões institucional, epistemológica e econômica.

A homologação da Lei Federal n.º 10.639/2003, que tornou obrigatório o ensino de história e cultura africana e afro-brasileira no Brasil, foi resultado da militância política realizada pelo Movimento Negro organizado desde a primeira metade do século XX. O processo de construção dessa lei passou por um período de longas negociações com os governos e os partidos políticos desde as Assembleias Constituintes de 1987 até o governo de 2002. Nesse período de mais de dez anos, houve diversas ações do Movimento Negro para inserir temáticas de interesse da população negra na Lei de Diretrizes e Bases da Educação (LDB) n.º 9.394/1996 e nos projetos de lei compensatória e de mudança curricular, encaminhados para o Senado Federal brasileiro pelo Partido Democrático Trabalhista (PDT) através do senador Abdias do Nascimento.

Esse trabalho de militância política sedimentou o caminho para a promulgação da Lei Federal n.º 10.639 em janeiro de 2003. Houve e há uma série de dificuldades para a implantação efetiva dessa lei no país, e a principal delas é o permanente eurocentrismo racista no sistema educacional brasileiro. Os indicativos de mudanças nesse sistema surgem, por isso, nas escolas alternativas e nas práticas educacionais elaboradas pelo Movimento

Negro. Essas ações são muito importantes, porque criam novos conceitos, metodologias e práticas educativas condizentes com realidades sociais específicas em contextos globais.

Quanto aos recursos para professores em sala de aula, é crescente a utilização de antigos jogos africanos de tabuleiro, conhecidos no Brasil por *mancalas*, termo árabe usado de forma genérica para categorizá-los. Neste artigo não utilizaremos o termo *mancala*, trataremos esses jogos tradicionais de *bao*, vocábulo popular na língua africana kiswahili para jogos de tabuleiro caracterizados pelo seu número de cavidades.

No Brasil das últimas duas décadas (2000-2010), os jogos africanos de tabuleiro mais divulgados foram Borboleta, Umlabalaba, Oware, Bao Awalé, Zamma, Tsoro Yematatu, Kharbaga e Dara. Todos eles são jogados no território continental africano, principalmente o Bao Awalé (Pevidor; Cunha Júnior, 2016). Ainda existem outros jogos, menos conhecidos, mas referidos na história milenar africana, como os casos do Senet, Mehen e Seega, os três jogados no Egito Antigo.

A eficácia educacional dos jogos africanos de tabuleiro em sala de aula pode ser constatada por meio da apreciação de investigações acadêmicas, de projetos em curso para o uso didático de jogos estilo Bao nas escolas e do crescente interesse pedagógico de professores. Há exemplos importantes de pesquisas recentes sobre o uso de jogos africanos em sala de aula entre os anos de 2000 e 2016, como as de Regina Célia Grando (2000), Gustavo Forde (2008) e Rinaldo Pevidor (2011). Ao lado dessas pesquisas existem iniciativas como a do professor moçambicano Alberto Chirinda, que, além de investigador de jogos com cavidades, é fabricante do tradicional jogo de tabuleiro africano Ntxuva, no estilo Bao, com provável origem no Egito Antigo, segundo Alberto Chirinda (Paiva, 2019).

Os benefícios dos jogos de tabuleiro

A utilização pedagógica dos jogos de tabuleiro é uma ferramenta para a qualificação de processos transdisciplinares de ensino. O desafio de completar um percurso determinado pelo enredo de um jogo e por um conjunto de regras pré-estabelecidas é um treinamento que habilita a mente humana a práticas de raciocínio matemático. Esses jogos também podem ser um recurso pedagógico importante para aprendizagem e manutenção de uma mente saudável. Pesquisas realizadas pela Universidade Putra Malásia

(UPM) e pelo grupo RealNetworks Inc. (Estados Unidos) indicam que os jogos são importantes no desenvolvimento da memória e das capacidades cognitivas do ser humano. Nesse sentido, podem até ser eficientes para a construção de uma proficiência em línguas estrangeiras, por exemplo (Yong; Yeo, 2016). Investigadores do Instituto de Psicologia da Educação da Universidade de Ulm (Alemanha) argumentam que os jogos representam uma potencial ferramenta para a saúde da estrutura cerebral humana, um meio de aprimorar o funcionamento equilibrado do cérebro (Kolassa; Fissler; Schrader, 2015).

O jogo, como uma atividade, proporciona uma sensação de bem-estar que é útil para o sistema imunológico, servindo, portanto, como tratamento terapêutico à saúde cerebral, às habilidades cognitivas, ao equilíbrio emocional e à motivação (Voogt; Gobet; Retschitzki, 2004). No campo educacional, os jogos africanos de tabuleiro também podem ser capazes de ajudar a enfrentar o grave problema da evasão escolar e da falta de interesse pelas aulas de Matemática, situações decorrentes de currículos desmotivadores e eurocêntricos (Pevidor; Cunha Júnior, 2016). Existem, aliás, dois tipos de genocídio infligidos à população negra de uma forma geral: o físico, perpetrado pelo racismo, pelo epistemicídio, pela exploração econômica, pela violência militarizada e pela desnutrição; e o cultural curricular (Ben-Jochannan, 2004), responsável por um processo paulatino de deseducação e alienação na formação do professor, que acaba atuando como um multiplicador de distorções e silêncios.

Os estudos da Universidade de Ulm (Kolassa; Fissler; Schrader, 2015) apresentam dados importantes que atestam que os jogos, de uma forma geral, estão sendo capazes de promover mais conhecimentos e habilidades para os jogadores do que os métodos educacionais padronizados e convencionais. Entretanto, os jogos não são substitutos de livros, pois são ferramentas didáticas complementares dotadas de um caráter atraente para professores e estudantes. Regina Célia Grando (2000, p. 45) apresenta as vantagens do uso de jogos na sala de aula, das quais destacamos seis delas:

1. Fixação de forma motivadora para o aluno de conceitos já aprendidos;
2. Introdução e desenvolvimento de conceitos de difícil compreensão;
3. Desenvolvimento de estratégias de resolução de problemas (desafio dos jogos);
4. Aprender a tomar decisões e saber avaliá-las;
5. Significação para conceitos aparentemente incompreensíveis;

6. Relacionamento das diferentes disciplinas (interdisciplinaridade). (Grando, 2000, p. 45)

Objetivando ilustrar exemplos materiais sobre jogos africanos de tabuleiro, apresentamos e exploramos, a seguir as características do jogo Senet.

Senet: um jogo milenar africano

O Senet é um jogo de tabuleiro originário do Vale do Nilo, voltado para dois jogadores, que foi criado há mais de 4000 A.E.C no Egito Antigo. Ele foi popular em todo o território, um objeto comum para diversos grupos e ambientes sociais, como revelam papiros, gravações de imagens em paredes e exemplares de tabuleiros identificados em cidades do Egito Antigo pela arqueologia contemporânea. A mais completa linha de exemplares Senet está exposta no Museu do Cairo, no Egito atual. Diferente dos tabuleiros estilo Bao, o Senet pertence à grande família de tabuleiros planos, sem cavidades e com inscrições geometricamente alinhadas.

Na década de 1950, Cheikh Anta Diop observou no seu livro *Nações negras e cultura* (1954) que o Senet em escrita hieroglífica do Egito Antigo (Sesh Medew Netcher) esteve presente de forma constante nos mais diversos tipos de textos, o que torna a expressão uma chave cultural para o conhecimento da língua, escrita, arte, espiritualidade e pensamento dos antigos egípcios. Indubitavelmente, *Nações negras e cultura* demarca a inserção do Senet na historiografia africana através da linguística. Anos mais tarde, na gramática intitulada *Parenté génétique de l'Égyptien pharaonique et des langues négro-africaines* [Parentesco genético linguístico do egípcio faraônico e das línguas negro-africanas] (1977), Dr. Diop explorou amplamente o Senet nos capítulos sobre comparação linguística, morfologia e expressões particulares.

O jogo Senet é de percurso; o seu tabuleiro possui 10 (dez) peças que servem como peões e 4 (quatro) peças que determinam o movimento dos peões no tabuleiro. O tabuleiro de Senet possui 30 (trinta) casas distribuídas em três fileiras, que representam o caminho a ser percorrido pelos peões distribuídos entre os dois jogadores.

A Figura 1 mostra um exemplar do tabuleiro de Senet, com gaveta lateral para o conjunto de peças do jogo:

Figura 1 – Tabuleiro de Senet exposto no Museu do Brooklyn (Estados Unidos)

Fonte: *Gaming Board Inscribed for Amenhotep III with Separate Sliding Drawer*, ca. 1390-1353 B.C.E. Brooklyn Museum, Charles Edwin Wilbour Fund, 49.56a-b. Creative Commons-BY. Disponível em: https://www.brooklynmuseum.org/opencollection/objects/3536. Acesso em: 10 out. 2023.

O objetivo do jogo Senet é retirar as peças do tabuleiro após cada uma completar o percurso de 30 (trinta) casas; vencerá aquele que conseguir fazê-lo primeiro. Cada jogador tem direito a 5 (cinco) peças/peões, que podem ser movimentados um de cada vez e ocupar somente as casas vazias, pois 2 (dois) não podem ficar juntos. Na Figura 1 é possível visualizar peões justapostos sobre o tabuleiro, cada um em uma casa.

O número de casas a serem percorridas por um peão é determinado pelo lançamento de 4 (quatro) peças, que denominamos varetas ou bastões. A posição das varetas indica quantas casas o peão do jogador A ou do jogador B deverá percorrer. 6 (seis) das 30 (trinta) casas do tabuleiro possuem gravações com hieróglifos que marcam uma nova situação de jogo.

Todo o percurso das peças na superfície do tabuleiro e o próprio jogo Senet em sua totalidade material estão permeados por elementos filosóficos africanos do Egito Antigo pré-dinástico e dinástico.

Ancestralidade e a representação histórica do Senet

As evidências arqueológicas de artefatos e gravações do Senet no Egito Antigo, do período pré-dinástico (4500-3000 A.E.C.) ao Império Novo (1560-1070 A.E.C.), são o que o torna um objeto ainda mais importante do ponto de vista histórico, geográfico e cultural. O período pré-dinástico do Egito Antigo é geralmente compreendido entre a era do Neolítico, a partir de 6000 A.E.C., e o início das dinastias faraônicas, em 3100 A.E.C., começando por Narmer, identificado como unificador do Alto e do Baixo Egito (em uma mesma nação). O Senet foi produzido em argila e madeira, e algumas dezenas de exemplares do artefato foram identificadas pela arqueologia em ruínas de cidades como Tebas, Abusir, Abidos e Aketaton. A diversidade de registros do Senet catalogada indica que camponeses, sacerdotes, escribas e faraós foram adeptos do jogo. Além disso, o nome Senet pode ser escrito por um hieróglifo que representa seu tabuleiro de jogo. Na Figura 2 é possível ver o hieróglifo do Senet na composição do nome do Faraó (Nswt) Tut Ankh Amon.

Figura 2 – Na parte superior da imagem, o Hieróglifo representando o jogo Senet em um cartucho real com o nome do Faraó Tut Ankh Amon

Fonte: *http://www.24-carats.fr/toutankhamon.html.*

Os hieróglifos ou Sesh Medew Netcher, que significa escrita sagrada ou natural, são compostos por símbolos que retratam a fauna, a flora, a arquitetura e a arte do interior do continente africano (Diop, 1954). Eles possuem correspondentes sonoros de letras transliteradas; a transliteração do hieróglifo do jogo Senet é mn/men. A representação hieroglífica do Senet está presente em uma série de documentos escritos pelos egípcios antigos, na grafia de nomes de faraós, como Miquerinos (Men-kaow-Ra/Mn-k3w-R) e Tut Ankh Amon, e nos indicativos para monumentos (Menoo) e para lugares, a exemplo do nome da cidade de Memphis (Men-nefer/Mn-nfr).

A palavra Senet significa passagem, uma alusão ao caminho percorrido pela alma humana (Ba/plural, Baw) fora do corpo físico (Khat), em migração pelo mundo invisível (Duat) e rumo ao universo astral da vida eterna. Ba (alma) foi simbolizada pelos egípcios antigos por um pássaro (falcão) com uma cabeça humana. A concepção dessa simbologia era de que a passagem da alma se dava através de uma jornada oposta ao caminho das trevas, da morte e do esquecimento, do estado físico e animal do homem. Uma parte do percurso da alma seria realizada através do voo de Ba (alma) e a outra parte por meio do barco cósmico de Ra (uma potência astral poderosa do universo na cosmovisão dos egípcios antigos).

A alma (Ba) necessita realizar um caminho desafiador fora do corpo físico (Khat) no mundo invisível (Duat/Dewat), retornando às tumbas periodicamente para receber oferendas (Piccione, 2007). Molefi Kete Asante, estudioso de assuntos africanos, narra detalhes de como os antigos egípcios compreendiam o percurso de migração de Ba (alma) para o reino divino:

> [...] acreditava-se que o *ba* visitava seu corpo no túmulo. Sepulturas foram construídas para que o *ba* pudesse encontrar o seu caminho através das passagens estreitas nos poços. Nas pirâmides de Meroé, na Núbia, aberturas eram deixadas nas pedras que cobriam o topo das pirâmides, de modo que os *ba* podiam entrar nelas. Esse mesmo padrão pode ser visto em algumas das pirâmides Egípcias. Uma borda para ficar sobre as pirâmides também foi colocada abaixo de cada abertura para que o *ba* pudesse ter um lugar para descansar e pelo qual entrar na tumba. O *ba*, isto é, a alma, foi entendida como capaz de visitar lugares que o falecido ama visitar e fazer coisas que o falecido desfrutava na vida, como pescar, caçar, andar de carruagem, velejar pelo Nilo e assim por diante. O *ba* era uma força animadora, capaz de levar o falecido aos seus locais de caça favoritos e visitar as casas de pessoas especiais (Asante, 2014, p. 51).

Contudo, consta que, durante essa migração, Ba (alma) vagava enfrentando forças malignas das trevas até o reino de Ausar (Osíris), a deidade do Egito Antigo que dominou a sua trágica morte física para reinar vitoriosamente no mundo das almas, em Amentet. Ba é, então, conduzida pela deidade Anpu (Anúbis) ao grande tribunal, ou sala de julgamento, perante Maat. Na cosmogonia e ontologia do Egito Antigo, a deidade Maat é a justiça, o equilíbrio, a verdade e a complementaridade entre forças, a representação da ordem do equilíbrio universal (Somet, 2018). O filósofo Marcien Towa nos ajuda a compreender Maat como a "[...] racionalidade da norma suprema de comportamento [...] no plano físico, Maat é exatidão, medida correta; no plano social ético, ela é verdade, justiça e ordem [...] ela deve ser conhecida e aplicável às situações concretas" (Towa, 2015, p. 36).

A ideia de Maat esteve organicamente conjugada à ordem social, ao meio ambiente e à concepção cósmica/filosófica dos egípcios antigos. No sentido social do termo, havia um conjunto de 42 princípios regentes que fizeram de Maat um código de justiça, verdade e moral no Egito Antigo. Os egípcios também possuíam um conceito para o oposto à Maat, que era Isfet, a desordem, a violência e o caos, tanto cósmico quanto social (Somet, 2018).

A consciência de Ba (alma), simbolizada por um coração (Ib), seria pesada em uma balança por Anpu (Anúbis), e o seu peso seria contrabalanceado pelo peso de uma pena, em alusão simbólica à Maat. A deidade Djehuty (Thoth) seria responsável pelo registro da medição, pela natureza intelectual da escrita e dos conhecimentos científicos, inclusive da concepção do calendário egípcio. Durante a pesagem, caso o peso do coração de Ba fosse maior do que o peso da pena de Maat, indicaria que Isfet prevaleceu nas ações da alma e, portanto, o seu destino será a aniquilação. Caso o coração fosse tão leve quanto a pena de Maat, Ba estaria apta para penetrar na essência divina do universo cósmico.[2]

A imagem do tabuleiro de Senet foi gravada em paredes de mastabas (tumbas) como forma de proteção para Ba (alma) no mundo invisível, prática que possui ocorrências desde a Primeira Dinastia faraônica (Piccione, 2007). A literatura em papiros no Egito Antigo é uma das fontes mais utilizadas para investigações sobre o Senet. Uma das mais antigas referências ao jogo está retratada na coletânea de escritos denominada *Pert-em-Heru*, que pode ser interpretada como *Declarações para sair à luz* ou *Livro do despertar*. O livro *Declarações para sair à luz* foi compilado entre 2300 e 1700 A.E.C. (Somet, 2016) e equivocadamente batizado pela egiptologia moderna como *Livro dos mortos* (Budge, 1993). No final da década de 1880, o inglês Ernest Wallis Budge contrabandeou para a Europa papiros de 23 metros em que a jornada de Ba (alma) era narrada de forma abrangente e complexa, revelando com detalhes

[2] O todo, a criação que não foi criada, o absoluto, segundo a visão dos egípcios antigos.

a cosmovisão dos antigos egípcios sobre o mundo espiritual e invisível. O "sair à luz" ou "despertar" diz respeito ao desencarne de Ba (alma), anteriormente enclausurada na imensa escuridão do Khat (corpo físico), as entranhas do corpo humano. A função principal dos escritos que integram o livro foi guiar Ba (alma) à luz de Amentet perante Maat (o equilíbrio universal).

O Senet pode, portanto, ser compreendido como a reprodução física da cosmovisão dos egípcios antigos sobre a mente e a vida espiritual em suas transições, migrações e imortalidade (Budge, 1993). Os capítulos do livro são compostos por textos e vinhetas (ilustrações), que são mensagens alegóricas de sabedoria e de procedimentos que integram todo o caminho de migração da escuridão para a luz. O enredo retrata os cuidados, a preparação e a proteção de Ba (alma) antes e durante o seu percurso. As vinhetas ilustram as fases, os símbolos, os perigos e os desafios da jornada de Ba (alma), com ilustrações e textos que fazem menção a Ani e a sua jornada como Ba (alma) – Ani foi um escriba no Egito Antigo que viveu por volta de 1800 A.E.C.

Atualmente, os manuscritos originais do *Declarações para sair à luz* encontram-se no Museu Britânico. A publicação de Wallis Budge em inglês foi traduzida para o francês, espanhol e português, atingindo alta popularidade ao longo do século XX. No Brasil, a obra foi publicada tardiamente em 1990 pela Editora Pensamento (São Paulo). O livro foi dividido em três volumes, distribuídos em dezenas de capítulos, vinhetas e um apêndice. No Capítulo 17 há uma vinheta em que Ani está sentado com sua esposa Tutu e manuseia peões do Senet sobre um tabuleiro.

O texto que acompanha a vinheta do Capítulo 17 do *Declarações para sair à luz*, em que Ani e Tutu são representados em forma humana e em forma de Ba (alma), diz: "Aqui começam os louvores e glorificações do sair e ao entrar no glorioso mundo inferior, situado no belo Amentet, do sair à luz em todas as formas de existência que lhe agradam, do jogar Senet e sentar-se na sala, como a alma viva" (Budge, 1993, p. 184).

Na vinheta o Senet está localizado em uma espécie de "torre de comando", em uma posição de fronteira entre o Khat (corpo) e o Ba (alma). Essa torre também pode ser identificada como portal ou entrada para o templo. As representações das almas de Ani e Tutu estão sobre um portal denominado Re-stau, o ponto de início para a sua migração. Mais adiante, vê-se duas flores de lótus cruzadas sob uma espécie de mesa.

Figura 3 – Vinheta de abertura do Capítulo 17 do *Declarações para sair à luz*

Fonte: BUDGE, 1993, p. 184.

A jornada de Ba (alma) no *Declarações para sair à luz* não apenas representa os embates do espírito no percurso rumo à Maat e a Ausar, como também é uma referência ao caminho de um iniciado nas escolas iniciáticas do Egito Antigo. Essas escolas de formação eram conhecidas como Casa da Vida (Per Ankh), onde escribas, astrônomos, médicos, matemáticos e vizires recebiam treinamento dos mestres do conhecimento (Seba). Aos adeptos da iniciação em uma Per Ankh eram exigidos o conhecimento de técnicas de medição e o domínio sobre os segredos da razão áurea, além do conhecimento de astronomia, química e meditação. O livro *Declarações para sair à luz* expõe esse processo de transitoriedade e conhecimento, revelando a dualidade eterna entre Ba (alma) e Khat (corpo), entre o mistério e as ciências sacerdotais, entre o social e o espiritual, entre a "morte" e o renascimento de Ba (alma) na vida eterna.

A prática do Senet no Egito Antigo foi extinta no Novo Império (1580-715 A.E.C.) após sucessivas invasões estrangeiras de assírios (670 A.E.C.), persas (525 A.E.C.), gregos (332 A.E.C.), romanos (30 A.E.C.), cristãos (1 E.C.) e, finalmente, do mundo árabo-muçulmano (639-642 E.C). A cosmogonia simbólica do Senet na versão jogo e a sua função como oráculo divinatório eram completamente incompatíveis com os ensinamentos religiosos do islã e do cristianismo, dominantes na sequência das invasões do território do Egito Antigo e dois dos prováveis contribuintes para a extinção das práticas do Senet na região do Vale do Nilo.

À guisa de conclusão – Considerações sobre produção e utilização pedagógica do Senet

O jogo de tabuleiro Senet começou a receber maior visibilidade e atenção museológica na década de 1920, quando a egiptologia colonial europeia identificou a tumba do Faraó Tut Ankh Amon. Na ocasião, foram pilhados luxuosos exemplares de tabuleiros do Senet, um deles com partes de ébano, marfim e ouro. Na década de 1960 o jogo que pertenceu a Tut Ankh Amon foi exposto ao público pela primeira vez, e, a partir da década de 1970, o Senet começou a ser fabricado por empresas nos Estados Unidos e na Europa. As regras do jogo não foram completamente recuperadas; um processo de renovação das regras foi realizado na década de 1960 pela egiptologia tradicionalmente eurocêntrica. Um conjunto de normas foi estipulado por pesquisadores como Peter Piccione, da Universidade de Chicago e do Institute's Epigraphic Survey at Luxor (Egito).

No final da década de 2010, o projeto Afrika Shen (Cabo Verde/Brasil) iniciou um trabalho de revisão e contextualização das regras do Senet a partir dos significados filosóficos de Maat. A revisão foi denominada Convenção Maat 42 pelo Afrika Shen e possui novas peças, movimentos, estratégias e a supervalorização da concentração em detrimento da competição.

A Convenção Maat 42 para jogos de tabuleiro foi criada pelo Afrika Shen com um duplo propósito: 1) romper com as regras da egiptologia tradicional eurocêntrica; e 2) contextualizar a prática de jogos de tabuleiro utilizados no Egito Antigo em coerência ao significado filosófico de Maat. A nossa convenção é matemática, capaz de possibilitar movimentos e peças especiais durante uma partida. No ano de 2019, o Afrika Shen iniciou uma série de *workshops* sobre o Senet em Cabo Verde (Ilha de Santiago) e no Brasil (Rio de Janeiro, Bahia e Ceará).

Na sala de aula, o Senet é capaz de assumir novos aportes temáticos em disciplinas como História, auxiliando professores no ensino e alunos na aprendizagem. Nos conteúdos disciplinares sobre o Egito Antigo, os professores podem dividir os seus estudantes em duplas para pesquisar imagens do Senet produzidas pelos egípcios antigos, desenhar tabuleiros no papel e criar narrativas que possam ilustrar o contexto histórico de utilização do jogo, por exemplo. O Senet pode também ser jogado como um exercício filosófico africano atrativo para a exploração da cosmovisão dos egípcios antigos a respeito da sua espiritualidade, de Maat, da cosmogênese e da organização social.

Figura 4 – Ateliê do Senet realizado no interior da Ilha de Santiago, Cabo Verde (2019), a convite de uma associação local comunitária e em parceria com o Movimento Federalista pan-africano.

Fonte: Arquivo pessoal do autor.

Jogar o Senet nas aulas de Matemática é, por exemplo, uma forma lúdica e pedagógica de introdução do raciocínio lógico e do exercício de habilidades matemáticas básicas, tais como soma, subtração, divisão, multiplicação e geometria. As dificuldades no aprendizado do jogo e no desenvolvimento das partidas pelos jogadores é um motivo de observação e reforço das intenções da educação matemática. O ensino do jogo entre os alunos também pode ser um exercício de cooperação e de sociabilidade, no sentido do diálogo e da troca de conhecimentos. Além disso, as temáticas suscitadas pelo Senet estão conectadas a um amplo campo disciplinar, passando pela sociologia das religiões às áreas da língua e escrita hieroglífica dos egípcios antigos, temas importantes para a organização sociocomunitária ao redor do mundo africano.

Referências

ASANTE, Molefi Kete. A ideia de alma no Antigo Egito. *Gaudium Sciendi*, Philadelphia, n. 6, p. 43-52, jun. 2014.

BECIC, Samir. *ReSYNC Your Life: 28 Days to a Stronger, Leaner, Smarter, Happier You*. Tennessee: Thomas Nelson, 2017.

BEN-JOCHANNAN, Yosef Alfredo Antonio. *Cultural Genocide in the Black and African Studies Curriculum*. Baltimore: Black Classic Press, 2004.

BUDGE, Ernest Alfred Thompson Wallis. *O livro egípcio dos mortos*. Trad. Octavio Mendes Cajado. 9. ed. São Paulo: Pensamento, 1993.

CARRUTHERS, Jacob. *Intellectual Warfare*. Chicago: Third World Press, 1999.

CUNHA JÚNIOR, Henrique. Afroetnomatemática: da filosofia africana ao ensino de matemática pela arte. *Revista da ABPN*, São Paulo, v. 9, n. 22, p. 107-122, mar./jun. 2017.

CUNHA JÚNIOR, Henrique. Africanidade, afrodescendência e educação. *Educação em Debate*, Fortaleza, v. 2, n. 23, p. 5-15, 2001.

CUNHA JÚNIOR, Henrique. Racismo antinegro, um problema estrutural e ideológico das relações sociais brasileiras. *Política Democrática*, Brasília, v. 7, n. 17, p. 118-127, 2008.

CUNHA JÚNIOR, Henrique; GOMES, Fábio Florenço. *Senet: introdução ao jogo ancestral africano*. Praia: Addis-Fetha, 2019.

DIOP, Cheikh Anta. *A unidade cultural da África negra: esferas do patriarcado e do matriarcado na antiguidade clássica*. Luanda: Mulemba; Portugal: Pedago, 2014.

DIOP, Cheikh Anta. *Nations nègres et culture: de l'antiquité nègre* égyptienne *aux problèmes culturels de l'Afrique noire d'aujourd'hui*. Paris: Présence Africaine, 1954.

FORDE, Gustavo Henrique Araújo. *A presença africana no ensino de matemática: análises dialogadas entre história, etnocentrismo e educação*. 2008. 273 f. Dissertação (Mestrado em Educação) – Universidade Federal do Espírito Santo, Centro de Educação, Vitória, 2008.

GERDES, Paulus. *Geometria sona de Angola: matemática duma tradição africana*. Boane: Centro de Investigação Etnomatemática; ISTEG, 1994.

VOOGT, Alex de; GOBET, Fernand; RETSCHITZKI, Jean. *Moves in Mind: The Psychology of Board Games*. London: Psychology Press, 2004.

GOMES, Fábio. Florenço (Kwesi Ta Fari). Didática pan-africana: experiências de uma proposta educacional. In: OLIVEIRA, Alexandra Flávia Bezerra de; NUNES, Cícera; CUNHA JÚNIOR, Henrique; DOMINGOS, Reginaldo Ferreira (Org.). *Educação e africanidade: propostas para a formação de professores sobre a Lei n.º 10.639/03*. Curitiba: CRV, 2016.

GRANDO, Regina Célia. *O conhecimento matemático e o uso de jogos na sala de aula*. 2000. Tese (Doutorado em Educação) – Faculdade de Educação, Universidade Estadual de Campinas, 2000.

KOLASSA, Iris-Tatjana; FISSLER, Patrick; SCHRADER, Claudia. Educational Games for Brain Health: Revealing Their Unexplored Potential Through a Neurocognitive Approach. In: EVERSON, Howard Thomas. *Psychol.* New York: University of New York, 2015.

MBELEK, Jean-Paul. A história das ciências e das técnicas na África negra. In: DIOP, Babacar Mbaye; DIENG, Doudou (Org.). *A consciência histórica africana.* Luanda: Mulemba, 2014.

PEVIDOR, Rinaldo. *O jogo africano mancala e o ensino de matemática em face da Lei 10.639/03.* 2011. 156 f. Dissertação (Mestrado em Educação) – Faculdade de Educação, Universidade Federal do Ceará, Fortaleza, 2011.

PEVIDOR, Rinaldo; CUNHA JÚNIOR, Henrique. *Mancala. O jogo africano no ensino da Matemática.* Curitiba: Appris, 2016.

PICCIONE, Peter. The Egyptian Game of Senet and the Migration of the Soul. In: FINKEL, Irving (Org.). *Board Games in Perspective: Proceedings of the Colloquium on Board Games of the Ancient World.* London: British Museum Publications, 2007.

SAMPAIO, Antônio Luiz; CHAVES, Sandra Maria. *Jogos e teoremas da matemática.* 9. ed. São Paulo: Ática, 1997.

SOMET, Yoporeka. A África e a filosofia. *Sísifo*, Feira de Santana, v. 1, n. 4, p. 80-101, nov. 2016.

SOMET, Yoporeka. *L'Egypte ancienne, un système africain du monde.* France: Teham, 2018.

TOWA, Marcien. *A ideia de uma filosofia negro-africana.* Tradução Roberto Jardim da Silva. Belo Horizonte: Nandyala; Curitiba: NEAB-UFPR, 2015.

WHITE, Douglas A. *The Cosmic Game: Secrets of the Senet Oracle Board.* Atlanta: Delta Point Educational Technologies,2012.

YONG, Mei Fung; YEO, Li Min. Effects of Board Game on Speaking Ability of Low-proficiency ESL Learners. *International Journal of Applied Linguistics & English Literature*, Australia, v. 5, n. 3, p. 261-271, 2016.

Websites consultados

8 REASONS Why You Should Play Board Games Regularly. *Bead Games*, jun. 12, 2017. Disponível em: https://bit.ly/47vTok3. Acesso em: 13 abr. 2019.

HEALTH FITNESS REVOLUTION. Top 10 Health Benefits of Board Games. *Fitness Revolution*, Jan 20, 2023. Disponível em: https://bit.ly/454cdJo. Acesso em: 17 jan. 2019.

PAIVA, Thais. Ntxuva, o xadrez africano, ensina matemática de forma lúdica. *Geledés*, São Paulo, 24 nov. 2018. Disponível em: https://bit.ly/3QB8xKL. Acesso em: 4 mar. 2019.

TOKARNIA, Mariana. Intelectuais negros estão fora da bibliografia, criticam especialistas. *Agência Brasil*, Brasília, 13 maio 2015. Disponível em: https://bit.ly/446MKOe. Acesso em: 15 fev. 2019.

Presença indígena: partilha sobre nós na Universidade de Brasília

Suliete Baré

Para iniciarmos o diálogo irei me apresentar para os/as leitores/as, pois considero importante. Sou indígena do povo Baré e nasci na comunidade indígena chamada Tapereira, que se localiza às margens do Rio Negro e pertence à área do município de Santa Isabel do Rio Negro, noroeste do estado do Amazonas. Sou filha de pai Baniwa e mãe Baré; na nossa cultura herdamos a etnia patriarcal, no entanto, nasci numa comunidade onde predominavam os Baré e fui educada na cultura desse povo, e, por isso, me identifico como indígena baré. A minha família é constituída pelos três povos: minha avó materna era indígena do povo tukano, minha avó paterna também é do povo tukano, meu avô materno do povo baré e meu avô paterno baniwa (Monteiro, 2022b, s.p.).

Entrei na Universidade de Brasília (UnB) por meio da política de ações afirmativas. Sou fruto da luta das lideranças indígenas e não indígenas que lutaram por essa política que é tão importante para a nossa presença nas universidades públicas do país, portanto, a presença dos povos indígenas nas universidades brasileiras é recente.

Todavia, para não parecer que é a partir de mim (ou da minha geração) que os povos indígenas entraram nas universidades, teço breves considerações sobre alguns dos parentes que vieram antes. Nós tínhamos indígenas de gerações anteriores que fizeram suas graduações em universidades públicas, e, alguns deles, hoje são professores e professoras em instituições de ensino superior – como é o caso do Gersem Baniwa e do Felipe Sotto Maior (Felipe Tuxá). Eliane Potiguara também é outra referência. E, para não ser injusta e esquecer algum nome, menciono os professores indígenas de Antropologia, Línguas e Educação Intercultural nas universidades da região Norte (UFPA, UFAM), que se formaram nas décadas de 1980 e 1990. Ailton Krenak é outro exemplo. Ele fez graduação ainda na década de 1980, na PUC de São Paulo, que, embora não seja pública, é uma das mais importantes instituições do país. Ao defendermos as cotas, é preciso mostrar também as poucas pessoas indígenas que estavam nas universidades antes delas, até para evidenciarmos os contrastes e a importância das políticas de ações afirmativas.

A escolarização dos povos indígenas no Brasil é resultado de vários fatores históricos favoráveis, como o avanço dos direitos humanos, o processo de redemocratização do país, os programas de universalização da educação básica e a transferência de responsabilidade pela implementação da educação escolar indígena da Fundação Nacional dos Povos Indígenas (Funai) para o Ministério da Educação, os estados e os municípios, com destaque para a luta travada ao longo da história do Brasil pelo Movimento Negro brasileiro.

A política de reserva de vagas para pretos, pardos e indígenas, conhecida como política de cotas, resulta da mobilização de negros e negras desde os idos do Brasil Colônia. Mais especificamente, dos idos da década de 1970, com a organização do Movimento Negro Unificado e sua participação nas Assembleias Pré-Constituintes, quando se somaram à luta indígena, entre outras, e garantiram a inclusão do Artigo 5, em que se reconhece que todos são iguais perante a lei, sem distinção de qualquer natureza; e também do Artigo 205, no qual consta que a educação é um direito de todos, e é dever do Estado e da família promovê-la e incentivá-la com a colaboração da sociedade, visando o pleno desenvolvimento da pessoa, seu preparo para o exercício da cidadania e sua qualificação para o trabalho.

Em 2003 houve a promulgação da Lei n.º10.639 de 2003, que obriga o ensino de História da África e Cultura Afro-Brasileira e que alterou o Artigo 26-A da Lei de Diretrizes e Bases da Educação Nacional (LDB) n.º 9.394/96, em atendimento a uma reivindicação antiga pelo acesso à educação por parte do Movimento Negro. Em 2008, a Lei n.º 11.645 incluiu no texto do Artigo 26-A a história indígena, passando a vigorar da seguinte forma: "Nos estabelecimentos de ensino fundamental e de ensino médio, públicos e privados, torna-se obrigatório o estudo da história e cultura afro-brasileira e indígena (BRASIL, 2012)".

Na esteira dessas demandas por políticas educacionais após a participação na Conferência de Durban, como ficou conhecida a Terceira Conferência Mundial Contra o Racismo, a Discriminação Racial, a Xenofobia e a Intolerância Correlata promovida pela Organização das Nações Unidas (ONU) contra o racismo e o ódio aos estrangeiros, na qual o Brasil compareceu com a maior comitiva, várias foram as respostas institucionais do governo brasileiro (Garcia Filice, 2017), além da citada Lei n.º 10.639/2003 que alterou o Artigo. 26-A. Entre elas tivemos, anterior à Lei n.º 12.711/2012, a ampliação da política de cotas, que se inicia nas universidades estaduais da Bahia e do Rio de Janeiro nos anos 1990. No ano de 1999 começa o debate na UnB, tendo seu primeiro vestibular ocorrido em 2004, tornando-a a primeira universidade federal no Brasil a adotar essa política (GARCIA FILICE; SANTOS, 2010; FILICE, 2017).

Embora pesquisas comprovem o sucesso da política, e que ela foi o mecanismo de maior democratização do espaço universitário que se tem conhecimento, desde o seu início muitas são as resistências ao ingresso de pessoas negras e indígenas nesses espaços, até então embranquecidos por serem um ambiente para o exercício do pensamento "mais elaborado", como é o ensino superior.

Em 2009, o sistema de cotas na UnB foi acusado de inconstitucionalidade, mas, por força do Artigo 206 da Constituição Federal de 1988 – que informa que o ensino será ministrado com base nos princípios que garantam igualdade de condições para o acesso e permanência na escola; liberdade de aprender, ensinar, pesquisar e divulgar o pensamento, a arte e o saber; e o pluralismo de ideias e de concepções pedagógicas –, o debate foi caloroso. Acrescidos dos dados estatísticos, que são inquestionáveis no que diz respeito às diferentes trajetórias de pessoas negras e indígenas em relação aos demais cidadãos e cidadãs brasileiras, houve o reconhecimento da legitimidade das cotas.

Todavia, o incômodo contra essa conquista de caráter étnico-racial fez com que, em 2012, a Lei n.º 12.711 fosse sancionada e determinasse o mínimo de 50% de reserva de vagas para alunos que cursaram o ensino médio em escolas públicas.[1] Metade dessas vagas deve ser reservada para estudantes com renda familiar de até 1,5 salário-mínimo *per capita*, bem como para pessoas pretas, pardas e indígenas, com percentual que varia de acordo com a proporção dessas populações em cada unidade federativa. E é nesse contexto, muito rapidamente descrito, que vimos cada dia mais a presença de nossos parentes ocupando os bancos das universidades brasileiras; são 69 só de instituições federais, sem contar as estaduais e os institutos de educação técnica e tecnológica.

Essas presenças comprovam que os povos indígenas compreendem que a educação escolar e universitária pode ser um importante instrumento de fortalecimento de suas culturas e identidades, e ainda um canal de acesso aos bens e

---

[1] Argumento sempre reforçado pela profa. Renísia Cristina Garcia Filice (UnB). A Lei n.º 12.711/2012 não é exemplo de democracia no Brasil, mas de resistência às cotas raciais e à materialização – contraditória – do racismo estrutural e sua forma complexa de se instaurar na institucionalidade brasileira. Falas presentes em lives do canal do YouTube: https://www.youtube.com/c/GEPPHERGUNB.

valores materiais e imateriais do mundo moderno (Luciano, 2006). Debater a educação indígena não é uma área nova, porém há crescente demanda. Todavia, há de se considerar que as perspectivas e abordagens da educação indígena em relação à educação ocidental,[2] são diferentes. Assim, é importante compreender como elas se relacionam, se encontram e/ou se distanciam.

Tradicionalmente os povos indígenas são povos da oralidade, são conhecedores e mantenedores de muitos saberes, portanto, fazer o diálogo no meio acadêmico é importante e fundamental. A educação para os povos indígenas hoje é a principal forma de luta e resistência. Por meio dela se luta pela defesa e proteção dos territórios indígenas e pela garantia e manutenção dos direitos já conquistados na Constituição Federal. Por meio dela levamos informações à sociedade e descontruímos pensamentos de discriminação e racismo em relação aos povos indígenas, ainda que seja de forma gradual. Pensar uma educação que respeita a diversidade é pensar o direito constitucional.

Antes de começar a escrever este texto pensei em vários assuntos que poderia abordar, então decidi trazer a minha experiência enquanto indígena estudante da Universidade de Brasília, abordando os desafios que ainda enfrentamos no meio acadêmico, tanto em sala, nos debates acadêmicos, quanto na estrutura da universidade. Considero importante começar fazendo a seguinte pergunta: O que é ser indígena?

No Brasil atual, no século XXI, ainda sofremos com a imensa falta de informação por parte da sociedade, que desconhece a verdadeira história do país e acredita ou quer acreditar que os "índios" vivem na selva e andam pelados. Há uma lacuna gigantesca entre essas imagens e a nossa realidade.

Povos indígenas no/do Brasil

Os povos indígenas do Brasil são diversos, de culturas e línguas diferentes. Na região do Rio Negro no estado do Amazonas, de onde eu sou, somos 23 povos indígenas e 16 línguas faladas. A sociedade não indígena em geral desconhece a diversidade de povos e culturas existentes no país. Além dos

---

[2] Muitos ainda associam educação indígena e educação escolar indígena como sinônimos, um entendimento equivocado dos conceitos, pois, o primeiro refere-se ao que é repassado na aldeia de geração em geração através da oralidade, o conhecimento adquirido informalmente por meio de conversas, partilhas e vivências na aldeia; já o segundo refere-se à educação escolar indígena, e trata do conhecimento formal ocidental, o conhecimento que é adquirido nas escolas e que pode ser indígena ou não indígena.

povos indígenas, os povos tradicionais quilombolas também fazem parte dessa diversidade de cultura e se somam aos povos indígenas pela defesa de seus territórios (Monteiro, 2022b). Ocidentalmente, no Brasil, são conhecidos como "povos tradicionais e originários".

O Brasil é um dos países com maior diversidade indígena nas Américas. "Segundo estimativas do Instituto Brasileiro de Geografia e Estatística para 2020, são mais de 1.000.000 de indígenas de 305 etnias, falantes de 275 línguas nativas. Desse total, 37,4% falam ao menos uma língua indígena" (Luciano, 2006, s.p.). É o país onde se encontra a maior terra indígena demarcada do mundo, o Território Indígena Yanomami (TIY).

Diante dessa imensidão e diversidade, é importante dialogar sobre a experiência de viver entre "dois mundos", na universidade e no território, e sobre as conquistas, lutas e desafios futuros, principalmente no que diz respeito à discriminação e ao racismo, tanto no espaço acadêmico como fora dele.

História(s) que nos envolve(m), e, afinal, o que é ser indígena?

Muitos não sabem a verdadeira história de como o Brasil foi "descoberto", e, muito menos, a luta dos povos originários que aqui se encontravam em 1500. Como nossos ancestrais lutaram para defender suas terras, atualmente nós lutamos. O que não é contado pelo Estado brasileiro é que o território indígena, hoje conhecido como Brasil, foi invadido pelos portugueses colonizadores nem os desdobramentos dessa invasão.

Povos indígenas foram massacrados e muitos dizimados pelos colonizadores; terras indígenas foram usurpadas, e muitas delas hoje pertencem aos grandes fazendeiros, produtores de monocultura. Desde sempre lutamos pela defesa dos nossos territórios. Essa parte da história não é contada, não é ensinada no currículo da educação básica no país, mesmo tendo a Lei n.º 11.645/08,[3] que estabelece nas diretrizes e bases da educação nacional, para incluir no currículo oficial da rede de ensino a obrigatoriedade da temática da história e cultura afro-brasileira e indígena. Apesar dessa determinação, mesmo com respaldo na lei, as escolas públicas e privadas não seguem o que é imposto (Monteiro, 2022b).

---

[3] A Lei n.º 11.645/08 altera o texto do Artigo 26-A da LDB n.º 9.394/96, e inclui a obrigatoriedade do ensino de história da África, de cultura afro-brasileira (inserido pela luta do Movimento Negro através da Lei n.º 10.639/03) e de história indígena.

Falar hoje de povos indígenas no Brasil significa falar de uma diversidade de povos e culturas dos habitantes originários das terras conhecidas atualmente como continente americano e/ou Améfrica Ladina. (Gonzalez, 1988). São povos que aqui já habitavam há milhares de anos, muito antes da invasão europeia (Luciano, 2006).

Segundo uma definição técnica das Nações Unidas, de 1986, as comunidades, os povos, as nações, são:

> [...] aqueles que, contando com uma continuidade histórica das sociedades anteriores à invasão e à colonização que foi desenvolvida em seus territórios, consideram a si mesmos distintos de outros setores da sociedade, e estão decididos a conservar, a desenvolver e a transmitir às gerações futuras seus territórios ancestrais e sua identidade étnica, como base de sua existência continuada como povos, em conformidade com seus próprios padrões culturais, as instituições sociais e os sistemas jurídicos (Luciano, 2006, p. 26).

A perspectiva contracolonial que essa descrição sistematiza não é compreendida, muito menos absorvida pela sociedade brasileira. Os livros didáticos de História do ensino básico nos ensinam e mostram os povos indígenas de forma exotizada, estereotipada e romantizada, como se ainda vivêssemos na época da invasão, ou seja, como se os 305 povos morassem em ocas, andassem pelados e usassem cocar e ficassem pintados 24 horas por dia. Faço a crítica sobre essa perspectiva eurocêntrica que atravessa a educação brasileira pois considero que é preciso trazer para o diálogo a realidade dos povos indígenas. Principalmente nos tempos atuais, é fundamental nos posicionarmos.

Ouvimos muito a pergunta: "Mas você é índia, índia de verdade?!". Mas o que é mesmo ser "índio" para a sociedade não indígena?! O diálogo e o debate sobre "o que é ser indígena" são necessários, principalmente quando se trata de uma sociedade preconceituosa e racista. Isso me remete à lembrança de algo que vivi quando cheguei a Brasília pela primeira vez.

Um certo dia estava descendo o elevador de um apartamento na Asa Norte onde trabalhei e junto também estava uma pessoa não indígena, e esta fez a seguinte pergunta: "Você é índia?". Parei por alguns segundos, pensei e respondi: "Sim, sou índia". Até então, nunca alguém havia feito tal pergunta, porque, para mim, eu sempre fui baré, povo ao qual pertenço e com o qual me identifico.

Sabemos que o termo "índio" foi dado pelos colonizadores portugueses, porque achavam que haviam chegado à Índia, um país oriental. Não existe índio no Brasil, existem povos originários, existe povo baré, tukano, pankararu, potiguara, são 305 povos existentes no país.

Na minha dissertação de mestrado fiz a pergunta sobre "o que é ser um yanomami" para a liderança Dário Kopenawa. Ele respondeu o seguinte:

> Eu sou ser humano, igual a qualquer pessoa [...], tenho vida, tenho pensamento, o conhecimento, tenho a filosofia, a minha fala. Trabalho, cuidando e lutando pelos nossos direitos, então eu sou assim. Isso é um Yanomami, Yanomami é uma pessoa que nasceu na terra Yanomami há muitos, que cresceu, que surgiu no seu país, então isso é um Yanomami, o tronco linguístico é familiar, então isso é um Yanomami. É um ser humano, o Yanomami (Monteiro, 2022, p. 78).

Respondeu ainda: "Yanomami é guerreiro desde o nascimento, defensor do seu habitat, da sua cultura, seus costumes e tradições. Protagonista e autônomo de sua história" (Monteiro, 2022b, p. 78).

Ou seja, cada povo indígena tem seu modo de viver, sua cosmovisão, sua forma de se identificar enquanto pertencente a uma nação (Luciano, 2006). Portanto, a identidade de uma pessoa indígena está ligada à cultura, à tradição e ao modo de viver de seu povo, pois, apesar de diferentes, somos unidos pela luta em defesa dos nossos direitos.

Existem povos indígenas em todas as regiões do país, de norte a sul, de leste a oeste, e para muitos/as brasileiros/as somos japoneses, colombianos, venezuelanos e mexicanos, menos indígenas, pois pensam que não existimos no Brasil. Passamos por isso diariamente.

Presença indígena na Universidade de Brasília: sujeitos coletivos de direitos e espaços de luta

A Universidade de Brasília foi pioneira na oferta de vagas específicas para indígenas, tendo firmado, em 2004, o Convênio de Cooperação com a Fundação Nacional dos Povos Indígenas (Funai), por meio de políticas de ações afirmativas, que instituiu a criação de vagas suplementares e um vestibular específico para indígenas estudantes. Atualmente são mais de duzentos indígenas[4] estudantes na graduação, alunos regulares, ou seja, matriculados

[4] Fonte: Coordenação da Questão Indígena da Universidade de Brasília.

na Universidade de Brasília; indígenas oriundos das regiões Norte, Nordeste, Sudeste e Centro-Oeste do país, de povos diversos, e há aproximadamente quarenta deles presente na UnB.

O coletivo de indígenas estudantes presente da Universidade de Brasília tem sua representatividade por meio da Associação dos Acadêmicos Indígenas (AAIUnB), a qual foi criada em 23 de agosto de 2008 por quem ingressou naquela época. A AAIUnB foi fundada para suprir e, principalmente, fortalecer as demandas de lutas e reivindicações dos indígenas presentes na UnB, pois estes enfrentaram e ainda enfrentam muitos obstáculos e desafios no espaço de formação acadêmica no Distrito Federal, mais especificamente em Brasília. A associação é composta somente de indígenas estudantes, da Universidade de Brasília, da graduação e da pós-graduação, e sua representação institucional na UnB se dá pela Coordenação da Questão Indígena (COQUEI), vinculada a recém-criada Secretaria dos Direitos Humanos.

Na UnB temos dezoito anos de presença indígena, e tudo que conquistamos nessa instituição foi fruto de muita luta dos estudantes indígenas, e também de estudantes negros e negras que, embora foquem nas suas pautas, são a maioria e têm apoiado a luta dos povos originários.

Um dos maiores desafios tem sido o impacto cultural que enfrentamos quando saímos das nossas aldeias, das nossas comunidades, e chegamos não só à cidade, mas também à universidade, que é um outro mundo totalmente diferente do nosso. Indígenas que possuem o português como terceira língua, como o povo tikuna, situado na tríplice fronteira – Colômbia, Peru e Brasil –, têm como primeira língua a língua Tikuna, segunda língua o espanhol e a terceira língua, o português. Além desses desafios culturais, enfrentamos dentro da universidade a questão do racismo estrutural, que é muito forte. Exemplo disso é que para se conseguir o auxílio alimentação ou moradia é muito difícil (Monteiro, 2022a). Os indígenas concorrem de forma geral com todos os estudantes da UnB, assim, muitos não conseguem os auxílios.

É preciso haver o reconhecimento de que a nossa presença no ensino superior, não só na UnB, mas em todas as outras universidades federais e estaduais, é muito importante para se enfrentar os desafios impostos pelo racismo e etnocentrismo, principalmente quando se trata da operacionalização da questão da interculturalidade. Sabemos que a universidade abriu espaço para que houvesse a presença de estudantes indígenas, quilombolas e negros/as, mas, no entanto, ela não está preparada para receber a diversidade epistemológica e cultural dos povos tradicionais (Monteiro, 2022a).

Por outro lado, a presença dos indígenas na Universidade de Brasília é um ponto focal de importante estratégia no fortalecimento do movimento indígena do Brasil, sendo apoiadores/as ativos nas atividades de mobilização no nível nacional e demandando a política indígena, no que diz respeito ao direito dos estudantes indígenas, não só no âmbito da formação acadêmica, mas também na permanência dos estudantes nas universidades. Dialoga-se também com as representações de instituições nos espaços públicos, com o intuito de solicitar melhoria de bem-estar social e político dos povos indígenas, seja, na luta pela defesa do território, pelos direitos sociais, pela saúde e pela educação. A presença dos indígenas estudantes nas universidades tem como um dos principais objetivos fortalecê-los para que sejam protagonistas no processo de lutas pelos seus direitos e conquistas dentro e fora das universidades. Protagonismo esse passado de gestão para gestão, desde a criação da associação AAIUnB, cuja composição se dá por uma diretoria, a qual representa o coletivo e fica à frente dos trabalhos por dois anos. A atuação é diretamente voltada à defesa dos direitos indígenas, e por reivindicações de políticas de ações afirmativas específicas para esses estudantes da universidade, dentre as quais cito o acesso à permanência e à aprovação da política institucional sobre a questão indígena dentro da UnB.

Todos os indígenas estudantes que chegam nas universidades têm encontrado desafios no que diz respeito à permanência, à formação, aos impactos culturais, linguísticos e sociais; e sabemos e sentimos na pele os racismos institucional e estrutural.

Povos indígenas nas universidades: entre dois mundos?!

A nossa saída das aldeias/comunidades para a cidade é um grande desafio. Sair dos nossos territórios para fazer graduação numa universidade do porte da UnB é um sonho e para muitos ainda é uma realidade longe de se concretizar, mesmo tendo hoje as políticas de ações afirmativas. O maior impacto com que nos deparamos é o sociocultural – a realidade é diferente e, diante disso, temos que nos adaptar ao dia a dia da universidade/cidade –; e num segundo momento, não menos importante, é o impacto acadêmico.

Ao chegarmos na universidade encontramos colegas de turmas de diversas classes sociais, desde os que vêm de diferentes cidades do Distrito Federal com menor renda *per capta*, como Ceilândia e Samambaia, de quase todas as 31 regiões administrativas existentes (Leite; Garcia Filice, 2015), inclusive das nobres, como Lago Sul, até os que estudaram em escolas estudaram em escolas públicas ou particulares conceituadas do DF, ou mesmo os que fizeram pré-vestibular. Nesse sentido, nós indígenas já saímos em desvantagem. De início sentimos dificuldade de acompanhar a turma, os cursos são difíceis, os/as professores/as rigorosos/as e exigentes, e todos/as estamos na mesma situação, somos avaliados/as da mesma forma. E tem ainda algo que é mais complicado e difícil: quando se formam grupos de seminários e somos excluídos/as por colegas, por nos acharem intelectualmente inferiores/as.

Já ocorreu esse fato com uma indígena do curso de Nutrição, que era excluída toda vez que se formavam grupos de seminários. Outra situação aconteceu quando um professor das disciplinas Bioquímica e Biofísica falou em sala de aula que o/a/e indígena estudante não sabia a fórmula química da água, que é H_2O, uma afirmação sem sentido e, explicitamente, uma situação racista.

Em 2015, após a Maloca – Centro de Convivência Multicultural dos Povos Indígenas da UnB – ser inaugurada, ao voltarmos de férias, nos deparamos com uma coordenadora que não fora escolhida por nosso coletivo. Lembro-me que antes de sairmos de férias tínhamos solicitado uma reunião com a reitoria, em que deixamos nítido que gostaríamos de indicar o nome da pessoa que iria ocupar o cargo de coordenador/a da Questão Indígena da UnB, por entendermos que se trata de uma função sensível, pois implica no diálogo com diferentes povos e em mediações de alto grau de complexidade. Mas não foi o que ocorreu. Os indígenas estudantes notaram que, explicitamente, a funcionária desconhecia totalmente a diversidade de povos existente no Brasil. Para ela só seria "índio" quem fosse da região Norte, pois segundo ela, os "índios" do Norte têm cara de "índio"; os indígenas do Nordeste para ela, portanto, não seriam indígenas.

A pergunta é: E para ser índio tem que ter cara de "índio"?

Na Maloca tem um lugar onde alguns indígenas estudantes fumam seus cachimbos e/ou chanducas, pois muitos povos costumam fumar, faz parte de sua identidade cultural. A funcionária chegou a insinuar que eles estavam usando algum tipo de droga ilícita, e há registros de outros casos isolados de racismo e discriminação proferidos na instituição, em situações nítidas de conflito cultural.

Esse é apenas um dos exemplos vivenciados diariamente por indígenas de todo o país dentro e fora das universidades. Sua presença fora dos territórios de origem, ocupando espaços em cargos públicos, nas universidades, na política e nos movimentos sociais causa muito incômodo para os não indígenas.

Por isso sempre somos questionados sobre a nossa identidade étnica, como se, ao deixarmos nossa aldeia/comunidade, deixássemos de ser indígena. Tais questionamentos da sociedade têm nomes: racismo, discriminação e preconceito contra os povos originários deste país. Educar para as relações raciais e para uma educação escolar indígena de qualidade exige dar conhecimento dessa complexidade e de outras histórias, que também são histórias do Brasil.

Nesse sentido, nós indígenas, que estamos fora dos nossos territórios por diversos motivos (estudo, trabalho e saúde), temos que afirmar diariamente que somos indígenas, sim; além da nossa identidade cultural, a nossa espiritualidade é que nos mantém firmes para lidarmos com diversos tipos de violência cotidiana, simbólica e também explícita e até física. Ao sairmos, levamos conosco nossa ancestralidade, nossas raízes; estejamos onde estivermos seremos sempre baré, tikuna, pankararu, potiguara e outros tantos povos. O que nos define não é a roupa que usamos ou o iphone, mas nossa cultura, nossas tradições, nossa espiritualidade. Antes de sermos engenheiros/as florestais, médicos/as, advogados/as, somos povos indígenas, e é preciso que a sociedade brasileira não só saiba disto, mas acostume-se com isto. Não iremos retroceder.

Conquistas, lutas e desafios futuros

A presença de indígenas estudantes na Universidade de Brasília completou dezoito anos em 2022, quase duas décadas desde a primeira turma que entrou no ano de 2004. Nesse período, sempre atuamos de forma dialógica junto à universidade, no entanto, as nossas demandas no que diz respeito à estrutura física e pedagógica dentro do espaço acadêmico continuam sendo um desafio.

A Universidade de Brasília tem em seus *campi*, Darcy Ribeiro, Gama, Ceilândia e Planaltina, a presença de indígenas e, atualmente, são mais de duzentos indígenas de aproximadamente quarenta povos de quatro regiões do Brasil – Centro-Oeste, Sudeste, Nordeste e Norte. Em relação ao quantitativo dos estudantes não indígenas presentes, somos um grupo muito pequeno, quase "inexistente" se colocarmos na estatística. Nesses quase vinte anos de presença indígena na UnB tivemos conquistas importantes, como a construção da Maloca, a criação da coordenação da Questão Indígena, a renovação do vestibular específico indígena por mais dez anos em 2014, os polos de realização das provas em sete regiões diferentes e a banca de entrevistas, todas demandas e conquistas do coletivo indígena junto à UnB. Diante do aumento da presença indígena nessa universidade as demandas sociopolíticas tendem a aumentar de forma progressiva, e cabe ressaltar que, nesse processo das políticas de ações afirmativas, formaram-se indígenas biólogos/as, antropólogos/as, cientistas sociais, nutricionistas, enfermeiros/as, agrônomos/as, engenheiros/as florestais, médicos/as, mestres e doutores/as pela Universidade de Brasília, e com isso a instituição cumpre seu papel social.

Recentemente a UnB teve que se remodelar ao período pandêmico para manter suas atividades da forma mais segura e com a maior redução de danos possível. Dentro do nosso coletivo indígena não foi diferente. Quando assumimos o compromisso de contribuir com a elaboração de um edital que propõe um vestibular específico e diferenciado, entendemos que para além de um simples número de matrícula encontra-se um/a/e parente[5] indígena que irá trazer suas vivências, seus saberes e também suas angústias e dores. Nesse momento, no tenso campo de disputa da implementação das políticas afirmativas na UnB, enfrentamos situações de incompreensão, descaso e medo. Sabemos o quanto os não indígenas também podem ser violentos, afinal, foi em Brasília que o pataxó Galdino foi queimado vivo em uma parada de ônibus, em 1997, fato que nunca esqueceremos. Mesmo com receios a serem enfrentados, cabe ao coletivo buscar estratégias que permitam a continuidade das atividades de forma remota e, agora (2023), presencial, assegurando a integridade física e mental dos nossos.

Após dois anos tendo aulas remotas, em maio de 2022 retornamos às aulas presenciais e os nossos desafios aumentaram do ponto de vista da permanência, devido a fatores da política de educação do atual governo federal; basicamente a redução da bolsa permanência, como também de ordem acadêmica, que tem a ver com a necessidade do acompanhamento nas atividades pedagógicas, com apoio de equipes de monitores (indígenas e não indígenas).

A maior dificuldade dos indígenas estudantes das instituições de ensino superior no Brasil hoje é a permanência. Nesse sentido buscamos traçar estratégias para o acolhimento dos novos, para futuros vestibulares, já que o Acordo de Cooperação Técnica (ACT) de n.º 82.726/2014 foi renovado. Assim, nos próximos anos teremos mais vestibulares específicos para indígenas e maior presença destes na Universidade de Brasília. Esperamos que a UnB esteja mais preparada e a sociedade do Distrito Federal também. Não aguardamos sem lutar. Estamos atentos/as aos nossos direitos e ao quanto ainda precisa ser feito.

---

[5] Chamamos de parentes indígenas que pertencem a outro povo.

Considerações finais

A maior parte desta escrita é feita a partir da minha vivência e protagonismo junto ao coletivo indígena da UnB, e devido a isso usei poucas referências bibliográficas – as que usei foram, a maior parte, de indígenas. Precisamos dar voz e visibilidade aos pesquisadores e intelectuais indígenas, e é importante discutir e refletir sobre a luta e as conquistas desses estudantes nas universidades e também fora delas, pois são fundamentais para o sucesso nas conquistas dos direitos e espaços. Sendo assim, quando me refiro no decorrer do texto a *povos indígenas* na universidade é porque também estamos os representando nesse lugar, e quando escrevo *indígenas* antes de *estudantes* é porque, antes de sermos estudantes, somos indígenas, antes de nos tornarmos profissionais, somos povos indígenas. A universidade é um lugar de conhecimentos distintos, e oferece muitas possibilidades, como concluir uma graduação, atuar na militância indígena, e fazer política. No entanto, ao mesmo tempo que ela oferece tudo isso, é também um lugar de opressão para os/as/es indígenas, pois é um espaço onde ocorrem violências diversas, racismo, discriminação e preconceito.

Em contrapartida os/as/es indígenas estudantes estão ocupando seu espaço nas grandes universidades e levando para elas a voz de seu povo; o lugar que antes era do kariwas (não indígenas) hoje aos poucos está sendo pintado de jenipapo e urucum. Em vez de arco e flechas nas mãos, hoje está a caneta, pronta para escrever as nossas próprias histórias. A história antes escrita pelos/as antropólogos/as e indigenistas está dando espaço aos verdadeiros donos da (sua) história, refletindo inclusive sobre lugar de fala e protagonismo.

Enfrentaremos muitos desafios ainda pela frente, virão muitas epidemias, pandemias, genocídio, invasão aos nossos territórios, mas sempre resistiremos firmes e fortes. Estamos nos tornando médicos/as, professores/as, biólogos/as, antropólogos/as, advogados/as e doutores/as para nos fortalecermos enquanto povos indígenas.

Referências

BRASIL. Lei n.º 12.711, de 29 de agosto de 2012. Dispõe sobre o ingresso nas universidades federais e nas instituições de ensino técnico de nível médio e dá outras providências. *Diário oficial da união*, Brasília, 30 ago. 2012. Disponível em: https://bit.ly/3YxA1mE. Acesso em: 29 jul. 2022.

GARCIA FILICE, Renísia Cristina. Tem racismo no Brasil! E, eu com isso?: uma reflexão sobre políticas afirmativas, educação, o artigo 26-A da LDB no Distrito

Federal e você. In: ÁVILA, Thiago André Pierobom de (Org.). *Acusações de racismo na capital da República: obra comemorativa dos 10 anos do Núcleo de Enfrentamento à Discriminação do MPDFT*. Brasília: MPDFT; Procuradoria Geral de Justiça, 2017.

GARCIA FILICE, Renísia Cristina; SANTOS, Deborah Silva. Ações afirmativas e o Sistema de Cotas na UnB: antecedentes históricos. *Cadernos de Educação*, Brasília, v. 23, p. 209-248. 2010.

GONZALEZ, Lélia. A categoria político-cultural de amefricanidade. *Tempo Brasileiro*, Rio de Janeiro, n. 92/93, p. 69-82, jan./jun. 1988.

LEITE, Cristina Maria Costa; GARCIA FILICE, Renísia Cristina. O ensino de história a geografia no DF: percalços e percursos de uma única história chamada Brasília. *História e Diversidade*, Brasília, v. 6, n. 1, p. 64–76. Disponível em: https://bit.ly/47u3QIu. Acesso em: 29 jun.2022

LUCIANO, Gersem dos Santos. O índio brasileiro: o que você precisa saber sobre os povos indígenas no Brasil de hoje. Brasília: Ministério da Educação, 2006.

MONTEIRO, Suliete Gervásio. Ações afirmativas, lei de cotas e permanência de indígenas nas universidades públicas: desafios e possibilidades. *Revista da ABPN*, Curitiba, v. 14, n. 39, p. 351-358, maio 2022. Disponível em: https://bit.ly/3qqehwi. Acesso em: 29 jun. 2022a.

MONTEIRO, Suliete Gervásio. O retorno de Xawara no Território Yanomami: conflito, luta e resistência. 2022. 143 f. Dissertação (Mestrado em Direitos Humanos e Cidadania) – Programa de Pós-Graduação em Direitos Humanos e Cidadania. Universidade de Brasília, Brasília, 2022b.

RENAULT, Cláudia Regina Nunes. *Educação superior indígena na UnB: perfil, trajetória, expectativas e desafios dos estudantes*. 2019. 91 f. Dissertação (Mestrado em Psicologia) – Universidade Católica de Brasília, Brasília, 2019.

Diálogos para insurgir: vivências do racismo em contextos africanos

Miguel de Barros
Eufémia Rocha

■ **Miguel de Barros: Eufémia, tem havido alguma chamada de atenção para as questões de discriminação em Cabo Verde e tu, particularmente, tens estudado e discutido essa problemática no âmbito dos processos que advêm das interações entre os cabo-verdianos e a população oeste-africana residente no arquipélago. Como essas questões são abordadas no quotidiano cabo-verdiano? A cor da pele está presente nelas?**

Eufémia Rocha: O nosso quotidiano está repleto de situações, de narrativas que quando problematizadas nos mostram o quanto o fenómeno da imigração veio despertar e reforçar novos velhos discursos raciais. Não só em relações que põem face a face imigrantes e cabo-verdianos, mas inclusive entre os próprios cabo-verdianos de ilhas e/ou regiões distintas. Há duas com que gostava de te exemplificar. Uma na cidade da Praia, ilha de Santiago, e, outra em Mindelo, na ilha de São Vicente. Uma jovem, natural da cidade da Praia, é permanentemente interrogada sobre a sua maternidade por carregar nos braços um bebé de pele muito clara, que até apareciam-lhe as veias, em detrimento da dela que era muito escura, além de ter o cabelo *bedju* (crespo). Indo mais longe, achava-se que ela só poderia ser a ama ou a empregada doméstica dos supostos pais biológicos, deduzindo-se que a cor da pele da criança se assemelhava à daqueles. O outro caso de que tomei conhecimento foi em Mindelo, embora a mãe fosse de pele mais clara comparativamente ao primeiro caso, a sua filha era também muito clara e tinha o cabelo cacheado. Esta mãe mostrava-se revoltada por ser sistematicamente questionada se a criança era mesmo sua filha e, em tons de chacota, se não havia nenhuma chance dela ter sido trocada na maternidade à nascença, levando-a a denotar duas razões: primeiro, a suposta beleza da filha cujos traços faciais as afastavam bem como o próprio tom de pele e textura dos cabelos; segundo, por ela ser constantemente associada à ilha de Santiago e às suas raízes *badias*, digam-se africanas, tanto familiares quanto físicas que automaticamente faziam dela uma *badia*. Conforme explicou, os seus avós maternos eram originários de Santa Catarina.

Parece desenrolar-se, nestas situações, uma memória longeva que se recua até ao tempo da escravidão em que, de um lado, as mulheres negras escravizadas eram violentadas sexualmente pelos então senhores brancos dando à luz filhos bastardos que traziam nos seus corpos a marca desse cruzamento chamado de mestiçagem. E por outro lado, penso no quanto essa violência acabava por ser prorrogada e perpetuada através da imagem das amas de leite, ou seja, aquelas mulheres negras que eram mantidas na função de mães e cuidadoras de outros, mas nunca dos seus próprios filhos. Portanto, sempre uma maternidade que lhes é recusada, negada, duplamente e que se vê persistir até aos dias de hoje. Certamente, todas as violências perpetradas pelos colonos portugueses, desde 1460, ano em que na narrativa colonial (e também oficial da história de Cabo Verde) se assume como da descoberta das ilhas de Cabo Verde, impactaram todos os negros trazidos para este arquipélago, e não só as mulheres. Isto leva-me a recordar o quanto este país, durante o seu processo histórico, tem-se debatido com referências identitárias que operam baseadas em classificações e produção de sujeitos hierarquizados no mesmo compasso que propôs o nascimento e a marca de uma sociedade homogénea e unida racial e culturalmente a partir do encontro de uma diversidade de povos e etnias.

O que me ocorre é que, mesmo que a mestiçagem tenha sido tomada nos discursos oficiais como o elemento que nos identifica e seja atravessada por um ideal de melhoria da raça ou de um resultado biológico/racial e cultural supostamente bem conseguido, constatando aqui a preservação de um modelo positivo de mestiçagem – "os mais miscigenados do mundo" – que aponta para um meio-termo: a impossibilidade de se ser cabo-verdiano muito claro (branco) ou muito escuro (negro), afastando-se de um extremo ou de outro, isto é, dos dois ancestrais que, a princípio, originaram este mestiço e as suas excelências, há outras indagações a serem feitas. Logo, e se pensarmos que estes casos igualmente surgem como exemplos do quotidiano que vêm estremecer essa ideia de um Cabo Verde puro, estável? Ou que dão conta de outros modos de existência que não correspondem unicamente ao mestiço? Não faz todo o sentido trazer para a discussão a questão do colorismo

(Devulsky, 2021), isto é, a diferenciação entre os indivíduos de pele clara *versus* os de pele escura e os possíveis privilégios que uns poderão ter em desfavor de outros? A valorização de tonalidades de pele mais claras pela tomada como referência do fenótipo europeu, esse "normal", é um ponto de partida, um eixo do racismo, que se estende depois para outras esferas.

- **Quais são os outros espaços de interação nos quais essas representações são (re)produzidas, reforçadas? Podemos falar de um discurso dominante? Como é que esse imaginário acaba por impactar a ideia de uma pureza biológica e como é que se estende até aos campos económico e político?**

Digo que o nome de família que nos fizeram carregar é algo importante, enuncia quem somos, de onde viemos, não é? "*Ami ka ten maz mestiço di ki mi*", afirmou-me alguém ao mesmo tempo que expunha o seu nome completo, enfatizando os seus apelidos em português, italiano e quem sabe mais o quê. Circula por aí essa pureza mestiça. Mesmo que no caso dos cabo-verdianos, simplesmente, não faça sentido se afirmarem brancos, recorrem ao seu nome, à família/árvore genealógica para resgatar os seus parentes brancos/europeus e se autorrepresentarem com uma identidade (mestiça) que lhes distancia/afasta do que é negro.

Entretanto, essa pessoa é um *badio*, natural desta ilha de Santiago, há vários anos, chamada de "Badiulândia". Tendo a pensar nela como a reconstrução de uma etiqueta/categoria colonial, de identificação racial, que se suporta na busca de uma etnia africana/negra (*badia*), ou seja, que nos remete para uma sociedade antes colonizada e que permanece hoje com interações que se calcam na ideia do *badio* (neste quadro, equiparado com o *mandjaku*[1]) enquanto indivíduo colonizado, ou por outro inferior, a partir de ilhas da região do Barlavento, e foi esse o nome usado para se perguntar a uma colega de trabalho minha, natural da ilha de Santo Antão, se ia mudar de residência para a cidade da Praia. Depois de tanto tempo a viver na "terra dos *badios*", estando ela de visita à sua ilha natal, a grande preocupação dos seus era se tinha se casado com um *badio*. Este episódio fê-la lembrar-se do quanto uma amiga de infância sua sentiu-se afrontada quando veio participar no casamento da sua filha na cidade da Praia e, no regresso, as pessoas só queriam saber se o noivo, seu futuro genro, era *badio*. A resposta foi: "Sim, um *badio*.

1 *Mandjaku*: representações excludentes de migrantes africanos em contexto africano.

Mas, branco e juiz". Então, questiono-me sobre as diferenças e as implicações de se associar ao *badio* esses dois adjetivos.

Deste jeito, pergunto-me se esta mestiçagem em conjunto com a "morabeza", essa ideologia da cordialidade e do bem receber, não seja principalmente o bode expiatório para encobrir e legitimar uma estrutura racial e todo um conjunto de atitudes racistas, que fogem da negritude. No fim, ela é apenas uma ficção que é manipulada consoante os interesses em jogo. Aonde é que fica a unidade histórica, cultural e biológica? Estas narrativas não estarão a manter, a reforçar a bipolaridade, cuja anulação foi essencial para o auge (do produto) da mestiçagem? Paradoxal, não?

Podemos salientar o exercício prático e moderno de teorias deterministas biológicas (teorias racistas) que defendem a supremacia/superioridade do branco em detrimento da inferioridade do negro nas nossas sociedades, ou seja, a forma como são contaminadas ainda nos dias de hoje e como é que essa contaminação é escancarada quotidianamente. E, na verdade, veremos o quanto há determinados discursos e práticas pelo facto das pessoas desconhecerem a sua história ou de saberem somente uma parte, dado que ignoram que importa quem conta esse lado da história, os eventos que foram privilegiados, vangloriados e contados, mas também por fazerem outras opções com simbolismos fortes de alienação colonial.

■ **Isso é interessante, pois no contexto guineense há uma ideia de disputa em torno das identidades puras/impuras designada de djagassi, mas que ganha contornos às vezes xenofóbicos, sobretudo quando associado à mistura com ocidentais e cabo-verdianos burmedjus tendo em conta parte do seu passado durante a colonização na Guiné dita portuguesa. Contudo, essa mistura é visada nas narrativas por considerar que engendra um conjunto de privilégios no acesso a alguns recursos e meios que potenciam a condição de elite económica, política e cultural. Como é essa dinâmica a partir de Cabo Verde?**

Mais uma vez, convém referir que a cor da pele importa nesta sociedade; ela impõe-se no nosso quotidiano. Enfim, os *badios* também podem ser brancos, ou seja, podem ser e estar mais próximos do seu ancestral europeu/português em termos fenotípicos, o que supõe igualmente o seu posicionamento mais à frente em termos mentais/intelectuais possibilitando-lhe tornar-se, por exemplo, um profissional do Direito, da Lei. Portanto, a questão da educação reconhece-se, ou seja, é um pilar que vai moldar o capital cultural que entra em jogo e os demais, com a perspetiva do acúmulo e repasse para a prole, e dá ao *badio* a oportunidade da mobilidade social. Assim, faz todo o sentido lembrarmos no quanto isso moldou a própria estrutura da sociedade cabo-verdiana, fazendo-se necessário dialogar mais e melhor com/sobre classes. Deste modo, esse *badio* branco e juiz não é qualquer *badio*, mas seria um "de classe" e que estaria à altura da filha dessa senhora. Decerto, seria alguém a quem se poderia reconhecer também que porta consigo certas competências linguísticas.

Há dias acompanhei uma discussão entre dois académicos cabo-verdianos acerca das línguas que se usam na prática científica e às tantas quando um partilhou uma publicação sua feita no Facebook em crioulo, a língua cabo-verdiana, a outra afirmou: "Por favor, não vale a pena postar textos em kimbundu. Traduza para uma língua ocidental porque senão não nos entendemos. [...] Quando vejo muitos que à minha frente acho que o texto está a rir na minha cara! Durma bem e sonhe com o Império Mandinga". O que me leva a pensar no quanto se rebaixa, desvaloriza a língua nativa/materna em detrimento de uma língua ocidental, ao que tudo indica e supostamente, a da ciência, que se considera superior pelo facto de ser aquela que se apresenta como a que abre portas ou dá oportunidades. Logo, a dominação é também linguística; conhecer a língua portuguesa, a língua oficial de Cabo Verde, por exemplo, é fazer uso de um instrumento ou recurso de poder, ou seja, ela é moldada por uma dimensão política. Nem todos dominam ou sabem falar o português. Não deixamos de estar a falar, efetivamente, da forma como nos apresentamos e/ou nos definem, ou seja, quem nós somos aos nossos olhos e aos dos outros.

Contudo, para acompanhar mais um bocado a tua reflexão, posso dizer que assim como nem todos os *badios* são pretos, ou desprovidos desses mecanismos, nem todos os provindos da sub-região oeste-africana são *mandjakus*, inclusive os originários da Guiné-Bissau. Fruto de um contexto de "irmandade" e com um nível de escolaridade médio/alto (estou em crer, na sequência, que também as ligações familiares/relações de parentesco com Cabo Verde sejam um fator de peso), devem ter experimentado interações bem distintas daquelas dos que vieram a partir dos anos 1990 e que têm um baixo nível de escolaridade, vivenciam laboralmente situações de precariedade, etc. (FURTADO, 2012). Mais recentemente, comecei a refletir como é que o capital económico, político e cultural omite determinadas figuras bissau-guineenses dessa categoria estigmatizada. O seu status social, juntamente com essa mestiçagem positiva que eles também assimilam, acabaram por diluir essa condição e ocultar qualquer identificação (racial) dando-nos conta de como a classificação do Outro é fendida por outras dimensões de forma cruzada.

Vemos os marcadores de classe e/ou posição social a operarem para além da branquitude (aqui, na esteira de Fanon (2008), entendida como a vontade ou necessidade que o negro tem de ser e de se ver como branco). Isto permitiu-nos reunir características e condições de aproximação ao branco, mesmo que depois fosse complementada pela aquisição/posse de terras, pelo investimento nos estudos dos filhos e pela manutenção de privilégios económicos que se expandem ao status político – mecanismos de embranquecimento que não se restringem ao fenótipo e promove-os socialmente, ou seja, que vão para além da miscigenação.

■ **Cabo Verde era conhecido como país de emigração. Mas, com as políticas securitárias e de fechamento do espaço europeu nos anos 1990, como é o caso do Frontex, que visava retrair candidatos africanos à migração para a Europa, desviando-os para os países de fronteira com este destino. Cabo Verde passou a ser o novo destino de imigração dos africanos, particularmente de indivíduos da África Ocidental. Como é que esse fenómeno contribuiu para aumentar ou diminuir o estigma existente na retórica dos *mandjakus*?**

A imigração desses indivíduos para este arquipélago antecede os anos 1990, embora em termos de migrações internacionais contemporâneas reconheço que essa década separa o antes e o depois em vários aspetos. Na verdade, lidamos com uma conjunção de fatores; logo, o que apontas é apenas um deles. Mas, esta é precisamente uma década que faz desenvolver a categoria *mandjaku* para identificar esse grupo de pessoas, que se torna mais visível no dia-a-dia da sociedade cabo-verdiana, independentemente das suas origens étnicas, uma vez que ela remete para a etnia manjaca (originária da Guiné-Bissau e outros) e, provavelmente, é gerada numa conjuntura de ausência de conhecimentos acerca da geografia humana e cultural da África por parte desta sociedade, daí em diante, recetora. Deste modo, ao mesmo tempo que se sente a necessidade de controlar a imigração e, logo, ter um Estado mais interventivo, os nossos governos foram importando modelos de gestão das migrações da Europa, o que contou não só com o financiamento desta, mas igualmente trouxe novas representações e discursos acerca do fenómeno que se juntaram às ideias que expus acima e permitiram a complexificação das relações entre os cabo-verdianos e esses imigrantes. Estamos a falar de matrizes culturais e coloniais que estão em constante reprodução.

Nos últimos anos do século passado, vimos a padronização de uma narrativa do imigrante, profundamente depreciativa e estigmatizadora, em particular, daquele proveniente da África Ocidental e que se enxerga, ademais, como o "indesejável", porque gera muitos medos e levanta inúmeras suspeitas. Este imigrante é fendido por um processo de racialização, na medida em que coloca em marcha, ou melhor, traz para o momento presente dos cabo-verdianos a memória do seu ancestral africano, o negro, o imaginário do encontro colonial. Obviamente, este cenário arola novos argumentos que atravessam as suas vidas. Ao longo dos anos temos assistido a um discurso que se opõe a essa imigração, em especial, vendo-a como uma ameaça a vários níveis: quer em termos sanitários, laborais, no contexto afetivo-amoroso e sexual ou mesmo no religioso, culturais, territoriais, etc. E isto não é novo; são os mesmos discursos do passado, agora transmutados com novas feições conforme os ambientes e que continuam a ser alimentados e reproduzidos segundo a forma como se traz as representações do Ocidente.

Lembro-me que, há uns anos, conheci uma senhora que questionava sobre a possibilidade de existência de amor entre uma cabo-verdiana e um *mandjaku*. Ela era casada com um cidadão da Libéria e, na sua visão, entendia-se que as mulheres cabo-verdianas que se envolviam com esses imigrantes eram movidas por interesses materiais e financeiros, o que não valia a pena por causa da destruição da sua condição feminina, quer em termos físicos quer em termos culturais, etc. Aqui, estou a pensar nas falas que atestam o surgimento de problemas de saúde ao nível do sistema genital ou reprodutor da mulher (imagina-se um falo masculino desproporcional e um sexo violento, então, ele é animalizado e erotizado), a vinda de mais doenças, principalmente as ISTs (idealiza-se que vigora a promiscuidade ao lado da pouca higiene e desconhecimento ou rejeição das medidas de prevenção; ele é tomado como primitivo), para além de serem um constrangimento a algo que talvez possamos chamar de "cultura afetivo-amorosa e sexual nacional" e que se representa como sendo superior ou puro quando os candidatos são naturais cabo-verdianos.

"*Ses sangui ka contra*" foi uma explicação que recebi há pouquíssimos meses, perante uma relação entre uma cabo-verdiana, do meu círculo de relações, e um nigeriano. Imediatamente, em matéria de envolvimento sexual, o resultado dessa relação só pode desembocar num sangue "impuro" ou "sujo", cujo corpo que o transporta mostra a sua rejeição natural; o corpo da mulher que emagrece "de repente" e o seu rosto que entra em erupção cutânea com tantas espinhas e manchas é algo gritante para aquela pessoa que opina. Fui colocada perante uma representação de um corpo puro, imaculado *versus* um corpo impuro, manchado e que, entrando em contato com esse Outro "originariamente inferior", exibe-se contaminado e expele substâncias estranhas, invasoras.

Por conseguinte, está bastante presente esta sombra nas relações afetivo-amorosas e/ou sexuais entre estes indivíduos, ou seja, nestas relações mistas, na sua maioria entre mulheres cabo-verdianas e homens *mandjakus*, sem esquecer a ideia de uma certeza de relações desiguais de género, isto é, tendo os homens *mandjakus* como os dominadores dentro das relações e as mulheres como submissas e alvos fáceis de violência doméstica. Narrativa esta, aliás, muito associada aos imigrantes que professam a fé islâmica e aos quais se impele uma imagem de radicalidade, de terrorismo e violência.

Sem embargo, hoje, cada vez mais, as pessoas fazem questão de enfatizar que essa história de *mandjaku* já está ultrapassada e, como amostra da sua aceitação dos imigrantes oeste-africanos, dão como exemplo o facto de agora os tratarem pelo termo *amigu*. Porém, não será este mais uma forma de categorizar, rejeitando-se uma condição "inicial" para abrir a possibilidade de uma representação que tenta suavizar e higienizar a discriminação até ao mais íntimo espaço da vida?

Sendo assim, perante o confronto com a manifestação do estigma e suas narrativas, a alternativa que tem sido apresentada por esses imigrantes é uma performance de sua própria interiorização ou assunção da sua normalização, embora não se descarte a indignação e a denúncia.

Não serão, posto isto, tanto o *mandjaku* quanto o *amigu* também categorias coloniais? Estou em crer que estamos a reproduzir relações excludentes tão antigas quanto a nossa existência. Afinal, o africano, o negro – o *mandjaku* e o *amigu* – não sai do "seu" lugar, o de colonizado, daquele que existe para ser dominado, explorado, manchado.

■ **E o que isso pode esconder a propósito das relações étnico-religiosas em oposição à religião católica cabo-verdiana, mesmo sabendo da existência de práticas tradicionais e religiosas de matriz africana no seio da sociedade cabo-verdiana? Especialmente, no que se refere à**

adesão popular a rituais diversos enquadrados na *kórda*[2] que, muitas vezes, leva à mobilidade de cabo-verdianos para outros países da África Ocidental?

A noção essencialista de feitiçaria e, sem demora, a definição da *kórda* tomadas numa base estática, fixa, categorizadora, à primeira vista estão munidas de uma representação ocidental sobre realidades e povos africanos tidos como inferiores e que foram sendo histórica e profundamente estigmatizados, racializados.

Todo este processo aponta para violências diferenciadas. A violência epistémica, por um lado, está na base de como os ocidentais apresentaram todo um conjunto de saberes e práticas africanos com as quais entraram em contato e, por outro, atravessa toda a forma do que se passou a conceber como feitiçaria, inclusive em Cabo Verde. Esta, desde a sua invenção até à sua conceituação e elucidação das suas condições, foi determinada de forma etno e eurocêntrica; ainda hoje continua a ser julgada e condenada.

Só que, francamente, nem a feitiçaria nem o feitiço existem; pelo menos não da maneira como são designados nos termos ocidentais. Eles foram e são simplesmente um objeto da produção colonialista.

Daí que os cabo-verdianos, desde tempos idos, tenham considerado dialogar com algumas proposições da *kórda* que se reveste aqui de categorias próprias, nativas fundamentais para se perceber o quanto esta sociedade descobre-se atravessada por conceitos, quadros teóricos que indicam e estruturam visões cosmológicas africanas, perspetivas alternativas àquelas ocidentais que nos têm sido apresentadas como universais. E a religião católica deixou de ser a global também em Cabo Verde; aliás, acredito que nunca foi ou talvez o outro com quem devesse dividir o pódio tenha sido embusteado. Estatisticamente falando, demonstra-se o quanto a sociedade cabo-verdiana maioritariamente adotou o catolicismo, mas este sempre foi acompanhado por uma religiosidade popular marcada por esses saberes, rituais, práticas e tradições de matriz africana. Estas nunca desapareceram de forma integral, antes foram sendo reconfiguradas inclusivamente pela mobilidade, pelas circulações migratórias no âmbito da África Ocidental. Na prática, tendo a pensar que fomos nos construindo mais cientes de formas de ser e estar que vão desde este Cabo Verde pequenino e se estendem até às jornadas possibilitadas por essas Áfricas que, similarmente, arranjamos maneiras de descobrir por nós próprios, sem que nos contassem.

---

2 Kórda: negação, resgate e afirmação das manifestações espirituais e práticas religiosas ancestrais.

Podemos, então, enxergar duas faces de uma mesma moeda, isto é, ainda que ocultando, sendo vítimas de uma repulsa social, nas suas intimidades as pessoas promovem diariamente essas práticas, pondo em marcha um resgate de memórias de algo ancestral. E reforço que, embora não possamos ignorar a interferência do cristianismo, o certo é que, por exemplo, admitamos uma tremenda diversidade que se estende às práticas tradicionais e religiosas africanas, ou seja, a aproximação à cultura negra e à África (ou mesmo a sua afirmação) ao contrário do que considera esta identidade mestiça.

Se tratando de mobilidade e/ou migrações, os imigrantes oeste-africanos que escolheram Cabo Verde para residir têm promovido a diversidade dessas práticas cá no arquipélago, uma vez que essa bagagem não deixa de vir junto, ou seja, pertence aos seus percursos porque a necessidade de segurança ou proteção continua a acompanhá-los, bem como os cabo-verdianos têm-se aventurado por outros países da sub-região, principalmente para, da mesma maneira, colocarem à sua disposição novos recursos místico-religiosos a partir de leituras outras e, pois, enfrentarem os desafios da vida. Isto me leva a supor que os encontros, os contatos continuam a ser impulsionados e os diálogos nutridos, abrindo espaço para que a circulação nesses mundos de práticas que nos preexiste continue e que sejam preservados. Quando falo em diálogo quero chamar a atenção para o quanto estas práticas e tradições são essenciais para a nossa relação com o continente africano e, em particular, com a África Ocidental, aonde nos libertamos para sermos quem quisermos ser, expandindo a nossa existência além da fé que professemos. Ao fim e ao cabo, não se trata de basicamente defendermos o projeto colonial, mas antes fendê-lo.

■ **Cabo Verde é apresentado nas narrativas históricas e oficiais, especialmente pelas elites político-culturais, como uma sociedade crioula de base ocidental, inclusive de ser a primeira nação crioula católica no Atlântico africano. Porém, quando olhamos para as relações de convivência, os saberes, as práticas e as representações, deparamo-nos com muitas abordagens que recorrem às tradições místico-religiosas de matriz africana para mobilizar recursos relacionais, profissionais e até políticos. Em que medida esse processo demonstra a base africana da identidade cabo-verdiana? O facto dessas práticas se manterem, mesmo com tentativas da sua extinção durante a colonização, e associadas a um discurso mais ocidentalizado, como esse de povos**

"atlânticos", o que é que podemos compreender desse processo à luz da realidade atual na sociedade cabo-verdiana?

Nos últimos anos, em Cabo Verde, houve um momento em que os meios de comunicação veicularam algumas notícias sobre a participação de nossos políticos em rituais "estranhos", noturnos, de feitiçaria. Outrossim, os rumores ou o *fladu fla* (disse-que-disse; disse-me-disse; diz-que-diz) dessas ligações têm crescido bastante, dando conta das elites político-económicas (chamadas de *gentonas* nesse meio) a frequentarem casas de *kórda* em busca de poder ou de vantagens nos embates político-partidários em diferentes níveis: autárquicos, legislativos e/ou presidenciais.

No entanto, este cenário não é único. Por diferentes regiões e países do globo (México, Rússia, Camarões, etc.), os dirigentes políticos aparecem associados a bruxos/as, feiticeiros/as, ao ocultismo, esoterismo, etc.

Se assim for, podemos ver que a política está mais perto da *kórda* e vice-versa do que, deveras, deixamos transparecer e de que existe a chance de ela estar a orientar a política neste país. Outrossim, algures, mencionei os distintos cenários nos quais a *kórda* faz parte da vida dos cabo-verdianos e atravessa os diferentes segmentos sociais.

Com efeito, relato a possibilidade da religiosidade popular que mencionei atrás, juntamente com a espiritualidade e ancestralidade estarem a criar relações novas e a renovar os sentidos de pertença, na medida em que a nossa capacidade simbólica de segurança e solidariedade permite-nos articular territorialidades a partir da criação de laços e reciprocidades entre espaços sem contiguidade física, mas com continuidade temporal-ritual. Logo, esses saberes e práticas da religiosidade popular associadas à mobilidade mostram o quanto as referências identitárias são débeis e viabilizam a permeabilidade das fronteiras nacionais.

Esse processo carrega muitos lugares de preservação de tradições dos diferentes povos do continente negro que aportaram a estas ilhas, não obstante seja em simultâneo um espaço tanto de negociação quanto de resistência. Mas, isto é importante porque não estamos a falar somente do ancestral branco, europeu; quer dizer que identificamos a existência de algo a mais mesmo quando não o assumimos escancaradamente. O certo é que as práticas todas não desapareceram; existem as que persistiram, as que foram retomadas e aquelas que são introduzidas. Então, apesar dos discursos oficiais que engendram a identidade cabo-verdiana, nesta, reconheço rachaduras, fugas, subterfúgios. Uma identidade cabo-verdiana que de forma oculta é também afro-referenciada (Anjos, 2006) e abraça um diálogo com um conjunto de categorias émicas que manifestam as nossas cosmologias e realmente mostram que em Cabo Verde também vivemos mundos diversos e marcados por muita ambivalência no respeitante ao panorama religioso (Semedo, 2017). Aqui não se pode esquecer o quanto as religiões reconhecidas como monoteístas – o Cristianismo, por exemplo – e que se fundam em revelações que produziram os livros sagrados foram e, ainda hoje, são os principais agentes na arte de construir, consolidar e popularizar estereótipos acerca das tradições africanas e suas gentes (Botsho, 2009). Não obstante, nunca (ou raramente) falar-se na presença quotidiana da África naquilo que são as expressões e os exercícios cosmológicos dos cabo-verdianos e na definição dos impactos do que se acha religioso, a maneira como nos apropriamos e experienciamos narrativas e realidades africanas afeta-nos e estabelece conexões que fendem as marcas do pensamento ocidental. Pois, a *kórda* afigura-se como uma proposta para se (re)pensar as relações sociais num contexto enunciador de cosmologias outras emaranhado por manifestações espirituais e ancestrais, práticas religiosas, acções terapêuticas e divinatórias. Inúmeros são os seres, visíveis e invisíveis, "mortos" e vivos, humanos e não humanos, os ensinamentos, as técnicas, as estratégias, os instrumentos e os remédios que povoam essas cosmologias e dão vida à *kórda* e vice-versa. Tratando-se de uma matriz complexa, importa reconhecer que quando falo da *kórda* refiro-me a todo um conjunto de processos, seres e mundos que se entrelaçam e se instigam mutuamente independentemente do ato de dividir o bem e o mal.

Cogito que se tem construído o forjamento de um novo olhar em relação à dominação, à narrativa colonial, que se resiste ao (neo)colonialismo através da reativação da relação com os nossos antepassados, ancestrais africanos, da busca por essa dimensão espiritual e religiosa, o que acredito que conta com um papel importante, também, da diáspora africana espalhada pelo mundo.

Este "reativar" que trago é inspirado em Stengers (2017), portanto um exercício de recuperar aquilo de que fomos apartados e os caminhos que, nesse trajeto, foram envenenados obstaculizando o que nos "anima". Daí que seja fundamental para pensar as cosmologias dos cabo-verdianos tomando o diálogo com a *kórda* e toda a matriz que ela enreda como uma resistência dos contracolonizadores (Santos, 2015). A *kórda* é um nome forte e, na prática, ela se coloca como uma postura política e epistémica contra a cosmofobia, na ótica de Nêgo Bispo (2015), isto é, as formas inventadas pelos colonizadores a partir das suas próprias cosmovisões para aterrorizarem outros povos cujas vidas estão para além do pessoal ou individual fazendo parte e dependendo de uma interlocução com a comunidade de forma integrada. Em suma, tomo este exercício como dizendo respeito a não esquecer e/ou relembrar outras perspetivas de onde viemos e do que somos feitos, ou seja, uma luta pela reconstrução do que ainda podemos ser.

Nesta sequência, a *kaza kórda* não encarna só um espaço físico, mas abre as condições de possibilidade para uma (re)produção das memórias cosmológicas ancestrais e rearranjo de novas por meio do contato, da mobilidade, da circulação. Então, *o ta anda*[3] na e/ou pela *kórda* é um convite às feitiçarias e contra feitiçarias posicionando-se como um ato de cuidado para com o cosmos e todos os seus agentes. Daí que a *kaza kórda* é também, por excelência, um espaço de encontros, conexões, negociações, reelaborações, reinvenções, ressignificações, etc., na medida em que a *kórda* atua como a recusa de uma uniformização de todo um conjunto de diferenças que são expressadas nas suas (con)vivências cosmológicas. Prontamente, esta matriz é aberta a um questionamento cosmopolítico que desvela do que é constituído o nosso cosmos, uma rede que congrega a proteção cósmica.

Ao contrário do que talvez se esperava, existe uma franja significativa de cabo-verdianos, tanto residentes no território nacional como na diáspora, cujas vidas são povoadas quotidianamente por essas (con)vivências cosmológicas africanas e que assistem as suas subjectividades serem construídas a partir dessa multiplicidade. Apesar do espaço contemporâneo não estar totalmente dessacralizado e as nossas vidas serem governadas por uma série de oposições que parecem invioláveis, a *kaza kórda* é um espaço de contradiscursos que se mantém conectado com as religiões abraâmicas, como o Cristianismo e o Islamismo, não só em suas práticas rituais. No final, em termos práticos, desde as *kaza kórda* não se reconhece nenhuma incompatibilidade entre o *ta anda* e professar essas outras fés, visto que as memórias que reativamos manifestam que os cabo-verdianos também são múltiplos, não de um só Deus, e não têm medo do cosmos (Santos, 2015) ou das relações, conexões e agenciamentos que o próprio cosmos gera, promovendo um movimento de cosmologias entre aqueles que se compreendem e não têm a necessidade de se aniquilar reciprocamente.

■ **Tendo em conta o teu percurso académico de mais de uma década de estudos sobre as questões que conversamos, particularmente na sociedade cabo-verdiana e o debate sobre as questões de integração**

[3] Andar.

do país no espaço oeste-africano, que elementos poderiam ser identificados como possibilidades de resgate de quadros de referência cultural e cognitivo para projeção de ideias e práticas emancipatórias capazes de superar os aspetos críticos e discriminatórios da cultura dominante em Cabo Verde?

A partir da pandemia de covid-19, tive a oportunidade de assistir a *lives* nas redes sociais que se debruçavam sobre os diversos processos sociais cabo-verdianos, igualmente da sua diáspora, e reparei que as atitudes racistas, o racismo, são recusadas como existentes neste país, uma vez que ele é constantemente comparado com o dos outros países, como os Estados Unidos ou o Brasil. Quero dizer com isto que temos tido a tendência de definir o que é ou não é pelos parâmetros dos outros. Sendo assim, muitos de nós nos orientamos pelo racismo estrutural, pela distinção de quem tem o poder, pela alimentação de um sistema de exclusão de certas figuras/grupos de determinadas estruturas/instituições, etc. Algo que não é novidade, em virtude da própria Grada Kilomba (2019) ter-se já referido a esta negligência das vivências quotidianas do racismo e das suas vítimas ao ponto de se importar, sobretudo, com a matéria da exclusão das estruturas sociais e políticas.

Assim sendo, não enxergamos que o poder pode ser revelado a vários níveis (micro, macro, etc.) e a partir de inúmeras dimensões (educação, cultura, habitação, trabalho, artes, etc.). Se o racismo é sistema de poder (Moore, 2007), como não ver que toda a nossa sociedade apresenta uma história condicionada e manipulada, pois, desigual desde o início e que ainda hoje assim é? Destarte, se a norma é o cabo-verdiano, e este pode assim se afirmar, o Outro é diferente através do processo de discriminação (por exemplo, o *badio*, o *mandjaku*). Sequentemente, não podemos ignorar, por um lado, o mecanismo de hierarquização, o estigma, a inferioridade e, por outro, o próprio poder que trespassa os dois aspetos acabados de salientar, isto é, quando esse Outro é simbolizado ou vê-se encarnado por tudo o que o nacional repele ou não quer para/em si (Kilomba, 2019). Todavia, mesmo quando as nossas interacções no presente sejam tingidas pelo passado revelando a persistência das máquinas coloniais, também as respostas desta sociedade têm sido plurais.

Por isso, me levo a interpelar, afinal, o que é *nason*? Do que se reveste essa *nason kriolu*?[4] Estou a ponderar que seja o que nasce nas narrativas populares, na prática do quotidiano, feitos pela massa, com todas as suas desconstruções

[4] *Nason kriolu*: emancipação e resgaste identitário africano em dinâmica contracolonial.

e lições aos discursos elitistas/elitizados. Os anos de diálogo com as realidades expostas acima permitiram-me ver que elas só foram realidades por se tratarem de lugares aonde os cabo-verdianos foram ocupando, primeiramente, desde um ângulo de criatividade, ou seja, explorando a possibilidade de se pensar e se fazer exteriormente à norma e domínio instituídos pelo projeto e equipamento coloniais.

À vista disso, entendo que a *kórda* é uma situação interessante que carrega consigo infinitos eventos possíveis de trazerem elementos para se analisar essa questão da integração na sub-região, embora mais numa perspetiva místico-religiosa, espiritual e ancestral, algo que normalmente não se pára para analisar. Capto, também, que as artes, em especial, as musicais têm provocado gretas nos discursos oficiais que caraterizam a nossa presença no continente negro e, máxime, na Comunidade Económica dos Estados da África Ocidental (CEDEAO) bem como a própria relação estabelecida com os imigrantes oeste-africanos no território nacional. É crucial as produções de alguns *rappers* (Helio Batalha, Ga DaLomba, Kuumba, etc.) que têm feito um esforço fenomenal para denunciar e rasgar os véus instituídos pelas chamadas elites político-económicas e até intelectuais para manter o povo no desconhecimento.

Entretanto, quem, realmente, está interessado nesta matéria de integração regional? E para quê?

Do jeito que os tópicos são posicionados e conduzidos na arena pública, fico com a perceção que concerne somente àqueles que versam discursos que remetem para lutas tanto políticas como económicas e, quiçá, àqueles que se importam com os ditos marcos culturais-identitários. Estou a ponderar acerca das suas vontades políticas que têm oscilado bastante e não se posicionam firmemente no processo de definir a função de Cabo Verde dentro da CEDEAO e os seus possíveis efeitos. Mas, tudo isso não passa de teoria, pelo menos até agora, porque na prática são outros os agentes e as subjetividades que estão a implementar e a viver a integração, ou pelo menos a olhar de frente para ela, apesar de não ser uma integração concebida nos mesmos moldes e, sabemos, com outros recursos.

Referências

ANJOS, José Carlos Gomes dos. *No território da linha cruzada: a cosmopolítica afro-brasileira.* Porto Alegre: UFRGS, 2006.

BOTSHO, Jean-Bosco. Las religiones monoteístas contra la tradición. In: CASTEL, Antoni; GUTIÉRREZ, José Carlos Sendín (Eds.). *Imaginar África: Los estereotipos occidentales sobre África y los africanos*. Madrid: Los Libros de la Catarata, 2009. p. 129-150.

DEVULSKY, Alessandra. *Colorismo*. São Paulo: Jandaíra, 2021.

FANON, Frantz. *Pele negra, máscaras brancas*. Salvador: Edufba, 2008.

FURTADO, Clementina. *As migrações da África Ocidental em Cabo Verde: atitudes e representações*. Praia: Universidade de Cabo Verde. Tese (Doutorado em Ciências Sociais e Políticas) – Programa de Pós-Graduação em Ciências Sociais, Universidade de Cabo Verde, Praia, 2012.

KILOMBA, Grada. *Memórias da plantação: episódios de racismo quotidiano*. Lisboa: Cobogó, 2019.

MOORE, Carlos. *Racismo e sociedade: novas bases epistemológicas para entender o racismo*. Belo Horizonte: Mazza Edições, 2007.

ROCHA, Eufémia V. *Mandjakus* são todos os africanos, todas as gentes pretas que vêm de África: xenofobia e racismo em Cabo Verde. Praia: Universidade de Cabo Verde. Dissertação (Mestrado em Ciências Sociais), Programa de Pós-Graduação em Ciências Sociais, Universidade de Cabo Verde, Praia, 2009.

ROCHA, Eufémia V. *Feitiçaria e Mobilidade na África Ocidental: uma etnografia da circulação de kórda, méstris e korderus*. Tese (Doutoramento em Ciências Sociais), Programa de Pós-Graduação em Ciências Sociais, Universidade de Cabo Verde, Praia, 2014.

SANTOS, Antônio B. *Colonização, quilombos: modos e significações*. Brasília: INCTI, 2015.

SEMEDO, Adilson. As reestruturações do sentido de pertença à Igreja Católica nos bispados de D. José Colaço, D. Paulino Évora e D. Arlindo Furtado: adaptação ou resistência às mudanças políticas e culturais em Cabo Verde? *PragMATIZES*, Rio de Janeiro, n. 13, p. 145-158, 2017.

STENGERS, Isabelle. Reativar o animismo. *Caderno de leituras*, Belo Horizonte, n. 62, p. 1-15, 2017.

PARTE II

“Pensar com sua própria cabeça”: Histórias e emancipações

Amílcar Cabral, Frantz Fanon e Paulo Freire: descolonização das mentes e consciência histórica em Cabo Verde

Andy Monroy Osório
Elisângela Oliveira de Santana
Leandro Santos Bulhões de Jesus

> *A África escreverá sua própria história*
> *e ao norte e ao sul do Saara,*
> *será uma história gloriosa e digna.*
> Patrice Lumumba (Carta à Pauline Lumumba)

A quem interessa a marginalização dos povos africanos e das suas histórias? O ato de negar a autonomia e a inscrição histórica desses povos é fruto de um pensamento supremacista branco, datado e articulado estrategicamente para o apagamento dos seus protagonismos. Para o teórico haitiano Michel-Rolph Trouillot (2016), as narrativas históricas fundamentam-se em entendimentos prévios, que se baseiam, por sua vez, na distribuição de poder arquivístico. Esses acordos prévios foram profundamente delineados por convenções e procedimentos ocidentais e impactam diretamente na historiografia dos povos não europeus e nas formas como os povos africanos agenciaram seus sistemas de educação antes e depois das independências.

Para o enfrentamento a essa marginalização da racionalidade e das experiências dos grupos não hegemônicos, intelectuais da geração das lutas anticoloniais pelas independências africanas[1] conclamavam a urgência da "descolonização das mentes". Tal ensejo cruzou fronteiras e temporalidades, de modo que ainda hoje integra as agendas dos movimentos por liberdade e

[1] Ao longo da primeira metade do século XX, eclodem inúmeros movimentos pelas independências dos territórios africanos, começando em 1958, com Guiné Kronacry e Gana. Os territórios sob invasão portuguesa permaneceram em conflitos até 1975.

autogestão, sobretudo nos campos da produção, circulação e consumo dos conhecimentos nas Áfricas e suas diásporas.

Um dos propósitos deste texto é refletir sobre as disputas por narrativas dos cabo-verdianos no contexto das lutas por libertação africana, especialmente por meio do livro *História da Guiné e Ilhas de Cabo Verde*, publicado em 1974, pelo Partido Africano da Independência e União dos povos de Guiné-Bissau e Cabo Verde (PAIGC), um ano antes da independência deste território. A ideia é transitar na história de Cabo Verde atentos para a distinção entre educação e escolarização nos tempos da colônia, sob agenciamento dos portugueses, e as formas pelas quais o coletivo revolucionário compreendia a "história", tensionando sentidos da colonização e do chamado processo civilizador.

Buscas preliminares[2] mostram que materiais didáticos autônomos foram elaborados pelo setor educacional do PAIGC e foram usados nas chamadas "escolas clandestinas" ou "escolas-piloto". Esses materiais tinham conteúdos que abordavam conceitos e funções da História; a história das antigas civilizações africanas, a colonização portuguesa em África, as intenções do imperialismo europeu, o avanço do capitalismo no continente africano (Paigc, 1974), entre outros temas.

A experiência política conduzida por lideranças revolucionárias africanas como Amílcar Cabral, que entendia a cultura como fator preponderante na luta contra a colonização, irrompeu um caráter singular na historiografia deste país, Cabo Verde, assim como em toda a África (Lopes, 2013). Para o líder africano, adquirir uma consciência histórica de si está relacionado ao entendimento de que o valor da cultura como elemento de resistência ao domínio estrangeiro reside no facto de ela ser a manifestação vigorosa, no plano ideológico ou idealista, da realidade material e histórica da sociedade dominada ou a dominar. Compreender tais questões articuladas com os mundos da educação e da escolarização corresponde a outro objetivo deste texto, de modo que nos interessa perguntar: na mesma época, o que pensava Frantz Fanon sobre a educação revolucionária? E como o educador brasileiro Paulo Freire esteve envolvido nessa história?

---

2 Trata-se de dados pilotos da pesquisa de doutorado de Andy Monroy Osório, intitulada provisoriamente de *Discursos e representações sobre a história da África e dos africanos nos livros didáticos de Cabo Verde no pós-independência (1975-2020)*, em curso no Programa de Pós-Graduação em História na Universidade Federal do Ceará. O autor conseguiu tais informações por meio de entrevistas e de filmes sobre as lutas pela independência em Cabo Verde e Guiné Bissau.

Considerações insulares: breve incursão na história e na história da educação em Cabo Verde

O arquipélago de Cabo Verde, localizado na África Ocidental, a quinhentas milhas do Senegal, é constituído por dez ilhas e cinco ilhéus. O conjunto das ilhas se estende por uma área de 4.033 km², dividindo-se em dois grupos de ilhas: Barlavento, ao norte, composto por Santo Antão, São Vicente, São Nicolau, Sal e Boavista; e Sotavento, ao sul, do qual fazem parte as ilhas de Santiago, Maio, Fogo e Brava (Moniz, 2009).[3]

No mundo acadêmico, existem pelo menos duas versões opostas acerca da história sobre os primeiros grupos humanos a habitar Cabo Verde: os portugueses afirmam que foram os precursores a aportar no arquipélago, entretanto, existem indícios de que suas ilhas podem ter sido visitadas anteriormente por povos internos do continente africano, viajantes gregos e geógrafos árabes. Convém realçar que o continente africano esteve, por muito tempo, sob a égide da interpretação eurocêntrica, como se esse território não tivesse história anterior à chegada dos europeus e do colonialismo no século XIX (Unesco, 2010).

Conforme documentos considerados oficiais elaborados pelos portugueses, o ano 1462 demarca o começo do povoamento local, "com a presença de grupos humanos vindos da Europa – genoveses, portugueses – e da costa ocidental da África, com africanos a constituírem o maior contingente humano a participar no processo de povoamento das ilhas de Cabo Verde" (Moniz, 2009, p. 71), tais como os Jalofos, Balantas, Papéis, Bijagós e Felupes (2009). Em decorrência dos cinco séculos de dominação colonial, o arquipélago foi formado por uma população de raízes africanas derivada do encontro de vários povos, portanto.

Conforme Barros (2017), em 1462, as ilhas de Cabo Verde já eram todas conhecidas. Contudo, a historiografia oficial reconhece António de Noli e Diogo Afonso como os verdadeiros descobridores do arquipélago, ou seja, fundadores da história local. A chancela de uma narrativa do achamento é patenteada pelo poder inaugural da escrita, a serviço do nacionalismo imperial português. Em 1960, a comemoração dos 500 anos do achamento das ilhas

---

[3] O desenvolvimento deste tópico está amparado, sobretudo, na seguinte publicação: MONIZ, E. A. *Africanidades versus europeísmos pelejas culturais e educacionais em Cabo Verde*. Praia, Instituto da Biblioteca Nacional e do Livro (IBNL), 2009.

cabo-verdianas consistiu na reiteração das memórias oficiais fabricadas pelos agentes coloniais como forma de dominação cultural. Por conseguinte, a repetição compulsiva de uma determina ladainha histórica coloca em xeque os "jogos de poder e os campos de força das instituições metropolitanas e coloniais na fixação do discurso oficial sobre a história das ilhas e, consequentemente, na prescrição do mito de fundação da colónia a partir de uma progênie de matriz marcadamente lusitana" (Barros, 2017, p. 80).

Embora o projeto inicial dos portugueses fosse o de estabelecer as populações brancas nas ilhas, do mesmo modo que em Açores e Madeira, esse propósito não se concretizou sob a alegação de que a distância territorial e a dita insalubridade climática dificultavam os processos de invasão desse espaço. Assim, o aumento da densidade populacional das ilhas se deu de forma gradual, pois não havia interesse de investimentos nesses territórios por parte da Coroa Portuguesa.

O arquipélago cabo-verdiano desempenhou importante papel de entreposto comercial durante a expansão do empresariado colonial europeu devido à sua localização estratégica de cruzamento das principais rotas náuticas intercontinentais, itinerário do tráfico negreiro transatlântico e impulsionador do fluxo de mercadorias, bens e serviços (Moniz, 2009). Salienta-se que tais rotas também foram responsáveis pelo trânsito de práticas de resistência cultural negra e de ideias emancipadoras dos dois lados do Atlântico.

As rotas marítimas das ilhas de Barlavento e Sotavento ligavam entre si dimensões intercontinentais entre a Europa, África e Américas: "de Cabo Verde chegaram, ao Brasil, colonos portugueses e luso-africanos, como carregamentos de escravizados africanos das regiões de fala da Guiné, com suas tradições, danças e festas de negro; bois, batuques e cantorias que desbravaram os sertões" (Antonacci, 2009, p. 19). A conexão entre Cabo Verde e as terras pindorâmicas se origina da relação assimétrica com o estrangeiro, da escravidão e deslocamento forçado, desabrochando novas sensibilidades e a ressignificação de práticas culturais, entrecruzando ritos, símbolos e ritmos, como formas de resistências a contrapelo da espoliação colonial e do escravismo agenciados pelos europeus.

Os tempos da escravidão e do colonialismo são traumáticos para os africanos, porém, houve formas de resistência frente aos dispositivos de apagamento das identidades dos colonizados. No caso específico de Cabo Verde, a língua crioula, proibida durante o regime colonial, é uma inovação linguística que evidencia a presença da ancestralidade e da cadência performática, que mantêm vivos diversos elementos dos mundos africanos, atualizando dimensões educacionais próprias que escapavam à vigilância do opressor. Compreendemos "educação" aqui como lócus de memória, negociação, autogestão e autonomia nas formas como as pessoas vivem e defendem seus projetos de sociedade, apesar das tentativas de encobrimento e destruição dos seus referenciais culturais capitaneados pelos agenciadores da colônia.

Registradas em várias linguagens, suportes e narrativas, estão as estratégias que os povos africanos e seus descendentes elaboraram para sobreviver às violências do desterro e da escravidão. Qualquer versão da história que invisibiliza essa dimensão da experiência desses povos coaduna, portanto, com uma tradição ocidental que ao longo dos tempos insistiu sistematicamente na criminalização, na invisibilização ou apagamento dessas práticas. Apesar da vigilância e das punições, africanas e africanos elaboraram caminhos de liberdade por meio de refundação de territorialidades, buscando viver liberdades possíveis; ao longo do tempo, diferentes nomes foram dados a esses fenômenos.

Cabe ressaltar que a língua portuguesa é considerada a oficial em Cabo Verde, utilizada na administração pública, imprensa, escolas e materiais didáticos. No entanto, a língua comunitária prevalecente no cotidiano é o crioulo cabo-verdiano. De maneira geral, as crianças cabo-verdianas falam exclusivamente o crioulo, mas ao ingressar na escola são confrontadas com a língua do colonizador como única forma de expressão no ambiente escolar, dificultando a compreensão do que lhes é ensinado por suas e seus professores. A língua crioula tem sido ignorada no currículo e pelas reformas educacionais deliberadas em Cabo Verde (Moniz, 2009, p. 266-267), simbolizando uma violenta permanência colonial.

No campo da religiosidade, a *tabanca* e o *batuque*, proibidos durante o período colonial, são práticas culturais e formas de transgressões ao regime português imposto nas ilhas, uma vez que são formas complexas de resistência cultural assentadas em defesas de soberanias espirituais, corporais, territoriais.[4]

---

[4] "A tabanca é uma manifestação de cariz religioso que inclui, nas suas festividades, desfiles, rufar de tambores e tocar de cornetas, em festas de rua, estimulando a aglomeração de multidões. Além do seu carácter religioso, encerra, ainda, uma outra vertente que satiriza a realidade social – e filantrópica, funcionando como suporte aos associados em caso de doença ou de morte [...] O batuque consiste em um ritual eminentemente feminino, muito presente nas festas de casamento, batismo e algumas festas religiosas, casos de Santo António na ilha de Santiago e, no pós-independência, em manifestações políticas" (MONIZ, 2009, p. 86).

Não é por acaso que nos primeiros anos após a independência de Cabo Verde, grupos de tabanca e de batuque eram convidados para animarem as datas festivas e eventos políticos como forma de valorização cultural subjacente ao constructo de um discurso de identidade nacional cabo-verdiana por parte dos dirigentes do Estado. Esses grupos, porém, utilizavam dessas ocasiões ainda para desferir críticas veladas aos agentes do poder estatal (Moniz, 2009, p. 32). É nessa perspectiva que podemos inferir que tais manifestações, longe de se configurarem como elemento inventariável para constar nas estantes de folcloristas, atestam formas sofisticadas de autoinscrição, de observação social, de educação e de tomadas de posição em diferentes contextos.

Vale salientar que a contestação da ordem colonial vigente em Cabo Verde, aliás, se expressava também através de movimentos locais articulados de resistência, pois ocorreu um número expressivo de sublevações especialmente no decorrer do século XIX, destacando-se a revolta de "Rubon Manel".[5] Tal como em outros espaços de dominação colonial, eram empreendidos atos violentos de repressão a esses movimentos.

Desde os primórdios do século XIX, um número significativo de revoltas e levantes populares marcaram o cenário sociopolítico das ilhas. Casos de reacção da população da Ribeira Grande, em 1811, frente a um novo imposto; rebelião dos camponeses da Ribeira de Engenho, entre 1822-23, e da Achada Falcão, em 1841, reagindo aos abusos dos feitores e à cobrança de rendas; revoltas de escravos, como a de 1835, em Santiago, contra os maus tratos, opressão e exploração; a revolta de Fonte Ana, em 1835; todas no interior da ilha de Santiago, secundadas por levantes escravos em Santo Antão e outras ilhas (Moniz, 2009).

Semelhantes às ações empreendidas por esses sujeitos, nas Américas foram muitas também as estratégias de subversão. Fugas do cativeiro, compra individual ou coletiva de terras, rearticulações com povos originários e refúgio em outros espaços para além da administração colonial possibilitaram a reorganização de afetos, linhagens e perspectivas. Assim, foram fundados

---

[5] "Segundo Pedro Martins, a detenção de algumas mulheres, que em plena apanha da purgueira foram presas e amarradas por tropas da cavalaria, despoletou, em 1910, uma das revoltas que mais ameaçou os pilares do colonialismo português e que, dada a sua amplitude, levou à mobilização de grandes forças repressivas coloniais. [...] Assim, mulheres armadas de machins e homens armados de pedras dirigiram-se à cadeia onde se encontravam encarceradas as suas companheiras, mães, irmãs, que, sem muita resistência, foram libertadas [...]" (MONIZ, 2009, p. 118).

cimarrones, quilombos e palenques que resistem até hoje, atualizando mecanismos de sobrevivência. Em Cabo Verde, na Ilha de Santiago, a comunidade de "rabelados" é constituída por famílias que se abrigaram em áreas remotas especialmente nas regiões montanhosas de Tarrafal e Santa Cruz, mantendo vivas suas tradições ancestrais por longa data, por meio de processos educativos próprios, para além da escolarização.[6]

Os primeiros espaços reservados ao ensino em Cabo Verde surgiram no século XVI, todos de cariz religioso. Somente no século XIX haverá a implementação do ensino oficial nas ilhas, cuja finalidade era formar nativos que pudessem atender às necessidades do Estado colonial. No transcorrer do período no qual Cabo Verde esteve sob o jugo do império português, a escolarização encontrava-se nas mãos de sacerdotes católicos, responsáveis por estruturar o ensino nas colônias e de evangelizar os povos nativos: "entre o século XVI e meados do XIX, o papel da educação esteve limitado apenas à cristianização e ao ensinamento de alguns rudimentos da língua portuguesa aos escravizados, para que se entendessem com os futuros senhores" (Moniz, 2009, p. 216); tendo-se em vista que "a Igreja e as missões religiosas tinham como objetivo apoiar a criação, a manutenção e o desenvolvimento do sistema colonial e o faziam por meio da educação e da imposição do modelo social e cultural da metrópole" (Moura, 2016, p. 83).

Estruturalmente agrária, Cabo Verde sofreu grande abalo econômico com o declínio do sistema escravista, perdendo o *status* de base comercial na geopolítica do imperialismo genocida europeu. Consequentemente, a agricultura voltou-se para a subsistência e exportação, mas em níveis insuficientes; a exploração desordenada do solo, agravada por períodos prolongados de estiagem, desembocou em um ciclo de crises. No início dos anos 1900, houve privações agudas de fome que dizimaram parte da população e desencadeou a emigração massiva dos cabo-verdianos, dispersos sobretudo para os EUA, Senegal, Holanda e Portugal (Moniz, 2009).

Importante pontuar também que, com a chegada da imprensa, em 1842, campanhas de conscientização passaram a integrar jornais, revistas e folhetos da época, denunciando a aviltante situação socioeconômica das ilhas e exigindo medidas para a recuperação da agricultura e de enfrentamento

---

[6] Hoje em dia, as crianças dessa comunidade "estão matriculadas no sistema formal de ensino (embora ainda tenham muita dificuldade para chegar à escola secundária e lá sejam frequentemente discriminadas)" (SILVA, 2016, p. 349).

às consequências de anos subsequentes de crises (secas, fome e epidemias), bem como reivindicando a construção de escolas nas ilhas, pois a imprensa se vertia em instrumento de mobilização política e veiculava poemas engajados de intelectuais da época.

O sistema de ensino público[7] foi desenvolvido no decorrer do século XIX, quando foram fundadas as primeiras *escolas primárias*[8] em Cabo Verde, em cumprimento ao Decreto de 14 de agosto de 1845, no qual Portugal reorganizava a instrução primária nas Províncias do Ultramar. Em 1860 foi deliberada a criação do Liceu Nacional de Cabo Verde na cidade da Praia. Em 1866 foi criado o primeiro estabelecimento de nível secundário, o Seminário de São Nicolau, que passou a ser Seminário-Liceu em 1892. Ainda assim, no final do século XIX houve o aumento do efetivo de alunos no sistema de ensino, porém, o "insucesso escolar" perdurava, já que o ensino continuava sob os moldes metropolitanos, distanciado da cultura dos africanos e de qualquer relação com ideais de emancipação.

Com a Proclamação da República de Portugal, em 1910, aprofundou-se o anticlericalismo na sociedade portuguesa, que advogava a separação entre o Estado e a Igreja, cujos desdobramentos no ensino também eram refletidos nos territórios africanos onde mantinham seus interesses coloniais. Todavia, essas tensões foram dribladas no decênio seguinte, quando foram aprovadas novas leis favoráveis à Igreja, tais como o Estatuto Orgânico das Missões Católicas Portuguesas em África e Timor (1926) e o Ato Colonial (1930), reforçadoras do papel "civilizador" das missões religiosas nas colônias (Moura, 2016, p. 85). Vale dizer que a Igreja sempre foi responsável pelo convencimento da "inferioridade" dos gentios, pelo silenciamento de suas culturas e por apaziguar as tensões entre o colonizado e o colonizador (Moniz, 2007; 2009). Além disso, a renovação dos interesses políticos das instituições cristãs atualiza sua relação indissociável dos empreendimentos coloniais desde os primeiros gestos no século XV.

---

7 Brito Semedo (2006), ao analisar o desenvolvimento da instrução em Cabo Verde, divide-o em três períodos: a) período de ausência de instrução pública (1460-1817); b) período dos esforços para a implantação da instrução pública (1817-1845); c) período de regularização ou regulamentação da instrução pública (1845-1910) (MOURA, 2016, p. 87-88).

8 Para Sena Barcelos (1899), citado por Pinto, Duarte e Carvalho (1996), as primeiras escolas oficiais/ públicas surgiram na seguinte ordem cronológica: em 1834/35, na Brava; em 1836/38, em Santo Antão; em 1839, na Boavista; em 1840, no Fogo; em 1841, em São Nicolau; em 1842, na Praia e, em 1843, no Maio (MOURA, 2016, p. 87).

No dealbar do século XX, outras formas de resistência foram moldadas nos campos literários, estéticos e musicais, com a proliferação de associações cívicas e culturais[9] em Cabo Verde, pautadas por ações contestadoras do regime colonial português. Nos anos 1930, contexto do salazarismo, foi lançada a revista *Claridade*, que teria sido influenciada por escritores modernistas brasileiros e pelo pensamento de Gilberto Freyre. Nas décadas de 1940 e 1950, a ideia de assunção de uma identidade nacional cabo-verdiana se adensou na produção literária, entretanto, essa *cabo-verdianidade* não compreendia necessariamente as raízes africanas na formação cultural de Cabo Verde, pois estas não passariam de reminiscências, na perspectiva de muitos autores. Para nós, interessa registrar a existência de outros sujeitos na cena pública disputando outras narrativas, inclusive fazendo uso do léxico dos colonizadores.

Salienta-se que nos anos 1940 do século XX, período da Segunda Guerra europeia, as tensões nas colônias foram acirradas devido à proliferação de movimentos anticolonialistas. Portugal buscava preservar o que acreditava ser de seu domínio em terras africanas através de investimentos em infraestrutura (construção de escolas, hospitais, ferrovias e rodovias), com vistas a escamotear as mazelas coloniais perante a comunidade internacional. Portanto, o alargamento do sistema de ensino visava frear os movimentos de libertação nas colônias portuguesas (Moniz, 2007), pois:

> Durante muito tempo, até ao fim dos anos 50, o ensino destinava-se a um pequeno número de privilegiados das cidades e do campo: filhos e filhas da burguesia comerciante, dos morgados e proprietários agrícolas, e filhos de uma classe média em crescimento lento dos empregados e dos intelectuais [...]. A política de 'assimilação' criada por Salazar a partir de 1930, que separava os indígenas dos assimilados, deu origem a uma elite restrita de cabo-verdianos que foram utilizados como pequenos e médios funcionários no Ultramar (Lesourd, op. cit., p. 51-52 citado por Moniz, 2007, p. 16).

Diante do exposto, na década de 1960, as missões religiosas perderam a hegemonia do ensino nas possessões africanas. Com a reforma do ensino

---

[9] "A criação de organizações de carácter recreativo e cultural em diferentes pontos do arquipélago remontam ao século XIX - casos da "Sociedade Recreativa Esperança", em 1853; "Sociedade Filarmónica Juventude", em 1864; "Grémio Promotor", em 1867 –, todas insistindo na erradicação da escravidão na sociedade cabo-verdiana, ainda que por vias filantrópicas [...]" (MONIZ, 2009, p. 123).

primário, ocorrida em 1964, os manuais escolares passaram a inserir o contexto sociocultural africano, mas a partir da perspectiva metropolitana, expressando uma fantasiosa relação de harmonia entre os africanos e os europeus, pois manteve-se inalterado o objetivo de "incutir os valores portugueses e promover entre os alunos africanos uma identificação com a colónia" (Moura, 2016, p. 86), algo que não surpreende.

Com o recrudescimento dos movimentos anticolonialistas no continente africano, "a resistência ao colonialismo em Cabo Verde saiu dos meandros artísticos e literários, assumindo discursos de ruptura" (Moniz, 2009, p. 125). Na peleja por sua independência, Cabo Verde articulou-se com a luta pela libertação de Guiné-Bissau.[10] Como já foi assinalado, em 1956, Amílcar Cabral criou o Partido Africano para a Independência da Guiné e Cabo Verde (PAIGC), havendo um setor específico para pensar a educação revolucionária.

A valorização das experiências subjetivas em contextos de lutas por libertação remete ao pensamento emancipatório do psiquiatra Frantz Fanon, para quem a consciência da própria história é base para a configuração do "novo homem", assim como remete ao educador brasileiro Paulo Freire (1987). Para este segundo, a educação deve estar à serviço da defesa dos direitos ontológicos e da conscientização dos sujeitos, e não repousar numa interpretação bancária a partir da qual os indivíduos são considerados vazios, destituídos de saber, agência e de pensamento crítico. Outrossim, Amílcar Cabral concebe a educação como arma da libertação, capaz de superar os discursos eurocêntricos e os dispositivos colonial e neocolonial de dominação reproduzidos nos sistemas de ensino, estrategicamente à disposição dos interesses das classes dominantes. Para esses camaradas da revolução, a educação deve valorizar a história e as culturas sistematicamente negadas pelo racismo com vistas à

---

[10] A Guiné-Bissau é um país situado na costa oeste da África, constituído de uma parte continental e mais oitenta e oito ilhas, que formam o Arquipélago de Bijagós, somando 36.125 km^2. Em 1446 o território foi supostamente visitado pela primeira vez por navegadores europeus, provenientes de Portugal, país que a partir desse período iniciou relações comerciais com o local. Após a Conferência de Berlim (1884-1886), evento organizado por catorze países europeus que retalharam a África em cinquenta e quatro colônias, desrespeitando as fronteiras históricas, étnicas e familiares anteriores do continente, a Guiné-Bissau passou a ser administrada por Portugal. Apenas em 1974 o país conquistou sua independência, após onze anos de intensos conflitos de luta armada. O movimento de independência foi iniciado em 1956, quando Amílcar Cabral, junto a outros militantes, fundou o Partido Africano para a Independência da Guiné e Cabo Verde (PAIGC). Cabral foi assassinado em janeiro de 1973, antes do fim dos conflitos (SALGADO, 2020, p. 57).

desalienação mental dos sujeitos oprimidos e desumanizados pelo colonialismo, portanto, defendem a humanização radical, a soberania cultural e a descolonização das mentes.

Conscientização, humanismo radical, descolonização das mentes e africanização dos espíritos: diálogos entre Amílcar Cabral, Frantz Fanon e Paulo Freire

Paulo Freire (1921-1997) nasceu em Recife, Pernambuco, nordeste brasileiro. Juntamente com sua companheira, Elza, desenvolveu sua metodologia voltada para a alfabetização de adultos, na qual priorizava o universo vocabular e cultural dos educandos. A partir do método dialógico, os(as) educandos(as) devem se perceber como produtores de conhecimento e tomar consciência de si como sujeitos de sua própria história, o que Paulo Freire denomina de *conscientização.* Com o golpe de Estado de 1964 que instaurou a ditadura militar brasileira, o educador e ativista político acabou sendo preso e exilado. No início da década de 1970, Paulo Freire trabalhou como consultor especial do Departamento de Educação do Conselho Mundial das Igrejas, em Genebra, na Suíça, quando teve a oportunidade de auxiliar países africanos em seu processo de alfabetização, especialmente as ex-colônias portuguesas: Angola, Cabo Verde, São Tomé e Príncipe e Guiné-Bissau.[11]

Partindo do princípio de que o pensamento de Paulo Freire se constrói na relação dialógica entre teoria e prática, Reses e Pinel (2019) defendem que a viagem do educador brasileiro ao continente africano teceu redes entre o Brasil e a Guiné-Bissau, impactando na perspectiva pedagógica freireana, considerando-se seu "engajamento em torno da emancipação dos povos e sujeitos por meio da educação" (Reses; Pinel, 2019, p. 61).

> Deste modo a viagem de Paulo Freire à Guiné-Bissau foi fundamental à sua teoria pedagógica fundamentada na perspectiva da emancipação humana por meio de relações baseadas no diálogo horizontal e humanista. Na pedagogia da correspondência, o autor procura estabelecer relações anti-hegemônicas, utilizando-se do gênero literário cartas. A utilização de cartas procurava uma proximidade com o outro

[11] Informações de *Uma pequena biografia de Paulo Freire*, escrita por sua filha Lutgardes Costa Freire (2012). Disponível em: http://acervo.paulofreire.org:8080/xmlui/bitstream/handle/7891/3228/FPF_PTPF_03_009.pdf. Acesso em: 29 maio 2022.

> por meio de relações simétricas e horizontais baseando-se no diálogo emancipador e libertário onde emissor e receptor podem e devem ter o mesmo espaço de fala buscando na alteridade do discurso uma forma de desalienação humana (Reses; Pinel, 2019, p. 59).

De fato, em *Cartas à Guiné-Bissau*, publicado originalmente em 1977, Paulo Freire recorreu pela primeira vez ao gênero epistolar. A introdução do livro apresenta um relatório que busca contextualizar os trabalhos desenvolvidos e projetos futuros a serem realizados na Guiné Bissau. A segunda parte reúne dezessete cartas: a maioria delas foi remetida ao então comissário de Educação e Cultura da Guiné-Bissau, Mário Cabral. A troca de correspondências tinha por finalidade colaborar com os processos de libertação do povo guineense no âmbito educacional. Guiné-Bissau, recém independente do jugo colonial português, ainda precisava se firmar enquanto nação soberana e reconstruir os pilares destruídos pelo imperialismo europeu.

Para Amílcar Cabral, a educação era prioridade e a valorização da cultura era imprescindível para a construção de uma África livre. O PAIGC, sob a liderança de Cabral, desenvolveu ações pedagógicas com o intuito de erradicar o analfabetismo e conscientizar sobre os processos de subjugação histórica, aos quais as ex-colônias portuguesas foram submetidas. Paulo Freire, ao tomar conhecimento do projeto das Forças Armadas Revolucionárias do Povo (FARP), que assegurava a alfabetização dos guerrilheiros das unidades militares de Guiné-Bissau, buscou contribuir para essa empreitada. Freire relata em *Cartas à Guiné-Bissau* que em dez anos, de 1963 a 1973, o PAIGC formou muito mais quadros que o colonialismo em quinhentos anos (Miglievich-Ribeiro, 2018).

As propostas pedagógicas de Paulo Freire estimulavam a ampliação expressiva do número de pessoas com acesso aos mundos da escrita nas ex-colônias africanas, todavia, estas não poderiam ser alheias à imposição de modelos educacionais prontos, pois deveriam ser construídas coletivamente a partir das experiências e das necessidades locais. Para tanto, foram realizados *círculos de cultura*[12] para promover a alfabetização de adultos e formar alfabetizadores. Essas experiências foram compartilhadas em inúmeras comunidades,

---

[12] Os círculos de cultura sob uma perspectiva de diálogo horizontal e fraterno buscam por meio das chamadas situações-problema, ou seja, a partir da experiência concreta-real, a discussão teórica emancipadora, o estabelecimento de relações de ensino aprendizagem para além da chamada "educação bancária" (RESES; PINEL, 2019, p. 68).

que se ensinavam mutuamente e passaram a ler não só textos, mas o mundo, tornando-se capazes de compreender melhor as relações sociais de opressão e de desumanização empreendidas pelo sistema colonial (Coelho, 2004).

Cabo Verde também adotou a perspectiva de Paulo Freire de alfabetização como "ação cultural" e ato político (Varela, 2021, p. 140). A concepção de educação democrática e emancipatória, enquanto fomentadora da consciência crítica e transformadora da realidade social, foi legitimada na primeira Constituição de 1980. Paulo Freire esteve em Cabo Verde nos anos 1977 e 1979 e colaborou com a formação de coordenadores regionais de alfabetização ao dirigir uma equipe do Instituto de Ação Cultural (IDAC). Convém realçar, também, que "a orientação política sobre a alfabetização e educação de adultos surgiu durante a luta pela independência protagonizada por Amílcar Cabral, para quem a educação era a principal arma da libertação" (Varela, 2021, p. 131).

Na obra *Pedagogia da tolerância* (2016) e em entrevistas gravadas,[13] Paulo Freire deixa explícito que considera Amílcar Cabral como o pedagogo da revolução, influenciando suas concepções sobre educação, pois, para ele, Cabral "encarnou perfeitamente o sonho de libertação do seu povo, e os procedimentos políticos-pedagógicos para a realização desse sonho" (Freire, 2016, p. 118 citado por Cavalcanti; Amaral; Moraes, 2021).

Concordamos, portanto, que Amílcar Cabral é um "humanista, revolucionário, pedagogo e educador da revolução" (Romão; Gadotti, 2012, p. 82). Amílcar Lopes Cabral (1924-1973) nasceu na Guiné-Bissau, e após realizar os seus estudos em Cabo Verde, licenciou-se em Agronomia, em Portugal. A partir da Segunda Guerra europeia, acirrou-se o debate acerca da independência africana e a propagação de ideais pan-africanistas nas colônias. Na ocasião, Cabral e seus contemporâneos (Mário Pinto de Andrade, Agostinho Neto, Alda do Espírito Santo), também poetas e intelectuais africanos que estudavam em Lisboa e sofriam com a discriminação racial, passaram a refletir sobre como o sistema de espoliação colonial afetava os seus países de origem. Além disso, a luta pela libertação, em marcha em suas épocas, teria promovido a identifica-

[13] Entre os anos 1976 e 1977, Paulo Freire realizou uma série de entrevistas, a maioria em Guiné Bissau. A série de oito diálogos de fitas cassete contém depoimentos de Mário de Andrade, Mário Cabral, Beatriz Cabral e outros sobre Amílcar Cabral. No total, há aproximadamente sete horas de gravação, que estão disponíveis no Memorial Virtual Paulo Freire (CAVALCANTI, AMARAL; MORAES, 2021).

ção entre esses sujeitos "que questionavam e buscavam construir projetos de libertação. Encontros fora da vigilância direta dos colonizadores facilitavam e, como sintoma deste contexto, a clandestinidade era o vetor principal por onde as ideias e práticas poderiam começar a ser gestadas" (Jesus, 2017, p. 23).

Em território africano ou fora, os/as intelectuais combatentes souberam forjar redes que foram cruciais para o enfrentamento individual ou coletivo das forças colonizadoras. No caso das experiências dos angolanos, moçambicanos, cabo-verdianos, santomenses e guineenses, o fato de compartilharem as experiências de colonização portuguesa estimulava-os a pensar projetos de contestação conjunta (Jesus, 2017).

Salienta-se que a "Geração Cabral" defendia que a libertação nacional dimana da educação enquanto possibilidade de ruptura dos mecanismos de assimilação cultural portuguesa, através do "amplo processo de recuperação das matrizes culturais africanas, restaurando elos de conexões exatamente onde foram interrompidos pela alienação colonial. Tal processo foi denominado, reportando palavras de Cabral, de "a reafricanização dos espíritos" (Moniz, 2009, p. 156).

Thierno Bah (2005) nos contempla com uma análise sobre como a tomada de "consciência histórica" dessas lideranças pôde efetivamente impulsionar uma frente de luta que pudesse mobilizar indivíduos e grupos, deixando de lado muitas vezes, vale evidenciar, as suas muitas diferenças, como os pertencimentos étnicos e religiosos. Para ele (2005), Frantz Fanon, Amílcar Cabral e ainda Kwame N'Krumah – político ganense e um dos fundadores do pan-africanismo – são pensadores fundamentais para compreender os dispositivos de luta propostos naquele contexto de colonização. As condições nas quais foram empreendidos os processos de libertação eram as mais desfavoráveis possíveis e, ainda assim, trata-se de uma intensa e sofisticada atividade intelectual direcionada por sujeitos históricos que desejaram uma autonomia no exercício do pensar e do fazer histórico, do devir, ao serviço da causa dos chamados povos dominados.

Segundo Bah (2005), a visão combinada desses líderes compreendia uma desconstrução da historiografia colonial, propondo especialmente um despertar para a unificação africana, pois defendem uma ideologia de luta articulada à exaltação de uma identidade nacional, tendo como ferramenta principal desse processo "o fator cultural", e, ao mesmo tempo, visava elaborar um saber e um discurso que dessem sentido e base às lutas pelas independências em África.

Em 1952, Amílcar regressou à África e, juntamente aos aliados do PAIGC, como vimos, empreendeu a luta pela libertação nacional de Guiné-Bissau e Cabo Verde, recorrendo ao conflito armado para debelar o regime colonialista. Amílcar Cabral foi assassinado em 1973, tornando-se mártir da independência desses dois países.

Romão e Gadotti (2012) refletem sobre a pedagogia de Paulo Freire enquanto revolucionária e descolonizadora, decorrente do diálogo com autores anticoloniais, como Frantz Fanon, e líderes de movimentos independentistas, como Amílcar Cabral. Paulo Freire, ao assessorar vários países em África na implantação de seus sistemas de ensino, mencionou Amílcar Cabral em *Cartas à Guiné-Bissau* (1977) por muitas vezes, dedicando-lhe a obra. Compreendemos que o tema "descolonização das mentes" aparece na produção de Amílcar Cabral como "africanização dos espíritos" e em Paulo Freire como "conscientização", uma vez que

> A libertação política não elimina a presença do colonizador. Ele continua na cultura imposta e introjetada no colonizado. O trabalho educativo pós-colonial se impõe como tarefa de descolonização das mentes e dos corações. Nesses termos, a pedagogia freireana na libertação da África deve ser entendida como um trabalho educativo pós-colonial de superação da ideologia colonial que continua viva na cultura do ex-colonizado. Assim como é necessária a luta social para a descolonização política, também é necessária a luta por uma outra educação, libertada dos traumas coloniais e que consiga descolonizar as mentes (Romão; Gadotti, 2012, p. 101).

Ainda conforme os autores, existem outras convergências entre Freire e Cabral. A primeira é a de que ambos são atores da *práxis*, cujas epistemologias devem ser instrumentalizadoras de intervenção social e compreendem que a nação pós-independência não se liberta plenamente das racionalidades que os colonizadores enraizaram "no solo da consciência dos 'ex-colonizados'". O processo de libertação se dá pela conquista da autonomia do colonizado, que se torna protagonista de sua história. Portanto, defendem o papel revolucionário da educação para a conscientização política: "desta forma, constata-se a importância e a influência recíproca entre Amílcar Cabral, Paulo Freire e seus colaboradores do Partido Africano para a Independência da Guiné e Cabo Verde (PAIGC)" (Reses; Pinel, 2019, p. 68).

De acordo com Miglievich-Ribeiro (2018), Paulo Freire, inspirado por Fanon, divergiu de Amílcar Cabral em único ponto, no tocante à importância da linguagem como instrumento de dominação e libertação. Amílcar defendia o português como a língua da unidade nacional, pois a adoção do crioulo, ou uma das trinta línguas que eram faladas na Guiné-Bissau, poderia isolá-la do cenário político internacional. Mas o educador brasileiro acreditava ser um "paradoxo reafricanizar do povo utilizando a língua que o havia desafricanizado" (Miglievich-Ribeiro, 2018, p. 214).

Em *Frantz Fanon: o brilho do metal* (Instituto Tricontinental de Pesquisa Social, 2020, p. 8), o diálogo de Paulo Freire com teorias anticoloniais fica também evidente, levando em conta o argumento de que Freire desenvolveu o chamado "humanismo radical" depois de ler e compreender a *teoria da práxis anticolonial* fanoniana, quando, numa entrevista na Califórnia, em 1987, afirma ter lido *Os condenados da Terra*: "Eu estava escrevendo *Pedagogia do oprimido*, e estava quase terminando quando li Fanon. Tive que reescrever o livro". Essa influência desembocou no comprometimento de Freire com a restauração da dignidade humana e emancipação dos oprimidos.

Pedagogia do oprimido foi publicado no final daquele ano e, em 1972, foi adotado pela Organização dos Estudantes da África do Sul (SASO, sigla em inglês), formada por Steve Biko, Barney Pityana, Rubin Phillip e outros, em 1968. A começar por Durban, as ideias freireanas tornaram-se centrais para uma forma de ação radicalmente democrática que visava trabalhar em direção à consciência crítica como um projeto compartilhado, em vez de anunciar novas versões do que Marx havia chamado de "abstração dogmática" para o povo (Instituto Tricontinental de Pesquisa Social, 2020, p. 9).

No final dos anos 1970 e 1980, a teoria da *práxis* de Freire, moldada pelo pensamento de Fanon, fora fundamental para as lutas comunitárias na África do Sul, permitindo "o surgimento de algumas das forças sociais mais impressionantes e poderosas do planeta na época, nas quais as pessoas comuns se tornaram protagonistas centrais da luta e na criação de significados, de contrapoder e da história vista pelos de baixo" (Instituto Tricontinental de Pesquisa Social, 2020, p. 9).

Frantz Fanon (1925-1961) nasceu na ilha caribenha de Martinica e foi um pensador revolucionário. Formou-se em Psiquiatria na França e foi membro da frente de libertação nacional da Argélia. Suas ideias se tornaram um manual da prática revolucionária, tanto para o movimento pela conquista dos direitos civis nos Estados Unidos quanto pela luta contra o apartheid na África do Sul. Os movimentos independentistas africanos se apropriaram de sua obra *Os condenados da Terra* (1965), que constrói argumentos de legitimação das lutas anticoloniais – guerrilhas e lutas por independência no continente africano, nos anos 1960 e 1970 do século XX. Nas palavras de Mbembe (2011):

> A África não é apenas o lugar a partir do qual Fanon pensa. É o próprio tema desse pensamento, bem como a sua matéria. E é à África que ele se dirige em primeiro lugar. Foi essa "africanidade" do pensamento de Fanon que, infelizmente, se perdeu de vista, precisamente porque a África terá sido o ponto de partida da sua teoria revolucionária e da sua práxis anticolonial. Sem as suas reflexões sobre a natureza do campesinato, o poder das "massas" ou o potencial revolucionário das classes lumpen, a obra de Amílcar Cabral não teria, sem dúvida, a forma que acabaria por assumir. Nem as trajectórias da luta armada contra o colonialismo português na Guiné-Bissau, em Angola, no Zimbabué e em Moçambique. Em larga medida, as teses do tanzaniano Julius Nyerere sobre um "socialismo africano" cujos atributos fundamentais seriam aldeãos e comunalistas são uma resposta indirecta a Os condenados da terra.

Mbembe reconhece que a circulação do pensamento de Fanon, das Caraíbas para a África, integra "uma rica tradição africana de reflexão crítica sobre os temas adjacentes do advento do sujeito humano, do renascimento da África e do 'descerco' do mundo" (2011). Grosso modo, na perspectiva de Fanon (1987; 2008), o colonialismo é um processo de dominação imperialista eurocêntrica, que se sustenta na desumanização dos sujeitos colonizados que resulta em patologias, na alienação e em traumas de inferioridade, portanto, faz-se necessário o processo inverso de descolonização mental com vistas à afirmação da existência em restauração da humanidade negada, de modo que:

> Para Walsh (2002) a relação entre colonização-desumanização e descolonização-existência-humanização tem ressonância tanto no trabalho de Fanon como em Paulo Freire. Em Freire como em Fanon, o processo de humanização requer ser consciente da possibilidade de existência e atuar responsavelmente e conscientemente sobre – e sempre contra as estruturas e condições sociais que pretendem negar sua possibilidade. A humanização e a libertação individual requerem a humanização e libertação social (Walsh, 2002, p. 33 citado por Pastana, 2017, p. 109-110).

Confluímos com Oliveira, Lima e Santos (2021, p. 416), quando buscam compreender "Paulo Freire, a partir da influência das obras de Frantz Fanon e de Amílcar Cabral, que ele mesmo reconhece em Pedagogia do oprimido, Cartas à Guiné-Bissau e Pedagogia da esperança". Os autores delineiam como pontos de convergência esses três pensadores: a ideia de humanismo radical frente à violência colonial e subjugação racial; a releitura do marxismo realizada sob novos ângulos acerca dos processos de opressão e de revolução para além da teórica luta de classes, materializando a cor e o "rosto" dos oprimidos a partir da *práxis;* a compreensão da racialização como centro das hierarquias sociais e formadora das subjetividades. Nessa trilha, a cultura e a educação são determinantes tanto para a dominação quanto para a libertação dos sujeitos através do desenvolvimento da sua consciência histórica.

Isto posto, a radicalidade pedagógica através da conscientização dos sujeitos de Freire, o humanismo radical de Fanon e a africanização dos espíritos de Cabral promovem o pensamento insurrecto entre os períodos pré e pós-independência das ex-colônias europeias, através da denúncia da opressão, das assimetrias e da desumanização instituídas como espólio do colonialismo. Suas ideias compõem um repertório simbólico militante de reivindicação ontológica com vistas à descolonização das mentes para a superação das relações de dominação, desigualdades e exclusões. A educação é uma prática de liberdade frente às forças colonizadoras que oblitera epistemes críticas e insurgentes.

Gostaríamos de nos atrever e estender a assertiva de Mbembe (2011) de que a África é o próprio tema do pensamento de Fanon, bem como a sua matéria, abraçando também Amílcar Cabral e Paulo Freire. Pois as experiências africanas de luta por sua soberania, contra a opressão racial e pela desconstrução de narrativas alienígenas de inferiorização construídas pelo estrangeiro, isto é, a peleja de longa data pela autogestão, humanização e autoinscrição dos povos colonizados, são a razão do pensamento revolucionário desses três camaradas, que foram tocados por sentimentos dialogados de indignação e de esperança, cuja cumplicidade reside na concepção de mundo e de humanidade, a serem restaurados pela luta, confluência intrépida de seus escritos e das ações humanizadoras, educadoras e insubmissas.

A seguir, dialogaremos com alguns trechos de um livro elaborado pelo PAIGC, publicado em contexto de luta anticolonial e posteriormente adotado na escolarização de cabo-verdianos e guineenses em suas nações independentes.

A perspectiva emancipatória do livro didático do PAIGC

O final da década de 1950 foi marcado pela organização e visibilidade de movimentos de luta pela independência nas colônias portuguesas em África, dentre eles, o PAIGC. Além de Amílcar Cabral, o partido foi fundado por seus conterrâneos cabo-verdianos e guineenses, Aristides Pereira, Fernando Fortes,

Júlio Almeida, Elysée Turpin, Luís Cabral e Abílio Duarte. Vale ressaltar que havia outros movimentos de libertação nesses territórios, porém, o PAIGC é o partido que consegue hegemonia política para dirigir a luta. E segundo a autora bissau-guineense Artemisa Candé Monteiro, a resistência cultural e política contra a ocupação portuguesa na Guiné Bissau foi representada pelo movimento de libertação nacional cuja liderança central é Amílcar Cabral, "engendrando a unificação de todas as etnias dentro das fronteiras, sem distinção cultural, num programa de 'consciência nacional' para a liquidação do colonialismo, criando assim uma contrassociedade à sociedade colonial" (Candé Monteiro, 2013, p. 122).

Apesar de o PAIGC ter definido cuidadosamente os seus objetivos, seus agentes estavam cientes de que o regime colonial articulava meios para minar a luta entre os cabo-verdianos, especialmente, a elite burguesa local. De acordo com o livro didático elaborado pelo PAIGC (1974, p. 53), "o colonialismo português esforça-se por alimentar a desconfiança e o ódio, cultivando os privilégios de casta, o regionalismo, o racismo, para melhor dominar e de explorar todos os africanos". Para Amílcar Cabral (1978, p. 118), "é dessa pequena burguesia que surgem os grupos oportunistas que têm combatido o PAIGC. Grupos de oportunistas que, no primeiro movimento que fizeram, já eram ministro disso e daquilo".

Durante todo o período em que Portugal manteve possessões no país africano, foram ignorados quaisquer conhecimentos produzidos em África antes da chegada dos europeus, a prática do *epistemicídio*, soma-se, desta forma, aos objetivos da "missão civilizadora" portuguesa. Amílcar Cabral é certeiro ao afirmar que

> Toda a educação portuguesa deprecia a cultura e a civilização do africano. As línguas africanas estão proibidas nas escolas. O homem branco é sempre apresentado como um ser superior e o africano como um inferior. As crianças africanas adquirem um complexo de inferioridade ao entrarem na escola primária. Aprendem a temer o homem branco e a terem vergonha de serem africanos. A geografia, a história e a cultura de África não são mencionadas, ou são adulteradas, e a criança é obrigada a estudar a geografia e a história portuguesa (Cabral, 1978, p. 64).

Para Amina Mama (2010, p. 611) "a cultura intelectual africana emergiu da política de libertação". Com o advento das lutas pela libertação nacional, um dos objetivos principais do PAIGC era superar a disfunção educacional causada pelo regime colonialista português em Cabo Verde e Guiné-Bissau. Amílcar Cabral cria um centro de estudos entre 1955 e 1960, visando pesquisar sobre a historiografia africana em oposição ao ensino colonial. Destacamos o trecho em que ele trata sobre a história da África:

> De Cartago ao Zimbábue, de Méroe ao Benin e a Ifé, do Saara ou de Tombuctu a Kilwa, através da imensidão e da diversidade das condições naturais do continente, a cultura dos povos africanos é um fato indesmentível, nas obras de arte como nas tradições orais [...] nas concepções cosmogonias como na música e nas danças [...] no equilíbrio dinâmico das estruturas política e sociais que o homem africano soube criar (Cabral, 1978, p. 321).

Assim, o setor educativo do PAIGC criou o livro didático aqui em diálogo, na tentativa de fornecer aos cabo-verdianos e guineenses uma perspectiva histórica africana e autonomia intelectual. O livro *História da Guiné e das Ilhas de Cabo Verde* (Paigc, 1974) dispõe de 31 capítulos, versando sobre temas gerais, numa tentativa de apresentação de narrativa linear, dando conta de acontecimentos considerados chaves da história do continente. Nas primeiras páginas da obra, de caráter introdutório, as leitoras e os leitores têm a oportunidade de refletir sobre o "objectivo e utilidade da história": "O estudo da história permite-nos saber como viviam os homens que existiram antes de nós. Permite-se verificar os progressos realizados pelo homem e tirar as lições das experiências do passado. Assim, a história é muito útil" (Paigc, 1974, p.13).

Ora, as experiências do passado deveriam ali ser mobilizadoras para um projeto de luta que reintegrava aos povos africanos o direito à humanidade com vistas ao reconhecimento de suas autonomias, legados e aprendizagens. Para isso, criticavam a abordagem tradicional dos "estudos de reis e imperadores", devendo considerar expressivamente "a vida dos povos, os problemas e as dificuldades que tiveram de enfrentar na vida quotidiana" (Paigc, 1974, p. 13). Essa perspectiva coadunava com debates presentes na produção de arte e literatura, imprensa ao longo da primeira metade do século XX por coletivos que se organizaram em território africano, bem como na diáspora, em torno de debates sobre "redescobertas africanas" e retornos aos tempos de prosperidade e autogestão. A poesia "Havemos de Voltar", do poeta e primeiro presidente de Angola, Agostinho Neto, é um registro pulsante desse movimento. Ela foi escrita quando estava preso na Cadeia do Aljube, em outubro de 1960 (Neto, 1985 citado por Jesus, 2013, p. 294):

Às casas, às nossas lavras
às praias, aos nossos campos
havemos de voltar

Às nossas terras
vermelhas do café
brancas de algodão
verdes dos milharais
havemos de voltar

Às nossas minas de diamantes
ouro, cobre, de petróleo
havemos de voltar

Aos nossos rios, nossos lagos
às montanhas, às florestas
havemos de voltar

À frescura da mulemba
às nossas tradições
aos ritmos e às fogueiras
havemos de voltar

À marimba e ao quissange
ao nosso carnaval
havemos de voltar

À bela pátria angolana
nossa terra, nossa mãe
havemos de voltar

Havemos de voltar
À Angola libertada
Angola independente

Essa pauta dos "retornos às fontes" também deveria ser discutida nos partidos políticos, que teriam o compromisso de identificar em meio ao "povo" a base cultural – inspiração das lutas – que criaria, posteriormente, a própria nação (Jesus, 2013).

A ideia de "retornar às fontes" é muito explorada na fala de Cabral e parece significar, em outras palavras, a proposta de criação de uma perspectiva teórica cujo molde é a expressão legítima e sempre existente das resistências culturais dos povos. Embora os colonizadores as tenham oprimido culturalmente durante muito tempo, o movimento de libertação só pôde existir por causa delas (Jesus, 2013).

Para Cabral (1972), reconhecer no povo nativo a dimensão secular de lutas anticoloniais desde a chegada dos invasores estrangeiros era como ir ao encontro de identidades autênticas e mobilizadoras. A partir de tal gesto, esse pensador disputava outros marcadores históricos de sublevação, admitindo que anterior às organizações contemporâneas de lutas partidárias foram constantes os movimentos de repulsa ao colonizador, motivo pelo qual em seu tempo assumia um compromisso geracional. Se nos anos de luta anticolonial muitas pessoas não tinham esse conhecimento, uma das razões era o controle da história, gerando desinformações que serviam aos interesses dos portugueses. No livro de *História do PAIGC*, constata-se que:

> Durante milhares de anos, os povos foram mantidos na ignorância por aqueles que viviam do seu trabalho, que os exploravam: os colonialistas levaram este procedimento ao extremo. Assim, os colonialistas portugueses por exemplo, mantinham na ignorância as populações da Guiné e de Cabo verde; eles tentavam fazer-lhes crer que elas não tinham uma história própria, não tinham passado e que a história começava somente a partir do momento da chegada dos primeiros navegadores portugueses, às costas da África.
>
> Mas hoje em dia, no mundo inteiro, os povos recusam deixar-se explorar e enganar por mais tempo. Na Guiné e Cabo Verde, sob a direção do Partido Africano da Independência da Guiné e Cabo Verde, o povo tomou nas mãos a sua própria orientação, o seu próprio destino. Com as armas na mão, luta contra a barbaridade dos colonialistas. Ele luta para pôr fim à escravatura e à ignorância em que o tinham mantido os colonialistas. Por isso, o povo deve conhecer o seu próprio passado (PAIGC, 1974, p. 13).

Para o historiador afro-americano Henrik Clarke, "os europeus não colonizaram apenas a história, eles colonizaram informações sobre a história"[14] (CLARKE, 1992, p. 35, tradução nossa). A colonização europeia, nesse caso, parte de uma concepção de mundo atravessada por "uma tentativa de submeter o mundo a um regime único e 'universal' de verdade e poder [...], um etnocentrismo armado, institucionalizado e globalizado" (SHOHAT; STAM, 2006, p. 41). De acordo com o historiador guianense Walter Rodney (1975, p. 127):

---

[14] In this initial expansion, the Europeans not only colonized history, they colonized information about history (CLARKE, 1992, p. 35).

> Pode afirmar-se sem reservas que o racismo branco que invadiu o Mundo faz parte integrante do modo de produção capitalista. Não se trata da mera questão de como o branco tratava o negro. O racismo europeu foi um conjunto de generalização e preconceitos sem nenhuma base científica, mas que foram racionalizados em todas as esferas, desde a teologia à biologia.

A partir da leitura do livro criado pelo PAIGC, percebemos o compromisso em explicar o passado, por parte dos produtores, na busca por apresentar a história da África por um olhar não ocidental, explorando alguns temas que o regime colonial se negava a confrontar, como a desnaturalização da colonização. No capítulo "O carácter das resistências africanas", por exemplo, exploram uma narrativa que aponta as invasões, as mentiras, as falsas promessas e o não cumprimento de acordos, como as alianças dos portugueses com alguns chefes africanos que, mais tarde, acabam impondo dominação sobre suas vidas e povos, cobrando impostos e instaurando trabalho forçado. Porém, o que importa mesmo destacar é que:

> Alguns chefes, menos crédulos e mais prevenidos, recusaram-se desde o início a serem auxiliares dos invasores; defendendo a sua própria autoria contra a dos estrangeiros, eles defenderam assim a dignidade africana e obtiveram o apoio popular. Mas a inferioridade em armamento e a sua incapacidade em unirem-se condenaram estas resistências ao fracasso. O movimento de libertação nacional africano da segunda metade do século XX considera, contudo, estes heróis como precursores e presta-lhes uma homenagem meritória (Paigc, 1974, p. 105).

A guerra das narrativas estava declarada há muito tempo em solo africano. Por meio da educação, calcada na formação ou no reconhecimento de novas consciências, era preciso instrumentalizar caminhos de interpretação do passado que pudessem dar ao presente sentidos das lutas em marcha. Na linha de Aimé Césaire (1955), o PAIGC buscou desintegrar a arquitetura discursiva sob a qual os europeus mantiveram durante séculos o colonialismo como um empreendimento positivo para os colonizados, com grandes impactos na consciência histórica dos sujeitos:

> Assim, o regime colonial, em especial o de Portugal, nega, na realidade, aos súbditos coloniais, todo carácter humano, inibe-os de toda a espécie de liberdade e de dignidade: ele recusa-lhes todo o direito a dispor de si próprios e de poderem dirigir os seus próprios assuntos, o direito

> ao tratamento médico, o direito à instrução e ao desenvolvimento da cultura nacional.
>
> Ele dá ao homem colonizado menos importância que aos próprios objectos, pois que estes têm um certo valor e custam caro para os substituir, ao passo que para o colonizador, o trabalho e a vida do colonizado não custam nada e são imediatamente substituídos, caso falhem.
>
> Assim, a colonização pretensamente "civilizadora", da qual a variante portuguesa é uma das mais retrógradas, de facto um dos regimes mais bárbaros e imorais que a humanidade já conheceu (PAIGC, 1974, p. 120).

É importante salientar que esforços contrários às narrativas hegemônicas sobre o continente negro e seus movimentos diaspóricos têm sido feitos ao longo das experiências de colonização, de modo paralelo e em diferentes linguagens, suportes e performances sociais. No que se refere a produções escritas nas últimas décadas, e a título de conhecimento, podemos mencionar Marimba Ani, Yosef Ben-Jochannan, Frances Cress Welsing, Cheikh Anta Diop, Molefi Asante, Ana Manzanas, George G. M. James, Ivan Van Sertima, Nah Dove, Runoko Rashidi, Abdias do Nascimento, entre várias outras e outros que desempenharam um papel fundamental na elaboração de epistemes afro-referenciadas, buscando evitar interferências de um pensamento ocidental, que sistematicamente excluiu ou distorceu as produções culturais e político-econômicas do pensamento africano. Na medida em que tais pensadoras e pensadores denunciam o tribalismo europeu a despeito dos seus desejos de universal, eclodem as estratégias do reconhecimento das soberanias intelectuais encobertas ou das outras que precisavam ser elaboradas em disputa.

Considerações finais

O apagamento da história africana traz resultados nefastos para os africanos. Como disse uma vez Frantz Fanon (2009, p. 30), "a civilização branca, a cultura europeia, impuseram ao negro um desvio existencial". É fundamental, embora não exclusivo, para a formação da sociedade cabo-verdiana/africana o acesso ao conhecimento histórico a partir dos livros em suas escolas, bibliotecas, acervos. A noção de pertencimento e identidade podem ser problematizadas e construídas por meio de referências simbólicas positivadas e afro-referenciadas, com base em articulações e compromissos firmados a partir das entidades educacionais.

Concordamos que a escrita da história fornece subsídios para compreender as interpretações que cada sociedade faz de si e quais mudanças acompanham esses processos. Nesse sentido, um manual escolar deve ponderar a articulação entre a escola e os desafios sociais contemporâneos, por isso exige uma nova postura por parte de profissionais que produzem a escrita das experiências históricas de um lugar, como vimos no livro *História da Guiné e das Ilhas de Cabo Verde*, publicado pelo PAIGC, em 1974.

O trecho da carta do líder Patrice Lumumba à sua esposa, citado no começo deste texto, remonta a um momento em que ele esteve preso no Congo. Dois meses depois de enviar essa carta, o revolucionário congolês, que liderou seu país à independência, foi assassinado, em 17 de janeiro de 1961. Lumumba desejava o fim da colonização e quaisquer resquícios desse regime que explorou, à exaustão, física e mentalmente o povo congolês, assim como os africanos dos demais países que estavam sob jugo colonial dos países europeus. O seu desejo de ver a África escrever sua própria história respinga fortemente naqueles que buscam traçar uma narrativa que contemple o protagonismo africano, livre de inferências eurocêntricas, em oposição às distorções que a colonização europeia fomentou sobre esse imenso continente.

Concordamos com Ki-Zerbo, para quem o amplo e necessário movimento de autoinscrição não se trata apenas da construção de uma "história-revanche, que relançaria a história colonialista como um bumerangue contra seus autores, mas de mudar a perspectiva e ressuscitar imagens *esquecidas* ou perdidas" (Ki-Zerbo, 2010, p. 32, grifo do autor). Se os povos africanos tinham suas próprias formas de lidar, ver, narrar, experimentar e criar mundos, foi a partir da experiência colonial que novos discursos muito específicos sobre as tradições e culturas africanas foram desenhados e largamente propagados em seus dispositivos de produção, propagação e salvaguarda de conhecimentos. Trata-se da estrutura de um "projeto de metamorfose planejada, a um grande custo intelectual, por textos ideológicos e teóricos que desde o último quartel do século XIX até década de 1950 propuseram programas para 'regenerar' o espaço africano e os seus habitantes" (Mudimbe, 2019, p. 18). As formas de manutenção do referido projeto seguem sendo atualizadas em diferentes contextos e cartografias políticas. Neste texto, vimos que em todas as épocas sempre houve reação, concorrência e defesa de soberanias.

Referências

ANTONACCI, M. A. M. Prefácio. In: MONIZ, E. A. *Africanidades versus europeísmos*: pelejas culturais e educacionais em Cabo Verde. Praia: Instituto da Biblioteca Nacional e do Livro (IBNL), 2009.

BARROS, V. A escrita da história da descoberta de Cabo Verde. Fabulário cronográfico, história oficial ou fabricação do consentimento? *Práticas da História*, [s.l.], n. 5, p. 75-113, 2017.

CABRAL, A. L. *Arma da teoria*: Unidade e Luta. Lisboa: Seara Nova, 1978.

CABRAL, A. L. *Guiné-Bissau, nação africana forjada na luta*. Lisboa: Nova Aurora, 1974.

CABRAL, A. L. *Liberação Nacional e Cultura*. Syracuse University, 1970.

CABRAL, A. L. O papel da cultura na luta pela independência. In: *Textos Políticos de Amílcar Cabral*. Lisboa: Distribuidora Livraria Ler, 1972.

CANDÉ MONTEIRO, A. O. *Guiné-Bissau: da luta armada à construção do Estado-nação-conexões entre o discurso de unidade nacional e diversidade étnica (1959-1994)*. UFBA, 2013. Tese (Doutorado em Ciências Sociais) – Programa de Pós-Graduação em Ciências Sociais, Universidade Federal da Bahia, Bahia, 2013.

CAVALCANTI, A. P.; AMARAL, M. C. M.; MORAES, S. S. M. A prática educativa de Amílcar Cabral no processo de descolonização: diálogos de Freire em África. *Rev. Ed. Popular*, Uberlândia, Edição Especial, p. 308-331, set. 2021.

CLARKE, H. J. *Christopher Columbus and the Afrikan Holocaust: Slavery and the Rise of European Capitalism*. Brooklyn: A & B Books, 1992.

COELHO, E. P. *Paulo Freire: Uma educação à distância - Cartas à Guiné-Bissau*. Painéis Dialógicos - Painel H - Expas. de Interv. em Educação, In: IV Encontro Internacional do Fórum Paulo Freire, Porto, Portugal, 2004, p. 1-4. Disponível em: https://acervoapi.paulofreire.org/. Acesso em: 10 out. 2023.

FAIRCLOUGH, N. *Discourse and Social Change*. Cambridge: Polity Press, 1992.

FANON, F. *Em defesa da revolução africana*. Lisboa: Sá da Costa, 1969.

FANON, F. *Os condenados da terra*. 2. ed. Rio de Janeiro: Civilização Brasileira, 1979.

FANON, F. *Pele negra, máscaras brancas*. Salvador: Edufba, 2008.

FREIRE, P. *Pedagogia do oprimido*. 17. ed. Rio de Janeiro: Paz e Terra, 1987.

FREIRE, P. *Cartas à Guiné-Bissau*: *registros de uma experiência em Processo*. 2.ed. Rio de Janeiro: Paz e Terra, 1978.

GADOTTI, M.; ROMÃO, J. E. *Paulo Freire e Amílcar Cabral*: *a descolonização das mentes*. São Paulo: Instituto Paulo Freire, 2012.

GOMES, F. F. *Pan-africanismo, historiografia e educação*: *experiências em Cabo Verde e no Brasil*. Fortaleza, UFC: 2014. Dissertação (Mestrado em Educação) –

Programa de Pós-graduação em Educação Brasileira, Universidade Federal do Ceará, Fortaleza, 2014.

INSTITUTO TRICONTINENTAL DE PESQUISA SOCIAL. *Frantz Fanon*: o brilho do metal. Dossiê n. 26, mar. 2020. Disponível em https://thetricontinental.org/pt-pt/brasil/frantz-fanon-o-brilho-do-metal/. Acesso em: 17 ago. 2023.

JESUS, L. S. B. de. Amílcar Cabral, Frantz Fanon, Joseph Ki-Zerbo, Viriato da Cruz, W. Du Bois: memórias das lutas anticoloniais pelas independências e unidades africanas em Mário de Andrade. *Revista Eixo*, Brasília, v. 6, n. 2, p. 21-29, nov. 2017.

JESUS, L. S. B. de. *Imagens de Angola, Imagens da memória*: cinemas, marcas e descobertas (tempos das lutas anticoloniais, tempos das independências). UnB, 2013. Tese (Doutorado em História) – Programa de Pós-Graduação em História, Universidade de Brasília, Brasília, 2013.

KI-ZERBO, Joseph. Os métodos Interdisciplinares para estudos da África. In: *História geral da África volume 1: metodologia e pré-história da África*. Brasília: UNESCO, 2010.

LOPES, José Vicente. *Cabo Verde: os bastidores da independência*. Praia: Spleen, 2013.

MAMA, A. Será ético estudar a África? Considerações preliminares sobre pesquisa acadêmica e liberdade. In: SANTOS, B. de S; MENESES, M. P. (Orgs.). *Epistemologias do Sul*. São Paulo: Cortez, 2010. p. 603-637.

MBEMBE, A. *Sair da grande noite*: *ensaio sobre a África descolonizada*. São Paulo: Vozes, 2019.

MBEMBE, A. *A universalidade de Frantz Fanon*. Cidade do Cabo (África do Sul), 2 set. de 2011.

MIGLIEVICH-RIBEIRO, A. Encontros entre Paulo Freire e Amílcar Cabral: a Crítica Pós-colonial e Decolonial em Ato. *Revista Brasileira de Sociologia*, Porto Alegre, v. 6, n. 14, p. 201-221, set./dez. 2018.

MORGADO, J. C. *Manuais Escolares. Contributo para uma análise*. Porto: Porto Ed., 2004.

MONIZ, E. A. *Africanidades versus europeísmos*: *pelejas culturais e educacionais em Cabo Verde*. Praia: Instituto da Biblioteca Nacional e do Livro (IBNL), 2009.

MONIZ, E. A. Percalços do ensino colonial em Cabo Verde: século XVI aos anos 40 do século XX. *Revista e-Curriculum*, São Paulo, v. 3, n. 1, dez. 2007. Disponível em https://revistas.pucsp.br/index.php/curriculum/article/view/3199. Acesso em 11 de jun. 2022.

MOURA, A. F. O sistema educativo cabo-verdiano nas suas coordenadas sócio-históricas. *Rev. bras. hist. educ.*, Maringá, v. 16, n. 1 (40), p. 79-109, jan./abr. 2016

MUDIMBE, V.-Y. *A invenção da África*: Gnose, filosofia e a ordem do conhecimento. Petrópolis: Vozes. 2019.

OLIVA, A. *Lições sobre a África: colonialismo e racismo nas representações sobre a África e os africanos nos manuais escolares de história em Portugal (1990-2005)*. Curitiba: Appris. 2020.

OLIVEIRA, L.; LIMA, F.; SANTOS, A. Paulo Freire em diálogo com Frantz Fanon e Amílcar Cabral: racialismo, subjetividade e educação. *Ensino, Saúde e Ambiente*, Niterói, v. 14, n. esp., p. 410-426, dez. 2021.

PAIGC. *História da Guiné e Ilhas de Cabo Verde*. Porto: Afrontamento, 1974.

PASTANA, M. A. Freire e Frantz Fanon: diálogos sobre pedagogia decolonial e educação popular. In: OLIVEIRA, I. A. de; SOUZA, S. F. de (Orgs.). *Diferentes olhares epistemológicos sobre a educação*. Belém: CCSE-UEPA, 2017. p. 100-112.

RESES, E. da S.; PINEL, W. R. A Pedagogia da Correspondência e a influência da viagem à Guiné-Bissau na obra de Paulo Freire. *Sintidus*, Bissau, n. 2, p. 59-71, 2019.

RODNEY, W. *Como a Europa subdesenvolveu a África*. Lisboa: Seara Nova, 1975.

SILVA, H. Os Rabelados de Cabo Verde, um "quilombo" africano. *Iluminuras*, Porto Alegre, v. 17, n. 41, p. 340-358, jan./jun., 2016.

SHOHAT, E.; STAM, R. *Crítica da Imagem Eurocêntrica: multiculturalismo e representação*. Tradução de Marcos Soares. São Paulo: Cosac Naify, 2006.

TROUILLOT, M.-R. *Silenciando o passado: poder e a produção da história*. Tradução de Sebastião Nascimento. Curitiba: Huya, 2016.

VARELA, F. M. Paulo Freire na África: contribuição político-pedagógica na formação de educadores de adultos em Cabo Verde. *Ideação*, [s.l.], v. 23, n. 1, p. 129-140, 2021.

Os reflexos das ambivalências político-identitárias na política externa cabo-verdiana: entre a retórica de *Djam Branku Dja* e o pragmatismo de *Undi Da Ki Panha*[1]

Odair Barros-Varela

Este trabalho, de índole ensaística, insere-se num projeto de investigação iniciado há cerca de uma década que visa, essencialmente, analisar as (des) continuidades coloniais[2] nas Relações Internacionais africanas, particularmente a cabo-verdiana, visando contribuir para a tessitura de alguns caminhos para a descolonialidade dessas Relações.[3] Concretamente, pretende-se atestar a hipótese de que a Política Externa cabo-verdiana, desde a independência do país em 1975 até a data deste texto, tem sido marcada por ambivalências político-identitárias derivadas, em grande medida, da sua condição de ex-colónia portuguesa e europeia, e que as consequências nocivas dessas ambivalências

---

[1] A primeira apresentação deste tema com o título "A Política Externa cabo-verdiana. Entre a retórica de *Djam Branku Dja* e o pragmatismo de *Undi Da Ki Panha* ocorreu na 2ª edição do Seminário Internacional Tecendo Redes Antirracistas África(s), Brasi(s), Portugal, que teve lugar na Escola de Negócios e Governação (ENG) da Universidade de Cabo Verde (Uni-CV) entre 27 e 28 de junho de 2019.

[2] Não sendo este o lugar para um olhar conceptual sobre os "estudos pós-coloniais", "pós-colonialismos", "colonialidade", "descolonialidade" ou "contracolonialidade" em África, nomeadamente em Cabo Verde, cf., entre outros, Barros-Varela (2017; 2018). No que concerne à área disciplinar das Relações Internacionais, uma das obras pioneiras no objectivo de expor as continuidades coloniais e eurocêntricas no paradigma dominante dessa ciência constitui o *Decolonizing International Relations* (JONES, 2006).

[3] O pontapé de saída simbólico do projeto ocorreu a 25 de abril de 2011 com a organização da conferência intitulada "As Relações Externas de Cabo Verde. A Ambivalência Prática e Discursiva" ocorrida no Instituto Superior de Ciências Jurídicas e Sociais (ISCJS) de Cabo Verde, na qualidade de então coordenador científico do curso de licenciatura em Relações Internacionais e Diplomacia. Em 2014, em parceria com os colegas Suzano Costa e José Delgado, editou-se o livro As Relações Externas de Cabo Verde. (Re)leituras Contemporâneas, que constituiu mais um passo na consolidação do dito projeto.

não têm sido suficientemente enfrentadas por consequentes políticas públicas do Estado mediante os subsídios da comunidade científica local.

Os paradoxos na política externa do país-arquipélago que irão ser alvo de análise neste trabalho centram-se na persistência de uma retórica identitária de pendor eurocêntrico que apelidamos de *Djam Branku Dja* ("já virei branco")[4] e, simultaneamente, de um pragmatismo político circunstancial que é chamado de *Undi Da Ki Panha* ("aonde der é para apanhar")[5]. De seguida, iremos apresentar as razões para a utilização dessas expressões populares da língua cabo-verdiana como imagens, ou metáforas, para caracterizar a postura *ondulante* da política externa cabo-verdiana e, em simultâneo, procuraremos apontar alguns trilhos que podem conduzir à descolonialidade dessa política.

A retórica de *Djam Branku Dja*. Raízes e continuidades

O racismo constitui um dos poderosos legados culturais do colonialismo europeu e continua a corroer fortemente o tecido social africano, sendo que Cabo Verde não foge à regra na medida em que essa herança tem também um carácter estrutural e institucional. Conceptualmente, esse carácter constitui nitidamente uma das supremas manifestações de resistência contra a mudança nas relações de poder profundamente desiguais. Após a independência, a persistência da utilização da expressão *djam branku dja* constitui um dos exemplos paradigmáticos da forma como a *branquitude* opera o eurocentrismo nas ilhas. Em outras latitudes, como no Brasil (Cardoso, 2010; Cardoso; Müller, 2018), apesar de ter sido também uma colónia portuguesa, a branquitude opera essencialmente a partir do carácter fenotípico e comporta uma dimensão marcadamente racial, situação explicada grandemente pelo facto de que a independência, tal como em outras ex-colónias europeias na América Latina, foi atribuída aos brancos e não à maioria da população negra e ameríndia.[6] Já em Cabo Verde, tal como noutras ex-colónias europeias em África, em que a independência foi conquistada pelos colonizados, a branquitude opera de forma ambivalente: tanto tem um carácter fenotípico e uma dimensão racial como também tem um traço político, social e económico. No que concerne à primeira característica, ela é

---

4 Tradução do autor.

5 Tradução do autor.

6 Para uma discussão seminal sobre o preconceito racial no Brasil cf. também Nogueira (2006). Para um olhar contemporâneo cf., entre outros, Garcia (2007).

sobretudo encontrada na racialização feita aos imigrantes africanos residentes nas ilhas (Barros-Varela, 2014; Rocha, 2017) por parte dos cabo-verdianos sem distinção de carácter social, económica ou política, enquanto que o segundo traço é particularmente encontrado em grupos políticos, económicos e sociais (elite), em função da divisão de uma coleção de atributos efetivos ou ideados.

É possível afirmar que, após a independência e até o presente momento, a sociedade cabo-verdiana em geral e a elite intelectual local praticamente não têm problematizado ou questionado profundamente os actuais sentidos da expressão *djam branku dja*. Isso faz com que ela seja, no geral, considerada inócua e que, no máximo, remeta metaforicamente para a condição dos negros cabo-verdianos que, durante o período colonial e da vigência da sociedade escravocrata, se elevavam na hierarquia social (mediante a aquisição de liberdade e de património – geralmente terra – comprado ou herdado), alcançando a categoria dos chamados "brancos de terra".

Realmente, e historicamente, a génese da expressão *djam branku dja* poderá residir num grupo apelidado de "brancos da terra" no período colonial. De acordo com João Figueirôa-Rêgo (2015):

> O primeiro traço da ambivalência identitária, presente no designativo eufemístico "brancos da terra", poderá ter surgido ainda em meados do século XVII, visando os membros da elite endógena cabo-verdiana, denominados dessa forma apesar de serem na sua maioria "pardos e pretos". Em Santiago, nos séculos XVII e XVIII, não indicava a cor da pele, mas a posição social, ser-se honrado, proprietário de terras e de escravos, com rendas provenientes da exploração agrícola, elegível para a câmara e mesa da Misericórdia, pertença às elites locais [...]. A designação "branco" raramente teria um carácter fenotípico, antes social e económico, enquanto atributo de pertença a um grupo social, em função da partilha de um conjunto de características reais ou imaginadas, pelo que não comportaria uma dimensão exclusiva ou maioritariamente racial.[7]

[7] "[...] em S. Tomé e Príncipe conferia elegibilidade também para o cabido catedralício. Era a necessidade crescente de branquear origens crioulas, mestiças e mulatice para provisão de cargos e ofícios. Na Bahia, os brancos da terra, mestiços e 'morenos', podiam ser tão escuros quanto os seus escravos negros. Em carta enviada ao rei, o ouvidor José da Costa Ribeiro (16.04.1731) notou que os 'brancos' da terra 'propriamente sejam mulatos, e muitos pretos'. Em Angola, configuraria a visão do vulgo e estratégias de afirmação social de parentelas 'pardas'. Em Moçambique, a miscigenação originara uma elite mestiça, assim designada, tanto pelos negros quanto pelos europeus. Ali, antes de 1890, surgiam nos recenseamentos como brancos, mas, a partir de uma portaria provincial de 1917, aparecem como pertencentes à raça negra" (FIGUEIRÔA-RÊGO, 2015).

Contudo, como se pode observar, se eventualmente a posição do autor se aplica ao período colonial, presentemente a continuidade da aplicação dessa visão para caracterizar a branquitude vigente – incorporada na expressão *djam branku dja* – seria incompleta ou limitadora na medida em que oblitera a outra face da mesma que, como já foi referido, constitui o seu carácter fenotípico e a dimensão racial.

A ausência de problematização académica endógena sobre a branquitude em Cabo Verde é evidenciada na forma como esta opera o eurocentrismo no campo de produção de conhecimentos, consubstanciando-se no que Aníbal Quijano (1992) apelida de "colonialidade do saber", ou seja, essa colonialidade é um dos mecanismos pelo qual, concretamente, é defendida a identidade cultural europeia e lusófona de Cabo Verde (Barros-Varela, 2008). Essa branquitude é imposta, consumida e reproduzida pela incipiente academia de diversas formas: referências teóricas, metodologias, línguas e linguagens, currículos, etc. (2008).

A essa herança colonial, em que a maioria dos intelectuais cabo-verdianos se encontra mergulhada, chamamos de *dupla insularidade*: a primeira é obviamente geográfica – devido às ilhas fisicamente espalhadas no atlântico africano –, a outra é uma insularidade que o intelectual considera "intolerável": a sua condição de negro/mestiço. Muitos desses intelectuais não se comprazem na sua insularidade ontológica, e

> [...] [p]ara ele[s] só existe uma porta de saída e ela dá para o mundo branco. Daí a preocupação permanente de atrair a atenção do Branco, a ansiedade de ser poderoso como o Branco, a vontade determinada de adquirir as propriedades de revestimento, isto é, a parte de ser ou de ter que entra na constituição de um eu. [...] [É] pelo interior que o Negro vai tentar atingir o santuário branco. A atitude reenvia à intenção (Fanon, 1975, p. 64).

A música constitui, juntamente com as estórias orais, um dos poucos espaços de produção de conhecimentos em Cabo Verde em que é possível encontrar retratos desta mentalidade colonial que se pode apelidar de *djam branku dja*. O conjunto musical denominado Bulimundo – que na década de 1980 do século passado revolucionou o Funaná, um dos géneros musicais mais conhecidos do país – chegou mesmo a intitular o seu primeiro álbum, em 1978, com uma melodia denominada "Djam Brancu Dja".

Figura 1 - Imagem da capa do disco

Fonte: Álbum *Djam Brancu Dja*, 1978.

Na letra da música é possível vislumbrar uma crítica subtil ao modo de "ser" imperante na sociedade cabo-verdiana, nomeadamente à forma como a referida mentalidade transforma os seus elementos em sujeitos simultaneamente cínicos e subservientes:

> N'ta kontra ku bó na rua n'ta mostrabu nha dentona,
> N'ta xinta n'ta ri ku bó, bu ta pensa ma mi é bu amigu;
> La di riba na nha trabadju, chefi grandi gosta di mi,
> Di serbenti n'bira kapataz, kapataz bira serbenti;
> Nha korpu sta bem dispostu, nha barriguinha dja bira grandi,
> La na casa ka tem problema, nha minis sta tudu gordinhu;
> **Refrão:**
> Oi, oi, oi, oi, mundu sta pa bó, oi, oi, oi oi, djam branku dja,
> Oi, oi, oi, oi, mundu sta pa bó, oi, oi, oi oi, djam branku dja!
>
> Si bu kre ser sima mi, si bu kre sabi nha segredu,
> Bu fala ku mantegueru, bu fala ku ngraxador;
> Na mon esquerda n'tem lata graxa, na mon direita n'ten skova finu,
> Na ponta bota sim sinhor, konbersu sabi na trabesadu[8]
> (Fonte: Álbum *Djam Brancu Dja*, Letra e música de Alberto Martins, "Katchas").

---

[8] Escrita na língua cabo-verdiana efetuada pelo autor. Segue a tradução feita por ele em português: *"Encontro-me contigo na rua e te mostro os meus dentões, eu sento-me e me rio contigo, ficas a pensar que sou teu amigo; Lá em cima no meu trabalho, o grande*

Entrando mais concretamente na análise da retórica de *djam branku dja* presente na política externa cabo-verdiana, pode-se afirmar que as raízes da influência dessa retórica, ou pensamento, remontam ao período colonial, mais particularmente à reivindicação da elite intelectual local colonial das ilhas por um regime especial, o *estatuto de Adjacência,* à então metrópole, à semelhança de Açores e Madeira, com o argumento de que o arquipélago detinha o direito a uma identidade cultural autónoma devido à sua alegada performance administrativa e educacional em comparação com as demais ilhas africanas.

A possibilidade de Adjacência para Cabo Verde foi uma iniciativa do Bernardo de Sá Nogueira de Figueiredo em 1936, conhecido por Sá da Bandeira[9] a partir de 1833, na sequência da Guerra Civil Portuguesa, conhecida por Guerras Liberais (1832-34), e que tinha o apoio de um grupo de intelectuais locais apelidados de *nativistas*. Contudo, a proposta do então abolicionista Sá da Bandeira de que Cabo Verde tivesse um estatuto (diferenciado) de "distrito administrativo" foi rejeitada pela coroa em nome do princípio de unidade e centralização do poder, embora, efetivamente, o ignorar dessa defesa tenha sido por questões financeiras, ou seja, o reino não estaria disposto a financiar os custos ou investimentos que tal operação acarretaria.

A rejeição da Adjacência sofrida pela elite local confirmou que a coroa não olhava para as ilhas de Cabo Verde da mesma forma que para Açores e Madeira, que foram alvos de substanciais financiamentos pelo facto de estas serem consideradas espaços de povoamento com uma população maioritariamente branca e portuguesa ao contrário de Cabo Verde, enquadrado como colónia de exploração albergando uma população esmagadoramente negra e mestiça.

---

chefe gosta de mim, de servente virei capataz, o capataz virou servente; O meu corpo está bem-disposto, a minha barriguinha está crescendo, lá em casa não há problema, os meus meninos estão todos gordinhos; Oi, oi, oi, oi, o mundo está para ti, oi oi oi oi, agora já sou branco; Oi, oi, oi, oi, o mundo está para ti, oi oi oi oi, agora já sou branco!; Se queres ser como eu, se queres saber o meu segredo, fala com o manteigueiro, fala com o engraxador; Na mão esquerda tenho uma lata de graxa, na mão direita uma escova fina, na ponta da bota sim senhor, uma boa conversa enganadora".

9 É na função de presidente do Conselho de Ministros (primeiro-ministro) que Sá da Bandeira assina o decreto régio em abril de 1858, que eleva a Vila de Santa Maria à categoria de cidade, Cidade da Praia em Cabo Verde; assina actos e diplomas que incidem sobre reformas do ensino público nas ilhas, que se traduz, por exemplo, na criação do Seminário-Liceu da ilha de São Nicolau em 1865; e em 1869 assina o decreto que institui em todas as partes do império português a abolição da escravatura. A cidade do Mindelo na ilha de São Vicente alberga um busto de Sá da Bandeira.

Todavia, essa não foi a primeira derrota que a elite local sofreu na sua pretensão de driblar a condição de cidadãos de segunda classe do império português, procurando sobreviver às duras condições de existência no arquipélago. Historicamente, a primeira tentativa constituiu a pretensão de alcançar a independência de Cabo Verde juntamente com o Brasil no século XIX e que, obviamente, não teve prossecução.

Essa iniciativa surge na sequência da ação de "pilhagem" das chamadas "companhias pombalinas" e do crescente declínio e abandono das ilhas, fazendo com que a atrelagem à metrópole, Portugal, fosse posta em causa pelos ilhéus, que, buscando outro espaço de ancoragem, cogitaram em 1823 a independência do arquipélago em associação com o Brasil, independente um ano antes. As ideias de uma união com esse país emergiram em grande medida, das notícias e das cartas que chegavam à ilha de Santiago provenientes de "Pernambuco, Baia e Maranhão, descrevendo 'o estado de agitação daqueles povos' que lutavam pela independência" (Barros-Varela, 2013).[10]

A possibilidade de Adjacência nunca foi esquecida pela elite burocrática autóctone e a luta pelo estatuto de "ilhas adjacentes" persiste até a década de 1930 do século XX, sendo que, em 1930, Baltasar Lopes da Silva era um dos que ainda acreditava na conquista do estatuto de não colónia, com soluções legislativas específicas, para as ilhas de Cabo Verde. Contudo, Lopes da Silva acaba por romper com essa pretensão antes da fundação, em 1934, da revista *Claridade* (Lopes, 2017).

Se esse intelectual faz parte daqueles que romperam com o projeto de Adjacência, apesar de não fazer parte da chamada "geração de Cabral" e nem ter integrado mais tarde as fileiras da luta pela libertação sob a égide do Partido Africano para a Independência da Guiné e Cabo Verde (PAIGC), outros integrantes da elite autóctone mantiveram-se partidários do projeto. Um dos mais conhecidos foi o primeiro deputado por Cabo Verde à Assembleia Nacional Portuguesa, Adriano Duarte Silva (1898-1961) que, por exemplo, a 29 de outubro de 1958 defendeu nessa Assembleia a integração do arquipélago no conjunto das ilhas adjacentes portuguesas (Saial, 2018).

---

[10] Já alguns anos antes, no final do século XVIII, a Coroa portuguesa, na sequência do desmantelamento, em 1789, da chamada "Inconfidência Mineira" – uma tentativa separatista da Capitania de Minas Gerais no Brasil –, tinha deportado para Cabo Verde alguns revoltosos brasileiros, nomeadamente o Domingos Vidal Barbosa e José Resende da Costa, companheiros de Joaquim José da Silva Xavier, mais conhecido por "Tiradentes", mártir da dita Inconfidência (MARTINS, 1933, p. 172).

Esses defensores da Adjacência não estavam isolados e tiveram como suporte ideológico o pensamento de algumas altas figuras do Estado Novo. Em primeiro lugar, destaca-se o caso do antigo ministro do Ultramar, Adriano Moreira, que em 1962 defendeu essa possibilidade, entretanto frustrada devido à sua saída do governo de Salazar em 1963, depois de ter entrado em 1961.[11] Outra figura de relevo foi a de José Caeiro da Mata, antigo ministro de Negócios Estrangeiros (1947-1950) do mesmo governo e que, alegadamente, numa edição de 8 de novembro de 1958 do Boletim Económico no *Diário Popular* assinou um artigo intitulado "Cabo Verde, ilhas adjacentes", em que defende a inclusão do arquipélago de Cabo Verde nas Ilhas Adjacentes, juntamente com Madeira e dos Açores (Mata, 1958).[12] Tendo em consideração o contexto geopolítico mundial da altura, as ondas de independências em África e o surgimento do PAIGC, as posições de Moreira e Da Mata procuravam enquadrar-se na estratégia do governo colonial-fascista de Salazar, e mais tarde de Marcello Caetano, de prevenir a perda das colónias portuguesas em África mediante uma política de recolonização e, no caso cabo-verdiano, esta foi apelidada de Adjacência.

Gorada a possibilidade de Adjacência com a independência das ilhas, a retórica de *djam branku dja* presente na política externa cabo-verdiana após 1975, que tem como sucedâneos a retórica ocidental e lusófona de "desenvolvimento" e "modernização", irá marginalizar grandemente a narrativa da integração do Estado na região da África Ocidental, particularmente na Comunidade dos Estados da África Ocidental (CEDEAO) e a nível continental na União Africana (UA), que, com raras exceções, como a importante participação e

---

[11] Enquanto ministro do Ultramar, Adriano José Alves Moreira foi o responsável pela instituição de um "campo de trabalho" em Chão Bom no Tarrafal, na ilha de Santiago em Cabo Verde, através da Portaria n.º 18539, de 17 de junho de 1961, no âmbito dos artigos 4.º e 5.º do Decreto n.º 43600, de 14 de abril de 1961. Tendo em conta esse facto, quando Moreira foi agraciado com o título de Doutor *Honoris Causa* pela Universidade de Mindelo de Cabo Verde a 10 de dezembro de 2011 – curiosamente Dia Internacional dos Direitos Humanos –, a associação Cabo-Verdiana de Ex-Presos Políticos (ACEP) considerou essa atribuição um insulto à memória dos presos políticos do antigo Campo de Concentração (LUSA, 2011).

[12] De acordo com uma crónica intitulada "Adjacência para Cabo Verde, a Miragem Perseguida", assinada por Joaquim Saial e publicada no blog *Praia de Bote*, "este político passou em janeiro de 1951 por São Vicente, a bordo do vapor 'Serpa Pinto', em viagem para o Rio de Janeiro, na qualidade de embaixador especial à posse do Presidente da República Getúlio Vargas. Percorreu o Mindelo, recebeu os cumprimentos de diversas entidades oficiais e foi homenageado no salão nobre da Câmara Municipal, onde bebeu uma taça de champanhe e lhe prestaram as cortesias da praxe" (SAIAL, 2018).

contribuição da diplomacia do país para o processo de paz na África Austral sob a batuta do então presidente da República Aristides Pereira (Cardoso, 1986; Barros-Varela, 2006), se quedou em tímidas participações nas cimeiras regionais.[13] A hegemonia da retórica de *djam branku dja* culminará na assinatura do Acordo de Parceria Especial com a União Europeia (UE) em 2007.

Efetivamente, o *djam branku dja* constitui o sinónimo de "parceria especial", ou "estatuto especial", vigorosamente defendida pela actual elite política e intelectual cabo-verdiana em relação à UE, e que culminou na assinatura do referido acordo e de outros subsequentes.

O processo que desembocou na assinatura do Acordo demonstra como o sonho da Adjacência de algumas figuras ligadas à ex-metrópole, com beneplácito de elementos da elite política do arquipélago, vai ser travestido na defesa da aproximação de Cabo Verde à UE, mediante a tutela de Portugal. Um passo distintivo constituiu a realização de uma petição apresentada na Sociedade de Geografia de Lisboa a 16 de março de 2005, em que o ex-chefe de Estado português Mário Soares e o então presidente da Academia Internacional da Cultura Portuguesa e o já referenciado antigo ministro do Ultramar, Adriano Moreira, defenderam a plena adesão de Cabo Verde à EU. O documento, assinado por outras destacadas figuras da sociedade portuguesa, como o antigo presidente da Assembleia da República Almeida Santos, também foi apoiado a título pessoal pelo então ministro dos Negócios Estrangeiros do governo socialista liderado por José Sócrates, Freitas do Amaral (Lusa, 2005).

Alguns extratos da petição atestam a continuidade do carácter eurocêntrico e colonial, na sua versão lusotropicalista, da visão sobre Cabo Verde por parte dos seus autores e subscritores, fazendo tábua rasa das consequências negativas do violento encontro colonial para os africanos escravizados que foram transportados para as ilhas a partir de 1460:

> "Todas as circunstâncias históricas, presentes e de projecto de futuro, que definem a identidade de Cabo Verde, aconselham que se iniciem negociações entre a União Europeia e Cabo Verde no sentido de este aderir à União Europeia". [...] "O alargamento da União Europeia não pode ignorar a dimensão Atlântica", nomeadamente o Atlântico Sul, onde Cabo Verde "interessa à Europa não apenas pela valência da segurança e defesa, mas também (...) por ser a melhor expressão das sínteses

---

[13] Para um olhar abrangente sobre as relações externas de Cabo Verde na contemporaneidade cf., entre outros, Barros-Varela, Costa e Delgado (2014).

culturais que a experiência euromundista produziu". [...] "os padrões culturais europeus estão implantados como componente essencial da identidade" cabo-verdiana, tornando o país "uma plataforma de valor excepcional para a relação Euro-africana" (Lusa, 2005).

Um dos integrantes da elite política e intelectual cabo-verdiana que apoiou a realização da petição foi o próprio primeiro-ministro da época, que, numa viagem a Portugal a 6 de maio de 2005, anunciou que Cabo Verde poderia apresentar uma proposta formal de adesão à União Europeia (UE) nesse mesmo ano. Em declarações à imprensa local, o governante afirmou na altura que o seu governo está a "consensualizar essa ideia e a garantir apoios a nível da Europa para avançar com um pedido de negociações. [...] Queremos ir o mais longe possível. Queremos elevar o patamar e isso é algo estratégico para o futuro de Cabo Verde, mas também para o futuro da Europa" (Cabo Verde..., 2005).[14]

Essa ofensiva por parte de alguns elementos da *intelligentsia* e da diplomacia portuguesa no apoio à pretensão de Cabo Verde de ter um estatuto especial junto da UE, e que desembocou na adoção do acordo de Parceria Especial, não esteve imbuída de um espírito de alegada "irmandade", como deixa transparecer a aludida petição, mas sim insere-se na estratégia diplomática portuguesa de estabelecer Portugal como o porta-voz, ou interlocutor privilegiado, de suas ex-colónias africanas junto da UE, visando a obtenção de recursos diplomáticos e financeiros junto desta organização. Ou seja, tal ofensiva esteve sim imbuída de uma racionalidade de economia política, de inspiração realista, cosmetizada com uma retórica lusotropicalista. Prova disso é o facto de a Delegação da União Europeia em Cabo Verde ter vindo a ser liderada por embaixadores oriundos de Portugal desde junho de 2008, altura em que voltou a ser uma Delegação independente, na sequência da assinatura do acordo de Parceria Especial. Outra evidência constitui o facto de Portugal, no âmbito do Acordo de Schengen, também gerir o Centro Comum de Vistos (CCV) em Cabo Verde, um dos projetos financiados no âmbito da Parceria Para a Mobilidade assinado em 2008, tratando dos pedidos do visto em nome de quinze Estados membros da UE.[15]

---

[14] É de realçar o facto de que, alguns anos depois, em 2011, irá ser o mesmo primeiro-ministro de Cabo Verde a "apadrinhar" o referido doutoramento Honoris Causa atribuído a Adriano Moreira em Cabo Verde.

[15] https://www.eeas.europa.eu/cabo-verde/uniao-europeia-e-cabo-verde_pti?s=134 (recuperado a 01 de outubro, 2023).

Essa parceria, que inclui dois acordos em vigor sobre a "facilitação da emissão de vistos de curta duração para os cidadãos da República de Cabo Verde e da UE" e a "readmissão de pessoas que residem sem autorização na UE", tem sido amplamente criticada por diversos sectores em Cabo Verde. O primeiro acordo é criticado por alegadamente não estar, efetivamente, a facilitar a atribuição de vistos aos cabo-verdianos; e o segundo, por não só permitir a readmissão de cidadãos nacionais – algo que conceptualmente vai contra o Direito Internacional Público que apenas legitima a figura do Repatriamento para estes casos –, mas também por eventualmente dificultar o processo de integração regional de Cabo Verde na CEDEAO, particularmente em matéria de mobilidade (Barros-Varela; Lima, 2017; Delgado, 2013).

Um outro acordo que igualmente tem sido alvo de críticas, e que antecede a própria Parceria Especial, constitui a Parceria no domínio da Pesca entre a União Europeia e Cabo Verde de 20 de março de 2007 e que tem sido renovado regularmente. Um dos principais reparos prende-se com o facto de Cabo Verde, que possui a maior Zona Económica Exclusiva (ZEE) da CEDEAO, não procurar estabelecer um acordo no quadro desta organização em detrimento de um acordo individual pouco significativo financeira e diplomaticamente.

Figura 2 - Imagem de um mural no Bairro de Achada Grande

Fonte: Fotografia de Redy Wilson Lima, 2015.

Da mesma forma que a contraparte portuguesa, os elementos da *intelligentsia* e da diplomacia cabo-verdiana que defenderam a adoção de um estatuto especial do país junto da UE enquadraram-se na estratégia do governo de então procurar a obtenção de recursos financeiros junto da UE não só para financiar essa mesma parceria, mas também para fazer face aos custos da recente graduação de Cabo Verde a país de rendimento médio (PRM), oficialmente a 1 de janeiro de 2008, transitando do grupo dos PMA (Países Menos Avançados) das Nações Unidas.

Ou seja, essa graduação originou a perda de alguns "privilégios" (como a facilidade de acesso a financiamento concessional e a juros bonificados) e a "obrigatoriedade" de ter de recorrer ao mercado global de financiamento em caso de necessidade de empréstimos, sem que o Estado cabo-verdiano tivesse conseguido ultrapassar completamente as suas vulnerabilidades estruturais tradicionais ao nível do clima (secas cíclicas) e transportes, e tendo de enfrentar novas questões, como a Análise de Risco devido ao facto de a economia cabo-verdiana estar baseada num só produto (o turismo) e de, actualmente, a pandemia do covid-19 ter exacerbado as consequências negativas desta situação, obrigando que se aposte na diversificação da economia.

Por conseguinte, vislumbrou-se a possibilidade de, mediante a Parceria Especial, Cabo Verde poder ter acesso a maiores verbas dos fundos da UE, nomeadamente ao Fundo Europeu de Desenvolvimento (FED) – que tem sido a principal fonte de cooperação técnica e financeira entre os dois parceiros – e ao Fundo Europeu de Desenvolvimento Regional (FEDER), que poderiam aplacar a diminuição da Ajuda Pública ao Desenvolvimento (APD).

Contudo, as "estratosféricas" quantias que o Estado cabo-verdiano almejava "abocanhar" junto da UE não passaram, efetivamente, de uma quimera, devido, essencialmente, à ocorrência de um fator que não estava nos planos da política externa ilhéu: a crise financeira internacional de 2007-2008, também conhecida como a "crise dos subprimes", que afetou fortemente o mundo e tem reflexos até à atualidade, e motivou uma forte redução dos fundos da UE.

A título ilustrativo, com o 10º (implementado entre 2008 e 2013) e 11º FED (para o período entre 2016 e 2020), as quantias canalizadas através do apoio orçamental foram de cerca de 70,3 milhões e 50 milhões de euros respetivamente; e no âmbito do 10º Programa de Cooperação Madeira, Açores, Canárias - Fundo Europeu de Desenvolvimento Regional (MAC-FEDER), implementado entre 2007 e 2013, Cabo Verde participou em 62 projetos dos 86 financiados pelo programa, e do 11º MAC-FEDER (2014-2020), 56 projetos das ilhas foram selecionados no montante de 52,3 milhões de euros.[16] Nada

[16] https://www.eeas.europa.eu/cabo-verde/uniao-europeia-e-cabo-verde_pti?s=134 (recuperado a 01 de outubro, 2023).

que se compare com a projeção de alguns economistas cabo-verdianos de que, para a implementação efetiva da Parceria Especial, o arquipélago necessitaria, no mínimo, de uma injeção imediata de 500 milhões de euros por parte da UE.

Para além dos casos da UE e de Portugal, poder-se-ia apontar outros exemplos que atestam a presença da retórica de *djam branku dja* na política externa cabo-verdiana, mas, no fim deste capítulo, vale a pena referir que quando a utilização dessa retórica não se afigura suficiente para a estratégia de captação de recursos externos financeiros e outros, visando a sobrevivência do Estado e da sua elite com o propósito de garantir o seu posicionamento de principal interlocutor das ilhas face ao exterior, essa elite utiliza um outro recurso, o pragmatismo de *Undi Da Ki Panha*, que, por vezes, é utilizado em simultâneo ou em complemento com a retórica de *djam branku dja*, reforçando a ambivalência político-identitária presente na política externa ilhéu, como iremos ver em seguida.

O pragmatismo de *undi da ki panha*. O *ethos* da sobrevivência em ação

Para quem está perdido, qualquer mato é caminho
Adágio Popular

A inspiração para o nome deste subtítulo surgiu na aula de uma disciplina do curso de Relações Internacionais e Diplomacia na Universidade de Cabo Verde (Uni-CV) sob nossa regência. Num debate animado sobre os meandros da aproximação política entre o governo local e o da Hungria sob a liderança de Viktor Mihály Orbán, uma controversa figura da extrema direita húngara que visitou as ilhas entre 27 e 28 de março de 2019, um aluno chamado Carlos Freire soltou a seguinte frase para caracterizar o momento da política externa cabo-verdiana: “nós é *undi da ki panha*”.

O aluno em questão estava a citar a canção denominada “undi da ki panha”, da autoria do grupo musical cabo-verdiano TL Dreamz, cujo refrão “Oji eh undi da ki panha” esteve muito em voga nas ilhas após o seu lançamento em 2015.[17]

[17] A letra da música “undi da ki panha” é a seguinte: Nta segui sabura, La undi da ki panha, Nhos canta ku mi, nu bai; Noti sta cai manenti, Calor di mas un ten ki sai, Un ten ki sumara pan bai, Controla controlo, Pa panha geral, Oji eh undi da ki panha, Oji eh undi da ki panha, Ziki ziki ziki zigeh, uh eh, Ziki ziki ziki zigeh, uh eh; Oji nada kata impidim

Tendo em consideração a hipótese de partida para este ensaio, procura-se, aqui, alicerçar a ideia de que a expressão *undi da ki panha* é reveladora da ambivalência que está por detrás do alegado pragmatismo da política externa cabo-verdiana desde a independência. Por outras palavras, o propalado pragmatismo político da diplomacia ilhéu, que teve o seu auge durante o período da Guerra Fria, trata-se, na realidade, na maioria das vezes, de um pragmatismo de *undi da ki panha,* de navegação à vista, conforme os contextos e as circunstâncias da política nacional e internacional, e a serviço da elite intelectual e política local.

A título exemplificativo, o conflito bipolar ofereceu as condições ideais para o aflorar do alegado cunho pragmático da diplomacia cabo-verdiana. Estando perante um confronto entre duas superpotências com as quais Cabo Verde tem relações privilegiadas – tendo sido a URSS uma aliada do PAGC na luta contra o colonialismo e sendo os EUA o principal fornecedor das remessas por parte da diáspora cabo-verdiana que habita maioritariamente naquele país –, a não escolha de um lado e o estabelecimento de relações amistosas com os dois blocos, mais do que uma escolha ideológica pelo não alinhamento e de um pragmatismo diligente com base no respeito pelas normas da Carta da ONU, trataram-se de um *pragmatismo de sobrevivência* protagonizado pela referida elite, ciente de que o alinhamento em relação a um dos campos seria possivelmente uma "sentença de morte".

Prova disso é o facto de que, após o término da Guerra Fria, a política externa cabo-verdiana tem cada vez mais se alinhando ao lado dos "vencedores" daquele conflito ideológico, a Europa Ocidental e os Estados Unidos, demonstrando que a postura de não alinhamento foi colocada de lado e que o pragmatismo, efetivamente, tem sido de *undi da ki panha.* O *ethos* da sobrevivência tem sido operacionalizado pela elite local mediante a utilização

nao, Oji nada kata param, Kentura dja toman na corpo, Pan sta ku pikenas, Pam djobi pikenas; Oji é undi da ki panha, Oji é undi da ki panha x4; Un kré passa sabi sabi só ku bo wé, ku bo wé , ku bo wé, Un kre xinti sabura só ku bo wé; Ai! Un kré passa sabi só ku bo wé, ku bo wé , ku bo wé, Un kre xinti sabi só ku bo wé, ku bo wé , ku bo wé; Oji é undi da ki panha, Oji é undi da ki panha x4; Un ta bai, un ta bai, un ta bai, un ta bai ti panha, Un ta bai, un ta bai; Ma un ta bai, un ta bai, un ta bai ti panha, Un ta bai, un ta bai, Ma un ta bai, un ta bai, un ta bai ti panha txai! Un ta bai, un ta bai, Ma un ta bai, un ta bai, un ta bai, un ta bai ti panha oh! Un ta bai, sim un ta bai; Oji é undi da ki panha, Oji é undi da ki panha x4; Un ta spadja pé, spadja pé oh! Oji é undi da ki panha, Uun ta tora pé tora pé éih! Oji é undi da ki panha (Fonte: Álbum *Nulu Movement*, vol. 1., Letra e música de TL Dreamz feat. DJ Djeff, 2015).

do "modelo da mestiçagem" (Barros-Varela, 2013, p. 191-192), em que os elementos desse grupo surgem como interlocutores privilegiados do resto da população por terem "tem acesso aos códigos ocidentais" (Anjos, 2006, p. 17-18), tendo como consequência a marginalização e exclusão do outro lado da mestiçagem (a herança afro-negra), e visando controlar ou gerir os alegados benefícios da branquitude.

O caso da referida aproximação entre o Estado cabo-verdiano e a Hungria ilustra nitidamente que a política externa cabo-verdiana ignorou ostensivamente alguns dos valores e as normas que norteiam as principais instituições da Sociedade Internacional – nomeadamente a Declaração Universal dos Direitos Humanos de 10 de dezembro de 1948 da ONU, que serve de base para o Pacto Internacional dos Direitos Civis e Políticos e o Pacto Internacional sobre os Direitos Económicos, Sociais e Culturais, dos quais Cabo Verde é parte – ao acolher o representante máximo de um governo que é abertamente xenófobo, antissemita e hostil à recepção de imigrantes; que, em 2015, ergueu uma cerca de arame farpado de várias centenas de quilómetros nas fronteiras com a Sérvia e Croácia, destinada a impedir a entrada de milhares de migrantes e refugiados sírios concentrados junto a essas fronteiras, e que adotou uma das legislações mais restritivas na Europa sobre o direito de asilo (Laqua, 2018).

Para os defensores da decisão do Estado cabo-verdiano de aceitar a ajuda da Hungria para, por exemplo, fazer face às agruras seculares da seca nas ilhas no valor de 35 milhões de euros (Rocha, 2019), aquele estaria eivado de um pragmatismo inteligente e consequente e, portanto, tal ação estaria enquadrada no que vulgarmente se apelida, na linguagem realista das Relações Internacionais, de "razões de Estado" ou de "interesses nacionais" (que, na realidade, por diversas vezes representam interesses particularistas).

Contudo, esse argumento é facilmente desmontado não só pelo facto de o princípio de respeito e defesa dos direitos humanos, consagrado no ordenamento jurídico interno cabo-verdiano e muito propalado pela elite política local, ter sido convenientemente posto de lado ao se fechar os olhos às violações desses mesmos direitos por parte da Hungria particularmente no que concerne aos imigrantes, mas também porque a diplomacia local pareceu "olvidar" que se não fosse a luta renhida das suas populações pelo respeito e defesa de um dos direitos humanos, a liberdade, Cabo Verde poderia ser ainda uma colónia europeia. Além do mais, essa ação externa demonstrou ter dado pouca atenção ao facto de Cabo Verde possuir comunidades significativas de imigrantes em boa parte da Europa (particularmente em Portugal, França, Holanda, Luxemburgo e Suíça) e que o acirramento da retórica anti-imigrante de Orbán, e de outros líderes políticos europeus da extrema direita em ascensão no seio da UE, dificulta a adoção por parte desta organização de medidas visando uma maior integração dos imigrantes. No caso cabo-verdiano, os imigrantes constituem as suas "galinhas de ovos de ouro", tendo em conta o peso das suas remessas no PIB do país, em contraste com o apelidado "pacote financeiro" oferecido por Orbán, que, para o gáudio dos adeptos do *djam branku dja* nas ilhas, afirmou perante às câmaras da televisão cabo-verdiana que a razão principal para a Hungria ter ou querer relações próximas com Cabo Verde tem a ver com o facto de o primeiro ministro cabo-verdiano partilhar a mesma visão cristã do mundo que ele.

Todavia, na realidade, o governo húngaro, que é membro associado da Comunidade dos Países de Língua Portuguesa (CPLP) por proposta da contraparte cabo-verdiana, procura legitimar as suas propostas restritivas e de securitização da imigração junto da UE mediante a "advocacia" e apresentação de Cabo Verde, ao contrário dos seus pares africanos, como "um país que tem uma abordagem responsável em relação à questão da imigração", e impor que é necessário "assistir países que tenham uma abordagem séria e responsável a questões que afectem directamente a segurança da Europa". Como moeda de troca, o "bom aluno" da UE, Cabo Verde, recebe o apoio da Hungria junto daquela organização no seu "sonho" de alcançar a isenção de vistos para esse espaço (Primeiro-ministro..., 2019; Magalhães, 2019).

Um caso similar ao da Hungria constitui o recente aprofundar das relações de cooperação entre Cabo Verde e Israel. O governo conservador liderado pela quinta vez por Netanyahu, com o apoio da extrema direita xenófoba e de forças ultranacionalistas e ultrarreligiosas que se posicionam contra a presença de árabes, palestinos, muçulmanos e imigrantes africanos em Israel, recebeu uma delegação liderada pelo primeiro-ministro cabo-verdiano em inícios de março de 2019 e, na ressaca do encontro, este afirmava que "conseguimos, pela primeira vez, definir Israel como 'parceiro importante' para Cabo Verde" nomeadamente, e em semelhança com a Hungria, no sector agrícola e da irrigação (Conseguimos..., 2019).

Uma curiosa semelhança entre os dois novos governos "amigos" das ilhas tem a ver com facto de que eles mesmos recentemente se tornaram afeiçoados depois da Hungria ter apoiado, no seio da UE, a política de ocupação colonial de Israel na Palestina e de, em troca, o Estado judaico ignorar o antissemitismo do governo do primeiro-ministro húngaro, Viktor Orbán, tendo inclusive recebido este numa visita a Israel em julho de 2018 (Guimarães, 2018).

Este novo eixo da política externa cabo-verdiana, Praia-Budapeste-Telavive, com a bênção de Washington, ilustra como o ilhéu tem se posicionado perante o actual contexto ideológico internacional. A emergência de uma liderança populista na superpotência vendedora da Guerra Fria, encarnada na figura de Donald Trump, confere suporte e margem de manobra a outras lideranças semelhantes, como são os casos de Orbán e Netanyahu, para além de outros conhecidos como são o do Bolsonaro no Brasil e o do próprio Putin na Rússia, levando a que, presentemente, a Sociedade Internacional seja dominada pela ideologia populista de feições neofascistas.

Cabo Verde, ao se posicionar ao sabor da corrente, marginalizando as principais conquistas dessa mesma sociedade – a derrota do nazifascismo após a segunda guerra mundial –, para além de ir ao encontro da pretensão desses governos de procurarem aliados no sentido de serem legitimados interna e externamente e de se mostrar cúmplice dessa onda neofascista, expõe uma prática diplomática de *undi da ki panha* imbuída de um pragmatismo errático, aleatório e com consequências negativas a médio e longo prazo para as relações externas do país-arquipélago. Existem outros episódios ilustrativos desse tipo de prática que são transversais aos diversos governos que têm tutelado a política externa, os quais passaremos a elencar:

1. A realização de exercícios militares "Steadfast Jaguar 2006" por parte do principal braço armado dos Estados Unidos da América (EUA), a *North Atlantic Treaty Organization* (NATO), ocorridos em Cabo Verde entre 15 e 28 de maio de 2006. A aceitação de acolher esse evento, mais do que uma "estratégia nacional de "aproximação às organizações internacionais de segurança", como referiu na altura o governo cabo-verdiano (Lusa, 2006), constituiu o primeiro significativo indício de que, efetivamente, o pragmatismo diligente do não alinhamento, em que a condução das relações externas segue o princípio do multilateralismo no que tange às questões da paz e segurança internacionais à luz da Carta da ONU, estaria a chegar ao fim (Barros-Varela, 2007).

Os alegados benefícios em matéria de defesa e segurança que esse pequeno Estado da África Ocidental poderia receber em troca do alinhamento com o vencedor da Guerra Fria e com a aproximação à NATO contrastam com a dura realidade do ónus causado pelas ações da NATO: a rejeição da pretensão de adesão de Cabo Verde à organização manifestada pelo governo de então; o novo figurino da NATO que, devido às profundas mudanças no seu conceito estratégico ocorridas em 1999, permite-lhe atuar em qualquer lugar do planeta sem o consentimento do Conselho de Segurança das Nações Unidas e sem ter a necessidade de ter Cabo Verde como membro (Barros-Varela, 2007); o fato de um dos lugares de possível atuação constituir o continente africano, particularmente na região CEDEAO, onde se encontram Estados que são tradicionalmente desconfiados da NATO devido ao apoio que este forneceu às potências colonizadoras na luta contra os movimentos de libertação no âmbito da Guerra Fria (2007). Por conseguinte, o único real conforto sentido por parte da elite política de então constituiu a bênção dada à realização dos exercícios militares pela ex-metrópole mediante a presença de Luís Amado, então ministro de Defesa de Portugal (Barros-Varela, 2007), o que demonstra a sazonal imbricação entre retórica de *djam branku dja* e pragmatismo de *undi da ki panha*.

2. A ausência de uma estratégia de médio e longo prazo no que concerne à temática da isenção de vistos para cidadãos estrangeiros tem originado diversas deambulações do governo cabo-verdiano por atores como a UE, CPLP, Suíça, Rússia, etc. Como já foi explanado no capítulo anterior, o *dossier* da Parceria para Mobilidade acordado com a UE em 2008 inclui o acordo de facilitação de vistos para os cidadãos da UE e de Cabo Verde. Contudo, esse acordo tem sido acusado de não ter tido efeitos práticos no que toca aos nacionais das ilhas, e a atuação do Centro Comum de Vistos (CCV) tem sido alvo de duras críticas por parte dos utentes e de suspeitas de albergar uma rede ilegal ou "esquema de emissão fraudulenta de vistos" (Rita, 2016). O fracasso da diplomacia, ou retórica, de *djam branku dja*, que almejava, no âmbito da parceria, atingir o patamar da isenção de vistos de curta duração para os cidadãos cabo-verdianos que pretendam viajar para a UE, levou a que se procurasse outras formas de convencer o parceiro europeu de que os ilhéus são dignos de tal honraria, tal como as ilhas adjacentes de Portugal e Espanha (Açores, Madeira, Canárias) que formam o espaço fictício da chamada Macaronésia e do qual Cabo Verde alega ser membro de direito.

O processo que visa o convencimento do parceiro europeu teve como início simbólico, em abril de 2017, quando o actual líder do governo cabo-verdiano afirmou a um semanário português que "o nosso espaço natural é a Europa" (Amaral, 2017), o que mostra, mais uma vez, como a retórica de *djam branku dja* anda de mãos dadas com o pragmatismo de *undi da ki panha*.

A operacionalização da pretensão de, efetivamente, fazer parte desse espaço passou, em primeiro lugar, pelo aprofundar da facilitação da mobilidade de cidadãos europeus em direção a Cabo Verde mediante a adoção da isenção de vistos, tornando letra morta o referido acordo de facilitação de vistos, pelo menos para a contraparte europeia. Nesse sentido, com o argumento de que pretende aumentar a competitividade no setor do turismo e duplicar o número de turistas que visitam o país, que é de cerca de 700 mil por ano, o governo decretou que, a partir de 1 de janeiro de 2019, 32 países europeus passam a estar isentos de visto de estada nas ilhas até o máximo de 30 dias, sendo que a lista integra os 28 Estados da UE e mais outros quatro que não fazem parte da União: a Suíça, Noruega, Islândia e Liechtenstein (Isenção..., 2018). Mais tarde este grupo é alargado com a entrada de Mónaco, São Marino e Andorra.

Em segundo lugar, Cabo Verde procura, simultaneamente, no âmbito da CPLP, alcançar a isenção de vistos para o espaço europeu. Em abril de 2019, durante a 5ª reunião dos ministros do Interior e da Administração Interna da CPLP, esse Estado propôs um modelo de integração comunitária na CPLP que pressupõe "estadias até 30 dias no espaço da comunidade isentas de vistos e vistos de curta temporada para profissionais, investigadores, docentes, além de autorizações de residência" (Lusa, 2019a).[18] Sabendo de antemão que a sua proposta será de difícil acolhimento por parte do membro europeu CPLP, Portugal, por este pertencer ao esquema regional de livre circulação da UE, o espaço Schengen, Cabo Verde procura reforçar o "cerco" a aquele Estado da UE mediante o estabelecimento de acordos bilaterais de isenção de vistos com os restantes membros da CPLP: a 9 de fevereiro de 2018 o governo anunciou a ratificação do acordo com Moçambique para isenção de vistos (Lusa, 2018b); a 16 de abril de 2019 foi assinado o acordo de isenção de vistos com a Guiné Equatorial (Cabo Verde..., 2019a); a 30 de abril de 2019 foi acertada a "isenção, recíproca, de vistos" com Angola (Lusa, 2018a); e a 18 de julho de 2019 acordou-se a isenção de vistos com Santo Tomé e Príncipe (Cabo Verde..., 2019b). No que toca a Timor Leste, Cabo Verde já detinha um acordo de isenção de vistos com o país, ratificado a 13 de abril de 2015 (Cabo Verde..., 2015). Relativamente ao Brasil, ainda não existe um acordo semelhante, mas

---

[18] Posteriormente, durante a XIII Conferência de Chefes de Estado e de Governo da CPLP, em Luanda (Angola), a 17 de julho de 2021, aprovou-se o primeiro acordo para a mobilidade entre os nove países da organização que, entretanto, entrou em vigor ao obter o número suficientes de ratificações incluindo Portugal. Contudo, cada Estado tem a "liberdade na escolha das modalidades de mobilidade, das categorias de pessoas abrangidas" e dos países com os quais pretendam estabelecer as parcerias, o que vai de encontro ao argumento acima defendido (BRANCO, 2021).

este país passou a fazer parte da lista de Estados cujos cidadãos estão isentos de vistos de turismo para períodos de estada de curta duração, quando o governo, a 19 de dezembro de 2019, aprovou ainda a entrada de cidadãos do Canadá e dos EUA (Santiago, 2019).

Para além dos países da CPLP, Cabo Verde também tem procurado assinar acordos de isenção recíproca de vistos com outros Estados, nomeadamente a Suíça e a Rússia. No caso do primeiro, que não é membro da UE, mas faz parte do acordo Schengen, foi divulgada a notícia de que, alegadamente, o ministro dos Negócios Estrangeiros cabo-verdiano, em declarações à TCV,

> [...] garantiu estar a ser finalizado um "acordo de livre circulação" com Noruega e Suíça. "Antes do final do ano assinaremos um acordo de livre circulação nos dois sentidos. Livre circulação e readmissão. Ou seja, os cabo-verdianos poderão viajar para estadias de curta duração nesses dois países e os cidadãos desses dois países poderão também viajar, da mesma forma, para Cabo Verde" [...]. "Estou a falar de todos os passaportes. Do cidadão comum viajar livremente para a Suíça e do cidadão suíço poder viajar da Suíça para Cabo Verde" [...] (Ferreira, 2018).

Não tendo havido um pronunciamento público de que se tratou de uma falha na comunicação entre as duas chancelarias, eventualmente a possibilidade de finalmente se alcançar um acordo de isenção recíproca de vistos com um Estado europeu que seja parte do acordo Schengen pode ter originado a precipitação no anúncio – humoristicamente, um arroubo de euforia que poderia desembocar na exclamação a plenos pulmões da expressão *djam branku dja*! Mas a embaixada Suíça no Senegal contrariou os alegados factos avançados pelo governante, afirmando que "o pedido de visto continuará a ter que ser feito previamente" (Ferreira, 2018).[19]

Numa análise superficial, seria de louvar o referido cerco diplomático, ou operação de charme, junto de Portugal, no sentido deste auxiliar Cabo Verde junto da UE, a fim a conseguir a tão almejada isenção de vistos para o espaço Schengen, chegando inclusive a assinar semelhantes acordos com Estados africanos da CPLP, exceptuando a Guiné Bissau, com a qual já tem um acordo semelhante no âmbito da CEDEAO.

---

[19] No caso da Rússia, o acordo foi assinado em Moscovo a 30 de abril de 2019, aprovado no parlamento cabo-verdiano em outubro do mesmo ano e entrou em vigor a 4 de julho de 2020 (LUSA, 2020).

Todavia, a medida de isenção de vistos acaba por estar imbuída de um pragmatismo de *undi da ki panha* mesclado com a retórica de *djam branku dja*, uma vez que não se insere numa política estrutural em matéria de mobilidade, na qual se inclui a isenção de vistos, em relação aos principais parceiros de Cabo Verde. Se o pragmatismo praticado é diligente e estruturado, então por que a região africana tem sido completamente marginalizada nesse processo? Por que, ao contrário do que acontece com os projetos e acordos relacionados com a Parceria para Mobilidade com a UE, os projetos e acordos no âmbito da CEDEAO e com a União Africana (UA) não têm merecido o mesmo entusiasmo e, pelo contrário, têm sido alvo de pouca atenção por parte da diplomacia local e são pouco divulgados nas mídias locais? Concretamente, por que até agora não se conhece a posição oficial do Estado cabo-verdiano em relação ao projeto da UA de Livre Circulação de Pessoas, que, juntamente com o Passaporte Africano, é um dos projetos emblemáticos da Agenda 2063 e que tem ocorrido passos significativos na sua implementação?

A Assembleia da UA, em janeiro de 2018, adotou o protocolo relativo à livre circulação de pessoas, direito de residência e direito de estabelecimento no âmbito do tratado que institui a Comunidade Económica Africana (CEA). Na sequência da criação da Área de Livre Comércio de África, que entrou em vigor a 30 de maio de 2019, a UA e as Comunidades Económicas Regionais (CERs) desenvolveram um projeto de estratégia continental conjunta para acelerar o "Direito de Entrada" para o referido protocolo (DRAFT CONTINENTAL STRATEGY..., 2019).

> A estratégia visa assegurar que as CERs e os Estados Membros popularizem e promovam o Passaporte Africano adoptado como um dos mecanismos chave através dos quais a livre circulação de pessoas será concretizada. A implementação do Protocolo irá evoluir em três fases, nomeadamente, direito de entrada, direito de residência e direito de estabelecimento e a introdução do passaporte africano adotado durante a Cimeira da UA de fevereiro de 2019, atuará como um grande catalisador para o Protocolo, especialmente o direito de entrada [...]. Até agora 33 Estados Membros assinaram o protocolo, e 4 ratificações foram depositadas por Ruanda, Níger, Mali e São Tomé e Príncipe. As especificações técnicas do Passaporte Africano também foram desenvolvidas em colaboração com a Organização da Aviação Civil Internacional (ICAO), a Organização Internacional para as Migrações (IOM), as CERs e os Estados Membros (DRAFT CONTINENTAL STRATEGY..., 2019).

3. Não obstante o continente africano ser historicamente a "porta de saída" do arquipélago para o mundo, como se denota pela presença secular de comunidades emigradas, por exemplo, no Senegal, Guiné Bissau e Costa do Marfim, a política regional africana de Cabo Verde tem sido excessivamente árida no que toca à matéria de adoção de políticas estruturais (de médio e longo prazo) de integração, o que, de certa maneira, explica os fracassos tanto na eleição de cabo-verdianos para cargos de relevo nas organizações regionais como na pretensão de cabo-verdianos de liderar a Comissão da CEDEAO. Centrando-se apenas no segundo milénio, em 2009, o então governo, através do ministro de Negócios Estrangeiros de Cabo Verde, apresentou o então embaixador cabo-verdiano em Bruxelas, Fernando Wahnon Ferreira, como candidato ao cargo de secretário-geral dos países da África, Caraíbas e Pacífico (ACP) (Cabo Verde, 2009). Só que o principal opositor de Ferreira era o ganês Mohamed Ibn Chambas, que era, na ocasião, nem mais nem menos, o presidente da Comissão da CEDEAO. Portanto, por mais que os critérios técnicos fossem importantes para a avaliação das candidaturas, o peso político e a influência do candidato e do seu país no seio dos pares africanos constituíram critérios fundamentais para a vitória de Chambas e para a inevitável derrota de Ferreira.

Se do ponto de vista da análise político-diplomática o revés seria esperado, fica a questão do porquê a diplomacia cabo-verdiana não encetou negociações com a candidatura de Chambas, no sentido de apoiá-lo em "troca" de um futuro suporte na pretensão de Cabo Verde de alcançar altos cargos e/ou a presidência da Comissão da CEDEAO. Sabendo que Chambas tem sido um dos principais apoiantes de Cabo Verde no seio daquela organização, a presumível confiança da chancelaria na vitória do seu candidato constituiu, a nosso ver, um erro grosseiro em termos diplomáticos.

Efetivamente, na sequência da saída do então presidente da Comissão da CEDEAO para assumir as funções de secretário-geral do grupo ACP em Bruxelas, Cabo Verde apresentou-se como candidato à presidência da Comissão da CEDEAO por meio do anteriormente referido embaixador cabo-verdiano em Bruxelas, Fernando Wahnon Ferreira, que fez parte da delegação que acompanhou o já citado também ministro dos Negócios Estrangeiros da época, num périplo por cinco Estados da CEDEAO para promover a candidatura.[20]

[20] Presidente Pires participa na Cimeira da CEDEAO. (2010, 6 de janeiro). Portal Angola. Recuperado a 16 de agosto, 2020 de http://m.portalangop.co.ao/angola/pt_pt/mobile/

Tendo em conta o que foi dito anteriormente, não se afigura surpresa o facto de a pretensão de Cabo Verde ter sido rejeitada e de o novo presidente da Comissão, entre 2010 e 2012, passar a ser o antigo chefe da diplomacia ganesa, o embaixador James Victor Gbeho. Tendo também em consideração esse padrão, ou precedente, de *undi da ki panha*, não constitui igualmente surpresa o facto de a nova tentativa de alcançar a presidência daquele órgão em dezembro de 2017 ter caído novamente por terra com os representantes do Estado cabo-verdiano, nas figuras do ministro de Negócios Estrangeiros e Comunidades e do presidente da República, a justificarem a derrota com os alegados "arranjos políticos" feitos pelo Estado vencedor, a Costa do Marfim, e a violação das normas constantes do tratado da organização (Lusa, 2017).

Todavia, como se pode inferir, a postura indignada da delegação cabo-verdiana acaba apenas por mascarar a insuficiente preparação da candidatura. Tal como no caso da candidatura ao cargo de secretário-geral dos países da ACP, o foco nos critérios técnico-jurídicos e a marginalização dos "arranjos" político-diplomáticos estiveram na base da derrota e ilustram o profundo desconhecimento e desconfiança mútua entre Cabo Verde e os seus pares da sub-região. Isso se dá devido fundamentalmente ao facto de o governo cabo-verdiano não investir na divulgação da história do país junto dos Estados da CEDEAO[21] e no conhecimento da diversidade política, diplomática, jurídica e cultural que estes Estados encerram, e que divergem, em muito, da retórica de *djam branku dja* que a branquitude operada pelo eurocentrismo fez presente na elite política e intelectual das ilhas.[22]

---

noticias/africa/2010/1/6/Presidente-Pires-participa-Cimeira-CEDEAO,a214e939-1526-4b71-8e56-1dd2beba2e0f.html?version=mobile

21 Uma das raras exceções constitui o trabalho realizado pelo Instituto da África Ocidental (IAO) criado em 2010, que se traduziu em diversas conferências, publicações e, mediante um protocolo com a Universidade Pública, na abertura do mestrado em Integração Regional Africana (MIRA) em 2017, programa que tem realizado diversas actividades científicas e de extensão. Contudo, devido a sérias dificuldades financeiras, o IAO tem estado praticamente inativo há já alguns anos.

22 Um episódio que revela a ligeireza e falta de rigor na gestão do dossier da CEDEAO constitui a questão da nomeação de um embaixador na Nigéria, que alberga a sede da CEDEAO. Depois de vários anos a protelar a instalação da embaixada, o Estado cabo-verdiano finalmente resolve avançar com o processo. Contudo, quando se esperava a nomeação de uma figura de relevo na carreira diplomática ou na carreira académica, técnica ou de investigação, com currículo assinalável em matéria de integração regional, e que pudesse causar uma boa impressão e ter uma boa acolhida por parte da principal potência regional, eis que, para surpresa de vários sectores da sociedade local, é nomeado

Entre notas finais: os casos "SOFA" e "Alex Saab"

A terminar este ensaio, iremos refletir um pouco sobre alguns casos recentes que impelem para a necessidade de resgatar a "política de paz" que caracterizou o pragmatismo consequente e prudente que a diplomacia caboverdiana protagonizou nalguns momentos da sua história. Um deles constitui o *Status of Forces Agreement* (SOFA), um acordo de defesa e segurança assinado, depois de um período negocial de cerca de oito anos, entre os governos de Cabo Verde e dos EUA a 27 de setembro de 2017, aprovado pelo parlamento local a 29 de junho de 2018 e ratificado pelo presidente da República a 19 de setembro do mesmo ano.

É de notar que, anteriormente, o chefe de Estado, numa entrevista à imprensa a 29 de agosto, acusou o governo de ter falhado na articulação com a presidência sobre o assunto, defendendo que a prática de consulta mútua poderá, eventualmente, evitar que "um Governo assine um acordo, o Parlamento aprove e depois o Presidente não ratifique, o que não é bom. Em termos de credibilidade internacional, pode criar desconfianças. [...] Eu vim conhecer o acordo já depois de ser assinado. Isso não é normal, não é desejável" (Fonseca, 2018). Curiosamente, no mesmo dia em que foi publicada a entrevista, o ministro dos Negócios Estrangeiros desmentiu a versão do chefe de Estado, garantindo que o presidente teve conhecimento prévio do acordo militar com os Estados Unidos ao afirmar que "'que todos os sujeitos políticos foram informados antes da assinatura do SOFA. Obviamente que este documento de extrema importância para Cabo Verde foi discutido com todas as entidades políticas, incluindo o Presidente da República'" (Janira..., 2018).

De todo o modo, a partir da ratificação, emerge a divisão entre a convicção do governo e da presidência da República de que o acordo não tinha preceitos anticonstitucionais, e as críticas de alguns partidos da oposição e de

um ex-presidente de uma edilidade local e envolvido em processos judiciais. De acordo com a imprensa, o nomeado, Francisco Tavares, "está acusado de, enquanto presidente da Mesa da Assembleia Geral da ADS (Águas de Santiago), ter tomado decisões ilegais que lesaram esta empresa pública em avultadas quantias, tendo sido, por isso, colocado sob Termo de Identidade e Residência. Mesmo assim, o ex-autarca de Santa Catarina foi nomeado embaixador, o que, para certos observadores, é 'grave, escandaloso e absurdo', porquanto 'desautoriza o Ministério Público, humilha a classe dos diplomatas e envergonha Cabo Verde no concerto das Nações'" (CABO VERDE..., 2020). Esse imbróglio político-diplomático vai ter o seu ocaso a 6 de outubro de 2021 com a nomeação do diplomata Belarmino Monteiro Silva para exercer o cargo de embaixador de Cabo Verde na Nigéria (BELARMINO SILVA..., 2021).

outros sectores da sociedade civil de que tal acordo, pelo contrário, alberga normas violadoras da constituição. Como consequência, o maior partido da oposição, o Partido Africano da Independência de Cabo Verde (PAICV), solicitou, a 22 de outubro de 2018, a fiscalização abstrata e sucessiva do acordo junto do Tribunal Constitucional (TC) (Martins, 2018). A solicitação foi secundada por outra decisão do provedor de Justiça de Cabo Verde de pedir também, em fevereiro de 2019, a fiscalização abstrata e sucessiva do acordo junto do TC, em resposta a um abaixo assinado rubricado por um grupo de cidadãos, do qual faz parte o renomado professor catedrático jubilado de Direito, constitucionalista e especialista em Direito Internacional Público, Wladimir Brito (Acordo..., 2019). Até então, o referido tribunal apenas se pronunciou sobre o pedido do PAICV, num acórdão publicado a 8 de julho de 2020 em que declara

> [...] "sem redução do texto, a inconstitucionalidade do segundo segmento do número 2 do artigo III do Acordo sobre o Estatuto das Forças dos Estados Unidos da América ora em apreciação, na exacta acepção interpretativa de que permite o exercício de poderes tipicamente jurisdicionais sobre o seu pessoal em território cabo-verdiano por crimes praticados durante a estadia dessas forças no Arquipélago por violação do princípio da soberania nacional, do princípio da tipicidade dos órgãos de soberania e dos órgãos judiciários, em particular, plasmados, respectivamente, no n.º 1 do artigo 1º e no n.º 1 do artigo 11º, bem como nos artigos 119º e 214º, todos da Constituição" (Cabo Verde, 2020 citado por Amaral, 2020).

A decisão do TC suscitou reações diversas entre os vários sectores da sociedade cabo-verdiana, sendo que tanto o governo como o PAICV procuraram cantar vitória em relação ao teor do acórdão, com o primeiro a realçar o facto do TC não ter proposto a redução do texto e o segundo a salientar o facto de parte de uma norma ter sido considerada inconstitucional. Outras figuras ligadas à academia e especialistas em questões de defesa e segurança posicionaram-se de forma diferenciada, uns a favor e outros contra. Um dos personagens que se mostrou crítico não só do acordo de SOFA como do teor da decisão do TC foi o referido Wladimir Brito que, após a ratificação do acordo, tinha afirmado que

> [...] o "objectivo essencial do SOFA é uma base militar, qualquer que seja a natureza, e, em segundo, porque não respeita a reciprocidade" e a Constituição do país, prossegue, prevê que, nas suas relações

> internacionais, o "Estado rege por princípios da reciprocidade", o que não existe no caso do acordo assinado com os EUA. [...] "As experiências dos Sofas feitos têm sido sempre a criação de bases temporárias ou permanentes por parte dos EUA nos territórios com quem tem feito este tipo de acordo" [...]. Lembrou ainda que há muito tempo os norte-americanos estão à procura de instalações para o Comando Africano dos Estados Unidos para a África (AFRICOM), e, portanto, o SOFA "pode indiciar qualquer coisa relacionada com este comando africano". [...] "O Comando Africano que, neste momento, está na Europa e não faz sentido e, portanto, tem de vir para a África. Normalmente, estes comandos são colocados em países com enorme estabilidade política e social e Cabo Verde tem esta característica, curiosamente" (Brito, 2019).

Em relação à decisão do TC, o investigador considera que "'o acórdão é ambíguo e com derivas e desvios sobre assuntos não solicitados pelos autores da ação' [...] e que questões importantes ficaram por responder pelo acórdão. 'Uma delas é saber se Cabo Verde deve permitir ou não bases militares no seu território'" (Acordo Sofa..., 2020).

A nosso ver, na frase final da afirmação de Brito reside o núcleo fundamental em torno da discussão sobre o SOFA. É evidente que, numa análise jurídica, pode-se asseverar, por um lado, que formalmente o SOFA não é inconstitucional porque nunca declara que os tribunais cabo-verdianos não podem exercer jurisdição penal sobre o pessoal norte-americano em território cabo-verdiano e nem afirma que os EUA irão instalar uma base militar em Cabo Verde. Por outro lado, pode-se afirmar também que, materialmente, o acordo é inconstitucional na justa medida em que a sua aplicação implica a exclusão da jurisdição penal nacional e a instalação de uma base.

Todavia, na nossa perspetiva, esse processo evidencia mais uma vez a marginalização de um pragmatismo atinente e reflexivo em prol da prática do *undi da ki panha*. Tratando-se de um acordo que teve mais de oito anos de negociação, pergunta-se por que os sucessivos governos e os partidos que os suportaram no parlamento não aproveitaram essa oportunidade para colocar em discussão, com outros atores da sociedade cabo-verdiana, a possibilidade e pertinência de uma revisão constitucional, visando a permissão de instalação de bases militares estrangeiras em Cabo Verde, na medida em que o vigente texto constitucional (n.º 4 do artigo 11º) não o permite.

A nosso ver, tendo em conta as particularidades geográficas, políticas e culturais de Cabo Verde no atual contexto geopolítico mundial, com uma eventual revisão constitucional o Estado poderá albergar de forma estrutural e diligente não apenas uma, mas sim diversas bases militares de potências estrangeiras. Uma solução estrutural de tal calibre evitaria a necessidade de a chancelaria local procurar, de todas as formas, justificar a importância da assinatura do acordo SOFA com os EUA, levando inclusive o ministro de Negócios Estrangeiros a defender, de forma acirrada, que o único Estado que poderia garantir a segurança de Cabo Verde seria os EUA, afirmando que o "Governo de Cabo Verde já fez a sua escolha" e que "em matéria de defesa e segurança a nossa parceria é com os EUA" (Cabo Verde..., 2018).

Essa postura voluntarista, dado que os próprios EUA nunca pediram a adoção de tal posição por parte de Cabo Verde, a todos os títulos pouco usual no seio das nações que procuram atuar com dignidade e independência na arena internacional e que se configura, na linguagem das teorias geopolíticas clássicas, uma atitude típica dos chamados Estados-vassalo, poderia perfeitamente ser evitada caso se olhasse, por exemplo, para a posição de um Estado da região africana, o Djibuti, perante os jogos geopolíticos mundiais.

Sendo considerado um *hub* bastante movimentado de bases militares estrangeiras no Corno de África, a presença de bases militares da França, EUA, China, Itália, Japão e Arábia Saudita gera mais de 300 milhões de dólares anuais para o pequeno país com perto de um milhão de habitantes.[23] Para além do arrendamento de terras para os principais *players* mundiais geraram grandes dividendos monetários, os ganhos em termos de infraestruturas e oportunidades económicas são enormes para um Estado que não detém recursos naturais e, por conseguinte, procura "expandir esse modelo lucrativo para outras nações, como Rússia, Turquia, Emirados Árabes Unidos e Índia. Sendo que o maior desafio constitua a manutenção de todos aqueles interesses frequentemente opostos sob controlo e manter a paz entre os rivais".[24]

Obviamente que não se está a defender a transposição do modelo de Djibuti para Cabo Verde, mas esse exemplo ilustra a necessidade de olhar para soluções mais próximas em vez que procurar "milagres" ao norte utilizando uma retórica e política ambivalentes. Eventualmente, o arquipélago, tendo em conta as relações privilegiadas que tem com a China, EUA e UE, poderá, num cenário similar ao de Djibuti, albergar bases militares desses atores. Todavia,

---

[23] Djibouti: A Busy Hub of Foreign Military Bases on the Horn of Africa. (2019, 11 de julho). Inside Arabia. Recuperado a 21 de agosto, 2020, de: https://insidearabia.com/djibouti-a-busy-hub-of-foreign-military-bases-on-the-horn-of-africa.

[24] Idem.

a postura da política externa cabo-verdiana, de explícito alinhamento com apenas um desses *players*, os EUA, pode, inclusive, afugentar o interesse dos restantes atores; é caso da China, que tem tido, por exemplo, um papel fundamental na infraestruturação tecnológica do país, nomeadamente no projeto de videovigilância em Cabo Verde levado a cabo pela multinacional chinesa de telecomunicações Huawei (Lusa, 2019b). No contexto da presente "guerra tecnológica" em curso entre as duas superpotências em torno da tecnologia 5G e que envolve essa companhia, a manutenção da posição de Estado alinhado com os EUA em matéria de defesa e segurança poderá causar algum desconforto no gigante asiático, e porventura poderá levar ao seu paulatino desengajamento de projetos considerados estruturantes por Cabo Verde e marginalizar este de grandes projetos chineses como o da Nova Rota da Seda (*One Belt, One Road*) (Kuo; Kommenda, 2018).

A assunção de um pragmatismo sério e consistente evitaria o desgaste e a exposição que o Estado cabo-verdiano tem tido na gestão tanto do *dossier* anteriormente referido como de outros, como é o recentíssimo caso que envolve a detenção do empresário colombiano de origem libanesa, Alex Saab Morán, no dia 12 de junho de 2020 em Cabo Verde. É certo que o facto de Morán estar munido de passaporte diplomático a serviço da Venezuela e de os EUA terem formalizado o pedido de sua extradição sob a acusação de crimes de lavagem de dinheiro em bancos norte-americanos já constituem motivos suficientes para que a polémica se instalasse nas ilhas e com repercussões internacionais (Andrade, 2020). Contudo, é de nossa convicção que o episódio passaria mais despercebido, e teria uma índole mais jurídica e criminal, caso Cabo Verde tivesse uma política externa efetivamente não alinhada, evitando o desconforto de ter de, por um lado, nos bastidores, fornecer explicações a Estados parceiros – como a Rússia e Cuba, que intercedem a favor da Venezuela –, lidar com as possíveis pressões por parte do agora principal aliado, os EUA, e de, por outro lado, publicamente ser obrigado a realçar que o caso constitui matéria da alçada judicial devido às tentativas dos diversos atores em disputa de procurarem politizar a justiça ou de exercer pressão sobre os tribunais locais no sentido de adotarem decisões consentâneas com os seus interesses (Fortes, 2019).[25]

---

[25] A 3 de agosto de 2020 o Tribunal de Relação do Barlavento, em Cabo Verde, decretou a extradição do Alex Saab para os EUA e, após os sucessivos recursos da defesa para o Supremo Tribunal de Justiça e para o Tribunal Constitucional, este confirmou a extradição que ocorreu a 16 de outubro de 2021 (Martins; Anjos, 2021).

Consideramos ser fundamental a adoção de uma política de não alinhamento pragmática e diligente e que possibilite o resgate e a aplicação efetiva da Política de Paz, que norteou alguns momentos do país após a independência, permitiu-lhe ter uma política externa impressionantemente diversificada e possibilitou-lhe igualmente, nalgumas conjunturas, desempenhar um papel importante na política internacional, como foi o supradito caso da resolução de diferendos no continente africano, nomeadamente o processo de paz na África Austral. O grande desafio, portanto, passa a ser tornar essas práticas a principal regra, ou norma, de um pragmatismo coerente e consequente, afastando-se do pragmatismo de *undi da ki panha* regado com a retórica de *djam branku dja*.

Referências

ACORDO de defesa e segurança vai ter fiscalização sucessiva. *A Nação*, Praia, 10 fev. 2019. Disponível em: https://anacao.cv/acordo-de-defesa-e-seguranca-vai-ter-fiscalizacao-sucessiva. Acesso em: 5 ago. 2020.

ACORDO SOFA. Vladimir Brito considera 'ambíguo' e de 'entendimento difícil' o acórdão do Tribunal Constitucional. *A Semana* [Online], Praia, 16 jul. 2020. Disponível em: https://www.asemana.publ.cv/?Acordo-SOFA-Constitiucionalista-Vladimir. Acesso em: 14 ago. 2020.

AMARAL, A. Acordo SOFA: Jurisdição penal dos EUA sobre o seu pessoal militar declarada inconstitucional. *Expresso das Ilhas*, Praia, 8 jul. 2018. Disponível em: https://expressodasilhas.cv/politica/2020/07/08/acordo-sofa-jurisdicao-penal-dos-eua-sobre-o-seu-pessoal-militar-declarada-nconstitucional/70361. Acesso em: 13 ago. 2020.

AMARAL, A. Cabo Verde de olhos postos na Europa. *Expresso das Ilhas*, Praia, 6 maio. 2017. Disponível em: https://expressodasilhas.cv/politica/2017/05/06/cabo-verde-de-olhos-postos-na-europa/53103. Acesso em: 8 ago. 2020.

ANDRADE, A. L. Caso Alex Saab: Cabo Verde no meio do fogo cruzado de pressões internacionais. *VOA*, [s.l.], 16 jul. 2020. Disponível em: https://www.voaportugues.com/a/caso-alex-saab-cabo-verde-no-meio-do-fogo-cruzado-de-press%C3%B5es-internacionais/5464420.html. Acesso: 21 ago. 2020.

ANJOS, J. C. *Intelectuais, literatura e poder em Cabo Verde: Lutas de definição da identidade nacional.* Porto Alegre: Ed. da UFRGS, 2006.

BARROS-VARELA, O. A Encruzilhada da Defesa e Segurança no Atlântico Médio: Cabo Verde entre a 'Espada' da NATO e a 'Parede' Africana?, *Direito e Cidadania*, [s.l.], ano 7, n. 25/26, p. 219-248, 2007.

BARROS-VARELA, O. Cabo Verde: A Máquina Burocrática Estatal da Modernidade (1614-1990). In: SARMENTO, C. M.; COSTA, S. (Orgs.). *Entre África e a Europa. Nação, Estado e Democracia em Cabo Verde.* Coimbra: Almedina, 2013. p. 173-208.

BARROS-VARELA, O. Cabo Verde: Um Desafio Teórico-Paradigmático ou Um Caso Singular? *Revista de Estudos Cabo-verdianos*, Praia, n. 2, p. 71-88, 2006.

BARROS-VARELA, O.; COSTA, S.; DELGADO, J. (Orgs.). *As Relações Externas de Cabo Verde. (Re)leituras Contemporâneas*. Praia: ISCJS, 2014.

BARROS-VARELA, O. *Crítica da Razão Estatal: o Estado Moderno em África nas Relações Internacionais e Ciência Política. O Caso de Cabo Verde*. Praia: Pedro Cardoso, 2018.

BARROS-VARELA, O.; LIMA, R. *Foreman of the Empire? Re-analysis of the Readmission Agreement with the European Union and the Repatriation in the Archipelago of Cape Verde*. Lisboa: ISEG - CEsA/CSG, 2017. n. 161. Disponível em: http://hdl.handle.net/10400.5/14492. Acesso em: 25 jun. 2022.

BARROS-VARELA, O. Manifesto 'Lusofóbico'. Crítica da Identidade Cultural 'Lusófona' em Cabo Verde, *Desafios - Revista da Cátedra Amílcar Cabral*, Praia, n. 2, p. 1-24, 2014.

BARROS-VARELA, O. *Mestiçagem Jurídica? O Estado e a Participação Local na Justiça em Cabo Verde. Uma análise Pós-Colonial*. Lisboa: Instituto Camões, 2017.

BARROS-VARELA, O. O repto da 'diversidade de conhecimentos' em Cabo Verde: do colonial/moderno ao moderno/pós-colonial1. *e-cadernos CES* [Online], n. 2, 1 dez. 2008. Disponível em: https://journals.openedition.org/eces/1332. Acesso em: 22 jun. 2022.

BELARMINO SILVA nomeado embaixador de Cabo Verde na Nigéria. *A Nação*, Praia, 7 out. 2021. Disponível em: https://www.anacao.cv/noticia/2021/10/07/belarmino-silva-nomeado-embaixador-de-cabo-verde-na-nigeria. Acesso em: 5 jul. 2022.

BRANCO, C. CPLP aprovou acordo para a mobilidade. *RFI*, Paris, 17 jul. 2021. Disponível em: https://www.rfi.fr/pt/angola/20210717-cplp-aprovou-acordo-para--a-mobilidade. Acesso em: 25 jul. 2021.

BRITO, W. Wladimir Brito diz que não ratificava o Acordo Militar entre Cabo Verde e os EUA sem parecer do Tribunal Constitucional. *Inforpress*, Praia, 14 jul. 2019. Entrevista concedida à *Inforpress*. Disponível em: https://inforpress.cv/wladimir-brito-diz-que-nao-ratificava-o-acordo-militar-entre-cabo-verde-e-os--eua-sem-parecer-do-tribunal-constitucional. Acesso em: 14 ago. 2020.

CABO VERDE aprova acordo de isenção de vistos com Timor-Leste. *VOA*, [s.l.], 13 abr. 2015. Disponível em: https://www.voaportugues.com/a/cabo-verde-aprova--acordo-isencao-vistos-timor-leste/2716890.html. Acesso em: 10 ago. 2020.

CABO VERDE e Guiné Equatorial assinam hoje quatro acordos de cooperação. *Expresso das Ilhas/Inforpress*, Praia, 16 abr. 2019a. Disponível em: https://expressodasilhas.cv/politica/2019/04/16/cabo-verde-e-guine-equatorial-assinam-hoje--quatro-acordos-de-cooperacao/63383. Acesso em: 9 ago. 2020.

CABO VERDE e São Tomé e Príncipe acordam isenção de vistos. *Expresso das Ilhas/Inforpress*, Praia, 18 jul. 2019b. Disponível em: https://expressodasilhas.cv/

politica/2019/07/18/cabo-verde-e-sao-tome-e-principe-acordam-isencao-de--vistos/64801. Acesso em: 11 ago. 2020.

CABO VERDE nomeia arguido já acusado e sob TIR como embaixador. *Santiago Magazine*, Praia, 14 ago. 2020. Disponível em: https://santiagomagazine.cv/index.php/sociedade/4887-cabo-verde-nomeia-arguido-ja-acusado-e-sob-tir-como--embaixador. Acesso em: 14 ago. 2020.

CABO VERDE reforça a ideia de que os Estados Unidos é o parceiro privilegiado para o sector da defesa. *RTC* [Online], 19 jul. 2018. Disponível em: https://poligrafo.sapo.pt/video/oZQ5vIbqiTGl5UZDzjZ5. Acesso: 8 abr. 2019.

CABO VERDE vai pedir adesão à UE. *Correio da Manhã*, Lisboa, 7 maio. 2005. Disponível em: https://www.cmjornal.pt/mundo/detalhe/cabo-verde-vai-pedir-adesao-a-ue. Acesso em: 18 jul. 2020.

CABO VERDE. *Resultados da Eleição para o posto de Secretário-Geral da ACP anunciados hoje*. Praia: Governo de Cabo Verde, 2009. Disponível em: https://www.governo.cv/resultados-da-eleicao-para-o-posto-de-secretario-geral-da-acp-anunciados-hoje/. Acesso em: 15 ago. 2020.

CABO VERDE. Tribunal Constitucional. Acórdão proferido nos autos de Fiscalização Abstrata Sucessiva da Constitucionalidade n.º 3/2018, requerida por um grupo de 27 Deputados à Assembleia Nacional, tendo por objeto algumas normas constantes do Acordo entre o Governo da República de Cabo Verde e o Governo dos Estados Unidos da América relativo ao estatuto do pessoal dos Estados Unidos na República de Cabo Verde (SOFA). Acórdão n. 10/2020. Partido Africano da Independência de Cabo Verde (PAICV). Relator: José Pina Delgado. Acórdão: 2 jul. 2020. Tribunal Constitucional, Praia, 8. jul. 2020.

CARDOSO, L. Branquitude acrítica e crítica: A supremacia racial e o branco anti-racista, *Revista Latinoamericana de Ciencias Sociales, Niñez y Juventud*, Manizales, v. 8, n. 1, p. 607-630, 2010.

CARDOSO, L.; MÜLLER, T. *Branquitude: Estudos sobre a Identidade Branca no Brasil.* Curitiba: Appris, 2018.

CARDOSO, R. *Cabo Verde: opção para uma política de paz.* Praia: ICL, 1986.

CONSEGUIMOS pela primeira vez definir Israel como parceiro importante para Cabo Verde – primeiro-ministro. *Inforpress*, Praia, 13 mar. 2019. Disponível em: https://inforpress.cv/conseguimos-pela-primeira-vez-definir-israel-como-parceiro-importante-para-cabo-verde-primeiro-ministro/. Acesso em: 31 jul. 2020.

DELGADO, J. P. O Cruzamento entre a Política Migratória Cabo-verdiana para a Europa e a Política Migratória Cabo-verdiana para a África Ocidental: Racionalidade, Incoerência ou Inevitabilidade de uma Democracia em Consolidação? In: SARMENTO, C. M.; COSTA, S. (Orgs.). *Entre África e a Europa. Nação, Estado e Democracia em Cabo Verde.* Coimbra: Almedina, 2013. p. 523-566.

DRAFT CONTINENTAL STRATEGY on free movement developed. *African Union*, Addis Ababa, 27 jul. 2019. Disponível em: https://au.int/en/articles/draft-continental-strategy-free-movement-developed. Acesso em 5 jul. 2020.

FANON, F. *Pele Negra, Máscaras Brancas*. Porto: Paisagem, 1975.

FERREIRA, N. A. Cabo-Verdianos continuarão a precisar de visto para entrar na Suíça. *Expresso das Ilhas*, Praia, 25 jul. 2018. Disponível em: https://expressodasilhas.cv/pais/2018/07/25/cabo-verdianos-continuarao-a-precisar-de-visto-para-entrar-na-suica/59282. Acesso em: 11 ago. 2020.

FIGUEIRÔA-RÊGO, J. Branco da terra. In: SERRÃO, J. V.; MOTTA, M.; MIRANDA, S. M. (Orgs.). *e-Dicionário da Terra e do Território no Império Português*. [s.l.]: CEHC-IUL, 2015. v. 3. Disponível em: https://edittip.net/category/branco-da-terra/. Acesso em: 1 maio. 2020.

FONSECA, J. C. "Conheci o SOFA já depois de ser assinado. Isso não é normal". *Expresso das Ilhas*, Praia, 2 set. 2018. Entrevista concedida a Nuno Andrade Ferreira. Disponível em: https://expressodasilhas.cv/exclusivo/2018/09/02/conheci-o-sofa-ja-depois-de-ser-assinado-isso-nao-e-normal/59848. Acesso em: 1 ago. 2020.

FORTES, L. Caso Alex Saab: "Não estamos a tomar nenhum partido" – Ministro dos Negócios Estrangeiros. *Expresso das Ilhas*, Praia, 24 ago. 2019. Disponível em: https://expressodasilhas.cv/politica/2020/08/24/caso-alex-saab-nao-estamos-a-tomar-nenhum-partido-ministro-dos-negocios-estrangeiros/71027. Acesso em: 25 ago. 2020.

GARCIA, R. *Identidade fragmentada: um estudo sobre a história do negro na educação brasileira 1993-2005*. Brasília: Inep/MEC, 2007.

GUIMARÃES, M. J. Orbán visita Netanyahu: a estranha aliança entre radicais europeus e Israel. *Público*, Maia, 18 jul. 2018. Disponível em: https://www.publico.pt/2018/07/18/mundo/noticia/orban-visita-netanyahu-o-estranho-entendimento-entre-radicais-europeus-e-israel-1838415. Acesso em: 31 jul. 2020.

ISENÇÃO de vistos para cidadãos da União Europeia inicia a 1 de Janeiro de 2019 (c/áudio). *Inforpress*, Praia, 21 dez. 2018. Disponível em: https://inforpress.cv/isencao-de-vistos-para-cidadaos-da-uniao-europeia-inicia-a-1-de-janeiro-de-2019. Acesso em: 25 ago. 2020.

JANIRA quer ouvir Ulisses sobre desmentido de Luís Filipe Tavares ao Presidente. *Expresso das Ilhas*, Praia, 31 ago. 2018. Disponível em: https://expressodasilhas.cv/politica/2018/08/31/janira-quer-ouvir-ulisses-sobre-desmentido-de-luis-filipe-tavares-ao-presidente/59836. Acesso em: 2 ago. 2020.

JONES, B. G. (Ed.). *Decolonizing International Relations*. Lanham: Rowman & Littlefield Publishers, 2006.

KUO, L.; KOMMENDA, N. What is China's Belt and Road Initiative? *The Guardian*, [s.l.], 30 jul. 2018. Disponível em: https://www.theguardian.com/cities/ng-interactive/2018/jul/30/what-china-belt-road-initiative-silk-road-explainer. Acesso em: 20 ago. 2020.

LAQUA, G. Cinco polêmicas envolvendo o premiê húngaro Viktor Orban. *NSC Total*, Joinville, 5 abr. 2018. Disponível em: https://www.nsctotal.com.br/noticias/cinco-polemicas-envolvendo-o-premie-hungaro-viktor-orban. Acesso em: 1 ago. 2020.

LOPES, L. *Baltasar Lopes – Um Homem Arquipélago na Linha de Todas as Batalhas.* Praia: Pedro Cardoso, 2017.

LUSA. Angola e Cabo Verde acertam isenção de vistos em passaporte. *Expresso das Ilhas*, Praia, 30 abr. 2018a. Disponível em: https://expressodasilhas.cv/politica/2018/04/30/angola-e-cabo-verde-acertam-isencao-de-vistos-em-passaporte/57934. Acesso em: 11 ago. 2020.

LUSA. Cabo Verde considera que quem perde é CEDEAO. *Expresso das Ilhas*, Praia, 17 nov. 2017. Recuperado a 16 de agosto, 2020 de https://expressodasilhas.cv/politica/2017/12/17/cabo-verde-considera-que-quem-perdeu-foi-a-cedeao/55786. Acesso em: 16 ago. 2020.

LUSA. Cabo Verde propõe isenção de visto para estadias de até 30 dias no espaço CPLP. *Expresso das Ilhas*, Praia, 24 abr. 2019a. Disponível em: https://expressodasilhas.cv/politica/2019/04/24/cabo-verde-propoe-isencao-de-visto-para-estadias-de-ate-30-dias-no-espaco-cplp/63521. Acesso em: 9 ago. 2020.

LUSA. China financia com 11,8 milhões de euros projecto de videovigilância em Cabo Verde. *Expresso das Ilhas*, Praia, 4 set. 2019b. Disponível em: https://expressodasilhas.cv/pais/2019/12/04/china-financia-com-118-milhoes-de-euros-projecto-de-videovigilancia-em-cabo-verde/66914. Acesso em: 1 jul. 2020.

LUSA. Cabo Verde ratifica acordo para isenção de vistos com Moçambique. *Diário de Notícias*, Lisboa, 9 fev. 2018b. Disponível em: https://www.dn.pt/lusa/cabo-verde-ratifica-acordo-para-isencao-de-vistos-com-mocambique-9109124.html. Acesso em: 12 ago. 2020.

LUSA. Cidadãos russos isentos de vistos para entrar em Cabo Verde a partir de 04 de julho. *Expresso das Ilhas*, Praia, 26 jun. 2020. Disponível em: https://expressodasilhas.cv/pais/2020/06/26/cidadaos-russos-isentos-de-vistos-para-entrar-em-cabo-verde-a-partir-de-04-de-julho/70153. Acesso em: 11 ago. 2020.

LUSA. Doutoramento "Honoris Causa" de Adriano Moreira é um "insulto", diz associação de Cabo Verde. *Público*, Maia, 6 dez. 2011. Disponível em: https://www.publico.pt/2011/12/06/politica/noticia/doutoramento-honoris-causa-e-adriano-moreira-e-um-insulto-diz-associacao-de-cabo-verde-1524008. Acesso em: 18 ago. 2020.

LUSA. Exercícios da NATO são parte da estratégia de Cabo Verde de aproximação à Aliança. *RTP Notícias*, Lisboa, 8 jun. 2006. Disponível em: https://www.rtp.pt/noticias/mundo/exercicios-da-nato-sao-parte-da-estrategia-de-cabo-verde-de-aproximacao-a-alianca_n128617. Acesso em: 2 ago. 2020.

LUSA. Mário Soares e Adriano Moreira querem arquipélago na União Europeia. *RTP Notícias*, Lisboa, 16 mar. 2005. Disponível em: https://www.rtp.pt/noticias/pais/mario-soares-e-adriano-moreira-querem-arquipelago-na-uniao-europeia_n7291. Acesso em: 10 jul. 2020.

MAGALHÃES, C. Cabo Verde e Hungria intercedem mutuamente nas relações com a CPLP e União Europeia. *Expresso das Ilhas*, Praia, 28 mar. 2019. Disponível em: https://expressodasilhas.cv/politica/2019/03/28/cabo-verde-e-hungria-intercedem-mutuamente-nas-relacoes-com-a-cplp-e-uniao-europeia/63063. Acesso em: 18 ago. 2020.

MARTINS, M.; ANJOS, L. Cabo Verde: Alex Saab foi extraditado para os Estados Unidos. *RFI*, Paris, 17 out. 2021. Disponível em: https://www.rfi.fr/pt/cabo-verde/20211017-cabo-verde-alex-saab-foi-extraditado-para-os-estados-unidos. Acesso em: 25 jul. 2022.

MARTINS, R. *História das Colónias Portuguesas*. Lisboa: Empresa Nacional de Publicidade, 1933.

MARTINS, A. PAICV envia SOFA para o Constitucional. *Expresso das Ilhas*, Praia, 20 set. 2018. Disponível em: https://expressodasilhas.cv/pais/2018/09/20/paicv-vai-pedir-fiscalizacao-sucessiva-do-sofa/60123. Acesso em: 4 ago. 2020.

MATA, J. C. da. Cabo Verde, ilhas adjacentes, *Diário Popular, o Jornal de Maior Expansão no Mundo Português*, [s.l.], ano 16, 8 nov. 1958.

NOGUEIRA, O. Preconceito racial de marca e preconceito racial de origem: sugestão de um quadro de referência para a interpretação do material sobre relações raciais no Brasil. *Tempo Social*, São Paulo, v. 19, n. 1, p. 287-308, 2006.

PRIMEIRO-MINISTRO destaca advocacia da Hungria a favor de Cabo Verde junto da União Europeia. *Inforpress*, Praia, 28 mar. 2019. Disponível em: https://inforpress.cv/primeiro-ministro-destaca-advocacia-da-hungria-a-favor-de-cabo-verde-junto-da-uniao-europeia/. Acesso em: 20 ago. 2020.

QUIJANO, A. Colonialidad y modernidad/racionalidad. *Perú Indígena*, Lima, v. 13, n. 29, p. 11-20, 1992.

RITA, C. Pagam até 4500 euros por visto. Suspeita de rede ilegal no Centro Comum de Vistos. *Correio da Manhã*, Lisboa, 31 ago. 2016. Disponível em: https://www.cmjornal.pt/politica/detalhe/pagam-ate-4500-euros-por-visto. Acesso em: 24 ago. 2020.

ROCHA, F. Cabo Verde e Hungria assinam hoje pacote financeiro de 35 milhões de euros. *Expresso das Ilhas*, Praia, 28 mar. 2019. Disponível em: https://expressodasilhas.cv/politica/2019/03/28/cabo-verde-e-hungria-assinam-hoje-pacote-financeiro-de-35-milhoes-de-euros/63043. Acesso em: 1 ago. 2020.

ROCHA, E. O imigrante oeste-africano como o indesejável? Acerca do processo de racialização em Cabo Verde, *Mediações – Revista de Ciências Sociais*, Londrina, v. 22, n. 1, p. 105-129, 2017.

SAIAL, J. *Adjacência para Cabo verde, a Miragem Perseguida*. Praia de Bote, 1 jun. 2018. Disponível em: https://mindelosempre.blogspot.com/search?q=ADJAC%C3%8ANCIA+PARA+CABO+VERDE%2C+A+MIRAGEM+PERSEGUIDA. Acesso em: 19 ago. 2020.

SANTIAGO, S. *Governo decide pela isenção de vistos de turismo para cidadãos do Brasil, Canadá e EUA*. Praia: Governo de Cabo Verde, 2019. Disponível em: https://www.governo.cv/governo-decide-pela-isencao-de-vistos-de-turismo-para-cidadaos-do-brasil-canada-e-eua/. Acesso em: 11 ago. 2020.

Mercado informal em Cabo Verde: as vendedeiras de "YA"

Débora de Jesus Borges Vieira
Euclides Pereira Cabral
Renísia Cristina Garcia Filice

Introdução

Este artigo propõe-se a refletir sobre o mercado informal de venda de produtos "Ya" (roupas usadas ou inutilizadas importadas dos Estados Unidos) em Cabo Verde, sem se descurar das questões de género e classe que envolvem as mulheres cabo-verdianas, sempre que possível, numa perspetiva interseccional. Busca refletir também, mesmo que brevemente, sobre o seu impacto social, económico e político para Cabo Verde, entendendo que o mesmo ocorre com os Estados Unidos (muito embora não pretenda analisar as marcas destas transações no âmbito desse país).

Cabo Verde é um pequeno Estado insular em desenvolvimento, ao largo da costa do Senegal e não muito longe da Europa e das Américas. Caraterizado por ser um país com poucos recursos naturais e com apenas 10% de terra arável, o que contribui, substancialmente, para as suas vulnerabilidades económicas e sociais, o que, em alguma medida, vem determinando as suas escolhas estratégicas e a via de desenvolvimento (Tavares, 2002).

A relação entre os Estados Unidos e Cabo Verde iniciou ainda nos anos 1740, quando embarcações americanas faziam paragem nos portos de Cabo Verde para comprar sal ou escravizados, e quando baleeiros americanos parecem ter começado a recrutar tripulação das ilhas Brava e Fogo para a pesca da baleia, que era abundante na região (Daigle, 2019).

Hoje, 2022, entre continuidades e descontinuidades dessas relações registra-se uma conexão forte em nível de aquisição por parte de nacionais cabo-verdianos residentes nos Estados Unidos de produtos do mercado americano, que são transportados por via marítima nos chamados bidões, como forma de ajudar as suas famílias nas ilhas. Desta relação emerge o nosso objeto de estudo, o mercado informal e as vendedeiras de "YA". Como informamos mais à frente, ouvimos para este trabalho seis vendedeiras que atuam no Mercado da Sucupira, também chamadas de rabidantes:

> As vendedeiras do mercado de Sucupira são conhecidas como rabidantes, expressão que pode ser conectada com o comércio informal transnacional. A actividade das rabidantes, geralmente ancorada em estratégias de redes sociais, inclui viagens constantes ao Brasil, Portugal, EUA e África do Sul para compra de mercadorias a serem revendidas no mercado (Évora *et al.*, 2011, p. 37).

No âmbito deste estudo, faremos uso mais do termo vendedeiras de "Ya", e às vezes rabidantes, embora saibamos que dizem respeito à mesma forma de atuação das mulheres, as vendedeiras são as rabidantes e vice-versa.

O tema da relação Cabo Verde e Estados Unidos é atualmente muito importante não só porque os Estados Unidos são uma grande potência mundial que tem, aparentemente, intensificado os investimentos em Cabo Verde, tanto que, neste momento, está prevista a construção de uma embaixada norte-americana na cidade da Praia, como é igualmente visível em todas as zonas da Praia a venda, nas ruas, nas portas de casas e no mercado Sucupira, de roupas usadas oriundas dos Estados Unidos que aqui aportam por via marítima, os chamados "YÁ".

> No mercado de Sucupira, parte do que se vende (roupa, arroz, produtos de cosmética ou brinquedos) chega em bidons provenientes dos Estados Unidos. Nas tampas tem escrito, à marcador, o remetente e o destinatário: É este mercado de bidões que sustenta centenas de famílias em Cabo Verde. São enviados gratuitamente pelos familiares emigrados e o seu conteúdo é vendido em Sucupira mas também nas ruas da Praia (por exemplo na Rampa Ponta Belém) ou até de outras localidades do arquipélago (Évora *et al.*, 2011, p. 38).

Esta intensa comercialização será, aqui, brevemente registrada, do ponto de vista das rabidantes. Reconhecemos, inclusive, que o governo de Cabo Verde criou um novo sistema de desalfandegamento de produtos transportados sem caixas e bidões dos Estados Unidos, por reconhecer o potencial deste mercado informal para a economia local.

Assim, considerando que este artigo nasce no contexto do curso Diálogos Transnacionais, ocorrido no mestrado em Relações Internacionais e Diplomacia Económica da Universidade de Cabo verde (Uni-CV); que é no quadro das relações internacionais que os países planejam as estratégias; que é no quadro da cooperação para o desenvolvimento que se pretende obter apoios e mobilizar recursos para o próprio financiamento de tal plano; e, ainda, que devido à intensidade e centralidade do mercado informal de roupas usadas mobilizada pela venda de "YA" por mulheres negras cabo-verdianas, que este artigo se propõe a mostrar como esta relação Cabo Verde e Estados Unidos se dá, e como a prática dessas mulheres aciona a atuação do Estado, especificamente, como dito, em Cabo Verde.

Metodologicamente, a execução deste trabalho é suportada por uma revisão bibliográfica sobre o tema, por pesquisas documentais nos relatórios, anuários e sites, pela análise de dados estatísticos do Instituto Nacional de Estatística de Cabo Verde (INE) e pela realização de seis entrevistas com mulheres cabo-verdianas, responsáveis pela venda de "YA" na cidade da Praia, mais especificamente, quando elas se juntam na feira da Sucupira.

Para tanto, o texto está estruturado em quatro partes, além da "Introdução" e da "Conclusão", a saber: 1. Contributos da transversalidade e da interseccionalidade no estudo sobre as vendedeiras de "Ya" em Cabo Verde; 2. Relações comerciais Cabo Verde e Estados Unidos, o caso de Cabo Verde; 3. Resultados preliminares: as mulheres no mercado informal em Cabo Verde e 4. Resultado de um trabalho de campo: – as vendeiras de "YA" da cidade da Praia.

Contributos da transversalidade e da interseccionalidade no estudo sobre as vendedeiras de "YA" em Cabo Verde

A abordagem interseccional ou interseccionalidade é um conceito e também um método. Desenvolvido por Kimberlé Crenshaw, em 1989, foi assim definido após a Conferência de Durban[1]:

> [...] conceitualização do problema que busca capturar as consequências estruturais e dinâmicas da interação entre dois ou mais eixos da

[1] Para conhecer a Declaração e Programa de Ação adotados na III Conferência Mundial de Combate ao Racismo, Discriminação Racial, Xenofobia e Intolerância Correlata ocorrida em Durban, em 2001, acesse: https://bit.ly/449HU2x.

> subordinação. Ela trata especificamente da forma pela qual o racismo, o patriarcalismo, a opressão de classe e outros sistemas discriminatórios criam desigualdades básicas que estruturam as posições relativas de mulheres, raças, etnias, classes e outras. Além disso, a interseccionalidade trata da forma como as ações e políticas específicas geram opressões que fluem ao longo de tais eixos, constituindo aspectos dinâmicos ou ativos do desempoderamento (Akotirene, 2019, p. 68).

Crenshaw (2002 *apud* Akotirene, 2019) demonstra como a discriminação não afeta as mulheres de uma única forma, isolando, por exemplo, aspectos raciais, de género, ou de classe. Na maioria das vezes, as mulheres são atingidas pela sobreposição de diferentes formas de discriminação. Afirma que tanto as instituições internacionais, como a Organização das Nações Unidas (ONU), e nacionais, sobretudo no Brasil e nos Estados Unidos, têm estado a abordar as questões de racismo e género de forma isolada, acabando por não alcançar verdadeiramente a situação que envolve as mulheres negras em sua complexidade.

Segundo Crenshaw (2002), tanto as leis como os movimentos antirracistas e feministas acabam muitas vezes por beneficiar homens negros, mulheres brancas e mulheres de classes sociais mais abastadas, ficando as negras e de classes desfavorecidas excluídas. Explica que a prática dos direitos humanos no campo do género desenvolveu-se afirmando que "os direitos humanos são direitos das mulheres" e que "os direitos das mulheres são direitos humanos", todavia, num contexto em que mulheres negras não são consideradas, pergunta-se: e não teriam elas direitos? No seu exemplo sobre o caso ocorrido na General Motors, entendia-se que, quando as mulheres brancas vivenciavam situações de violação semelhantes às vivenciadas por homens, elas podiam ser protegidas. Mas, quando essas situações eram diferentes, as instituições de defesa dos direitos humanos não sabiam exatamente o que fazer. Por exemplo, se uma mulher fosse torturada por suas crenças políticas da mesma maneira que um homem, podia ser reconhecido como uma violação. No entanto, se ela fosse estuprada, forçada a engravidar ou a se casar, as instituições não sabiam como lidar com esses fatos, porque eram especificamente relacionados a questões de género.

Após as conferências de Viena (1993) e de Pequim (1995), as mulheres passam a entender que "os direitos das mulheres são direitos humanos". Neste sentido, quando sofrem violações desses direitos ou discriminação racial, como as vivenciadas por homens, devem ser protegidas, e quando vivenciam violações ou discriminações, diferentes das vivenciadas por homens devem também ser protegidas.

Kimberlé Crenshaw aborda ainda outro tipo de fenómeno a que denomina subordinação estrutural, que no seu entendimento não pode se definir, tecnicamente, como um fenómeno de discriminação porque não é particularmente voltado para grupos específicos. Sendo assim, não existe um discriminador ativo e na maioria das vezes não resulta de políticas nacionais, mas sim de políticas internacionais que produzem efeitos particulares para as mulheres em decorrência da sua posição na estrutura socioeconómica. Como um dos melhores exemplos da discriminação estrutural, ela aponta as políticas de ajustes que muitos países são forçados a adotar, que normalmente obrigam os países subalternos a desvalorizarem as suas moedas, provocando a redução dos salários e a restrição dos serviços sociais, geralmente forçando as mulheres a assumirem trabalhos que deixam de ser prestados, como o de cuidar de idosos, de doentes e de jovens.

Essa situação tem um impacto negativo específico sobre as mulheres e está a ser corretamente criticadas. Considera que, nessa circunstância, há outros elementos envolvidos. Por exemplo, devido à boa condição socioeconómica, algumas mulheres conseguem contratar a mão de obra de outras para assumirem esses serviços de cuidados. Normalmente, as contratadas são negras economicamente marginalizadas, que, por essa razão, são também socialmente marginalizadas, situadas na base da pirâmide socioeconómica. São elas que acabam trabalhando de 18 à 20 horas por dia, cuidando primeiramente das famílias e necessidades das patroas, e, depois, das suas famílias. É isso que Kimberlé chama de subordinação estrutural, a confluência entre género, raça, classe e globalização; e, em Cabo Verde, mesmo de maioria negra, por vezes, raça também se manifesta.

Deste modo, a análise da discriminação baseada no estudo da interação entre os eixos género, classe e raça orienta para uma abordagem interseccional para a melhor compreensão do fenómeno das vendedeiras de "Ya" (roupas usadas ou inutilizadas importadas dos Estados Unidos) no mercado informal em Cabo Verde. Trata-se de um estudo de caso, que adota uma perspectiva multinível, complexa, e aciona elementos vistos como "problemas malditos":

> Unas intervenciones que se han construido a partir de lógicas sectoriales aplicadas a problemas unidimensionales y que hoy deben aprender a *ofrecer respuestas multisectoriales a asuntos multidimensionales.*

> Los problemas son "malditos" precisamente por su irreductible complejidad, por la imposibilidad de aplicarles recetas simplificadoras que los hagan manejables para las administraciones públicas (Brugué; Canal; Paiva, 2015, p. 87. Grifos nossos.).

Daí a procura de estratégias adequadas e multissectoriais de encarar o problema em Cabo Verde e a contribuição da ferramenta da interseccionalidade para esse feito.

Em termos de estratégias, Botelho e Nascimento (2016) propuseram a transversalidade em nível de políticas públicas, tendo em conta o carácter interseccional das diferentes formas de exclusão.

> Os problemas tratados pelas políticas públicas abordadas transversalmente são de natureza complexa, ou seja, não têm apenas um foco de irradiação e nem se manifestam apenas de uma maneira específica. Um pressuposto, aqui, é que os problemas multicausados necessitam de abordagens transversais, por trazerem aportes de cada uma das áreas específicas envolvidas em qualquer um dos ciclos da política (Botelho; Nascimento, 2016, p. 28).

A autora e o autor tratam, particularmente, da necessidade do uso da transversalidade nas políticas públicas considerando aspectos como género, raça e classe, podendo acrescentar outras assimetrias. Demonstraram que, se as políticas transversais se fortalecessem, garantiriam uma atuação também intersectorial, conectando as questões de género às questões raciais e económicas, incorporando diferentes setores para a resolução de problemas complexos. Cremos que, não só no Brasil, dificilmente qualquer destes cortes da experiência (género, raça ou classe) atuam sem influenciar ou serem influenciados um pelo outro; em Cabo Verde não seria diferente.

Desta forma, a transversalidade surgiria como uma estratégia de enfrentamento das dificuldades que geralmente as políticas encontram ao atuar diante de problemas multicausados, possibilitando buscar diversas perspetivas sobre estes e somando esforços para que as ações tenham uma probabilidade maior de sucesso relativamente à perspetiva de equidade nas políticas públicas. Apontam ainda que, quando estas atuam de forma estrategicamente transversal nas questões que envolvem as mulheres, a população negra e, em especial, as mulheres negras necessitam de um eixo teórico que possibilite visualizar bem os problemas experimentados por esta parte da população, em seus atravessamentos e complexidades. Junto com a interseccionalidade, se pode dizer que a transversalidade é um instrumento poderosíssimo que está a refletir, formular e construir políticas públicas que atuem, de fato, como medidas de equidade, capazes de reduzir as desigualdades, em diálogo com demandantes das políticas públicas em questão.

Muito embora não seja o objetivo deste artigo analisar as políticas voltadas para o mercado formal de "YÁ", desvelar o aspecto interseccional que envolve as vendedeiras cabo-verdianas é o início de estudos futuros a serem aprofundados. Como dito, este estudo foi breve e buscou atender parcialmente a disciplina Diálogos Transnacionais, da Uni-CV. Nestes termos, seguimos para situar as relações entre Cabo Verde e Estados Unidos, antes de adiantarmos o tema das exportações de "YÁ".

Relações comerciais Cabo Verde e Estados Unidos, o caso de Cabo Verde

De acordo com a Organização das Nações Unidas (Tavares, 2002), Cabo Verde é um pequeno Estado insular em desenvolvimento; as referências às secas e a pouca capacidade de autossubsistência do país têm sido recorrentes, como se fosse uma fatalidade intransponível. Apesar disto, Cabo Verde vem sendo reconhecido pela sua sólida governação política e pela sua trajetória de desenvolvimento, que tem inspirado confiança aos parceiros de desenvolvimento. Em 2007, saiu da classificação de País Menos Avançado (PMA), graduando-se em País de Rendimento Médio (PRM) devido ao bom desempenho em termos de desenvolvimento humano e crescimento económico.

Regista-se ainda que em consequência do aumento na gradação, sendo considerado um País de Rendimento Médio, a ajuda pública ao desenvolvimento e o acesso a empréstimos em condições preferenciais diminuíram drasticamente, e o crescimento económico de Cabo Verde abrandou para uma média de 1,3% de 2010 a 2015. Apesar disso, o país alcançou a maioria dos Objetivos de Desenvolvimento do Milénio (ODM) em 2015; e há indícios que houve a recuperação da economia com um crescimento de 3,2% em 2016.

E, ainda neste contexto, Cabo Verde enfrenta desafios estruturais consideráveis, tais como uma base fiscal reduzida, um mercado pequeno e fragmentado e uma limitada diversificação económica. Também está exposto a riscos relacionados com o clima e a riscos em termos de segurança, estes relacionados com o crime organizado e o narcotráfico.

Reforça-se ainda que com uma economia dependente de turismo, de remessas de emigrantes e de financiamento em condições preferenciais, Cabo Verde está muito vulnerável tanto a choques económicos mundiais quanto a desastres naturais.

Cabo Verde, que é um país com uma tradição de emigração, tornou-se também um país de imigração e de migração interna, o que suscita novos desafios e oportunidades, aspectos que não nos cabe analisar neste momento, mas que precisam ser pontuados em estudos futuros. Neste cenário, um modelo de crescimento económico inclusivo, com enfoque contínuo no desenvolvimento do capital humano e na inclusão social, tem sido visto como uma forma de contribuir para reduzir a pobreza e as desigualdades, inclusive as desigualdades de género, em particular, através de melhorias no acesso e na qualidade da educação, da saúde, da segurança alimentar, da habitação, do emprego e da proteção social (Tavares, 2002).

Diante desse cenário, Cabo Verde tem optado desde a sua independência pela abertura da sua economia ao exterior, uma decisão inicial baseada na necessidade de encontrar um novo modo de inserção na economia mundial após o período de colonização, para enfrentar os novos desafios do desenvolvimento. E, desde logo, a internacionalização da economia cabo-verdiana foi sempre considerada um importante caminho para a promoção do desenvolvimento económico e social sustentável do país, no qual se deve inserir o propósito fundamental de combate à pobreza (Monteiro, 2009).

Na perspetiva de Monteiro, Cabo Verde apostou na cooperação internacional, na, consequente, abertura ao exterior, para enfrentar estes constrangimentos internos, e na integração à economia mundial como meio de alívio para alguns dos problemas que predominam nas pequenas economias insulares. Isto torna Cabo Verde muito vulnerável. O país tem uma economia muito aberta: a taxa de abertura é de cerca de 80% e o peso das importações no PIB é de 57%, o que mostra uma forte dependência. Em segundo lugar, o ajuste da economia depende em grande parte de fluxos de transferências correntes (25% do PIB), ajudas, donativos, etc., seja por meio de ajuda externa ou, principalmente, de remessas de trabalhadores emigrantes.

Relativamente ao Índice de Desenvolvimento humano, no Relatório de Desenvolvimento Humano (PNUD, 2019), publicado dois anos após a realização dos estudos, consta que se assumem três níveis: "é alto, se for igual ou superior a 0,800; é médio, se for igual ou superior a 0,500, mas inferior a 0,800; e é baixo, se for abaixo dos 0,500" (Monteiro, 2009, p. 60). E, no que concerne a Cabo Verde, passou de 0,587, em 1990, para 0,670, em 2002, sendo que em 2018 (momento em que foi feito o estudo) é de 0,651.

De acordo com o Instituto Nacional de Estatística de Cabo Verde, estima-se que em nível do comércio externo verifica-se, no ano de 2019, um decréscimo das exportações na ordem de 14% relativamente ao ano de 2018. No que diz respeito aos dados das importações do ano de 2019, estes aumentaram (2,7%) face ao ano anterior, e verifica-se um aumento das reexportações de 18,4%, comparativamente ao ano anterior. Deste modo, o déficit da balança comercial aumentou (4,4%) e a taxa de cobertura diminuiu em 1,5 pontos percentuais.

Segundo Monteiro, (2009) são múltiplos os parceiros com os quais Cabo Verde mantém relações regulares de cooperação. Parceiros bilaterais e multilaterais, pertencentes na sua maioria à União Europeia, incluindo a própria Comissão Europeia, em que se concentram as principais dinâmicas de relacionamento e parcerias. A esta realidade não é alheio o facto de Cabo Verde ser um país tradicionalmente marcado pela emigração, com ênfase na Europa e nos Estados Unidos. Parceiros de grande importância para Cabo Verde no campo da cooperação e da Ajuda Pública ao Desenvolvimento (APD) têm sido a China e os Estados Unidos.

Madeira (2021) afirma que a relação entre os Estados Unidos e Cabo Verde é antiga. O "achamento" das ilhas entre 1460 e 1462, por navegadores a serviço da coroa portuguesa, serviu para que, durante séculos, Cabo Verde atuasse como um importante entreposto nas navegações do tráfico negreiro; o continente americano se destacou como um de seus principais destinos. Assim, as relações comerciais e "de amizade" entre Cabo Verde e os Estados Unidos remontam a mais de dois séculos. Já em dezembro de 1818 foi instalado na cidade da Praia o primeiro consulado norte-americano de toda a África Subsaariana. Acontecimento esse registrado como um importante elemento do ponto de vista histórico e diplomático.

Entre 1900 e 1920, os Estados Unidos receberam emigrantes do arquipélago, em maior número das ilhas Fogo e Brava, que se aventuravam nos navios e se dedicavam à captura de cetáceos nos mares de Cabo Verde. Os emigrantes, ainda indocumentados, conseguiram entrar nos Estados Unidos, escapando da miséria e das péssimas condições de vida que assolavam as ilhas, sobretudo da decorrente crise de subsistência.

Houve o estreitamento das relações de aproximação de mais de dois séculos, mas a formalização da cooperação só foi possível a partir de julho de 1975, altura em que os Estados Unidos reconheceram Cabo Verde como estado independente. Após a sua independência, em 1975, o país abre o seu primeiro consulado em Boston, com o objetivo de estreitar relações de cooperação e de apoiar a sua diáspora radicada nos Estados Unidos (Madeira, 2021).

Cabo Verde foi beneficiado com dois compactos do programa Millennium Challenge Account (MCA), que se destacaram como um dos principais instrumentos de cooperação entre o arquipélago e os Estados Unidos. Trata-se de um ambicioso instrumento governamental norte-americano administrado pela Millennium Challenge Corporation (MCC) por meio de uma agência de assistência externa criada em 2004 pelo congresso dos Estados Unidos. O programa estimula, essencialmente, os países a investirem em infraestruturas (estradas e portos), energia e agricultura, titulação de terras e direitos de propriedade, água e saneamento, saúde e educação e na promoção de uma agenda económica e de liberalização comercial (Madeira, 2021).

O Primeiro Compacto teve como principal objetivo melhorar as infraestruturas, nomeadamente a expansão e modernização do porto da Praia e a construção e melhoria de estradas e pontes. Investiu-se igualmente no setor agrícola, nomeadamente no domínio da captação e aproveitamento da água e na produção agrícola nas ilhas de Santo Antão, São Nicolau e Fogo, bem como no sector público e privado, com efeitos no sistema de intermediação financeira e no aumento da concorrência no acesso a títulos do tesouro. O Segundo Compacto teve como principal objetivo promover o crescimento económico e a redução da pobreza em Cabo Verde. O compacto centrou-se na reforma de dois sectores estratégicos, a saber: o sector da água, saneamento e higiene e o sector da gestão de propriedades ou cadastro predial (Madeira, 2021).

Feitas estas considerações nos interessa saber um pouco mais sobre a relação das vendeiras de "Ya" com este Cabo Verde que se internacionaliza, bem como o impacto deste mercado informal não só na economia local, mas na vida de algumas mulheres cabo-verdianas.

Metodologia e trabalho de campo

Notas teórico-metodológicas

Tendo em conta a natureza e os objetivos do trabalho, que visam compreender o comportamento de um determinado grupo social (vendedeiras de "Ya" no mercado Sucupira), optou-se pela pesquisa qualitativa porque esta "não se preocupa com representatividade numérica, mas sim com o aprofundamento da compreensão de um grupo social, de uma organização, etc." (Goldenberg, 1997, p. 34). A utilização dos métodos qualitativos busca explicar o porquê das coisas, exprimindo o que convém ser feito, mas não quantificam os valores.

Assim, este estudo se embasou numa revisão bibliográfica sobre a interseccionalidade de género, raça e classe no mercado informal em Cabo Verde, em pesquisas documentais nos relatórios, anuários e sites e em análises de dados estatísticos do Instituto Nacional de Estatística de Cabo Verde. Analisamos sobre o mercado de trabalho (2020), o Boletim das Estatísticas do Comércio Externo anos 2019 e 2020 e o Relatório do Estado da Economia de Cabo Verde em 2015, do Banco de Cabo Verde. Houve ainda a realização de seis entrevistas com mulheres cabo-verdianas, responsáveis pela venda de "Ya" na cidade da Praia, mais especificamente no mercado de Sucupira.

O objetivo desta pequena amostra é produzir informações sobre a vida das vendedeiras de "Ya". A pesquisa de natureza qualitativa preocupa-se com aspectos da realidade que não podem ser quantificados e foca na compreensão e explicação da dinâmica das relações sociais, "trabalhando com o universo de significados, motivos, aspirações, crenças, valores e atitudes, questões difíceis de serem reduzidas à operacionalização de variáveis" (Leite, 2008).

Para Leite (2008), a pesquisa qualitativa permite analisar o fenómeno com base no contexto, enquanto pesquisas que se apoiam em números correm o risco de se afirmarem na exatidão fria e, por vezes, descontextualizada. A investigação com base nos métodos qualitativos utiliza de forma mais adequada os valores culturais e a capacidade de reflexão do indivíduo, e não peca por desconsiderar as inter-relações sutis que possam permanecer entre a análise e as conclusões e que podem distorcer verdades entre o meio e o fim.

Trabalho de campo

No dia 19 de junho de 2022, domingo, dia em que há semanalmente uma grande feira de "Ya" que vai desde a rua principal de Sucupira até a Avenida Cidade de Lisboa, realizamos as entrevistas. No âmbito deste artigo exploramos seis entrevistas com as mulheres vendedeiras de "Ya", com o objetivo de analisar suas condições socioeconómicas e suas influências culturais, incluindo questões de género e raça, que podem estar por trás desse estrato da sociedade. O intuito era avaliar o impacto dessas atividades na sua vida familiar e na sua subsistência.

Foi escolhido um domingo por ser o dia em que existe maior concentração e diversidade de feirantes de "Ya" na cidade da Praia, incluindo as diárias e as que se deslocam ao local semanalmente. Neste dia, por ser final de semana, em que existe menor tráfego de viaturas na cidade, algumas ruas são interditadas ao trânsito, dando lugar à feira.

Inicialmente tínhamos escolhido, de forma aleatória, doze feirantes, começando numa fila de sul a norte, com intervalos de três, ou seja, falamos com a primeira, de seguida com a quinta, depois com a nona, e assim sucessivamente, por questões de barulho e muitas interferências dos clientes. Todavia, apesar deste cuidado, só conseguimos registar de forma mais completa e nítida seis entrevistas, e será sobre estas que teceremos algumas considerações.

As entrevistas

Foram realizadas entrevistas semiestruturadas, em que foram elencadas um conjunto de questões básicas, de acordo com os objetivos da pesquisa, com espaço para perguntas subsequentes, conforme o desenrolar da conversa. Minayo (2004), citado por Neves e Domingues (2007), considera a entrevista semiestruturada um instrumento que possibilita a coleta de informações objetivas e ainda permite captar a subjetividade embutida em valores, atitudes e opiniões, além de oferecer ao pesquisador maior flexibilidade, uma vez que permite intervenções, de acordo com o seu desenvolvimento.

Para a entrevista, além das questões sobre dados pessoais que incluem idade, sexo, estado civil, local de origem, número de filhos e nível de escolaridade, elaboramos mais sete questões básicas relacionadas com: o tempo de permanência na atividade; o motivo que levou a investir na área; a procedência e forma de aquisição dos produtos; o mecanismo de financiamento; a rentabilidade do negócio; os constrangimentos; e a conciliação entre a atividade e a vida familiar (educação dos filhos). A partir delas surgiram outras perguntas adicionais, como: se é solteira, mas vive com o companheiro; se tem outra fonte de rendimento; se consegue acompanhar os filhos na escola e em casa.

Durante as entrevistas, todas as selecionadas mostraram disponibilidade para participar, embora uma tenha preferido o anonimato e outra que não fosse gravada. Assim o fizemos.

Quadro 1 – Vendedeiras de "YA" cabo-verdianas –
Sucupira, cidade da Praia/Cabo Verde, em 19 de junho de 2022

Item	Entrevistas (Nome fictício)	Idade	Local de origem	Nº de filhos	Escolaridade
1	Augusta	60	Praia	3	4ª classe
2	Leonora	31	São Domingos	2	10º ano
3	Maria	45	Praia	3	12º ano
4	Edna	34	Praia	2	7º ano
5	Joyce	36	Fogo	1	Licenciatura
6	Celina	40	Fogo	4	7º ano

Fonte: Elaboração própria.

Para essas entrevistas semiestruturas foram elaboradas as seguintes questões:

1 – Como é o teu nome?
2 – Quantos anos tem?
3 – Que nível de escolaridade tem?
4 - É casada, solteira, viúva, divorciada ou vive em união de facto?
5 – Quantos filhos tem?
6 – Há quanto tempo está nesta atividade?
7 – Como consegue arranjar as mercadorias que vende?
8 – Por que decidiu investir nessa área?
9 – Como conseguiu financiamento para o seu negócio?
10 – O negócio tem dado lucros satisfatórios? Justifique.
11 – Que problemas tem estado a enfrentar neste negócio?
12 – Como tem estado a gerir o negócio e a vida familiar?
13 – Requereu financiamento de alguma instituição?

Resultados preliminares: as mulheres no mercado informal em Cabo Verde

O reconhecimento de que o African Growth and Opportunity Act (AGOA), Lei de Crescimento e Oportunidades para África, é um acordo que se destina a facilitar o comercio entre os Estados Unidos e o continente africano (Cabo Verde Investimentos) representa um importante passo para as aspirações de um país insular e arquipelágico, e muito se tem discutido sobre o seu aproveitamento. De acordo com Madeira (2022), os relatórios apontam que as exportações de produtos cabo-verdianos para o mercado norte-americano têm ficado muito aquém do esperado, tendo sido indicadas as seguintes razões: os empresários cabo-verdianos não entendem nem dominam o mercado americano; a mão-de-obra cabo-verdiana, pelo facto de não estar, minimamente, preparada para os critérios de qualidade requeridos pelo programa.

A parceria entre Cabo Verde e Estados Unidos refletiu na assinatura, em setembro de 2017, do Status of Forces Agreement (SOFA), um acordo legal que os Estados Unidos assinam com todos os países com quem tem atividades de cooperação em segurança militar, Isso abriu espaço para o reforço dessa parceria, criando condições legais no sentido de permitir a presença de forças norte-americanas no arquipélago, dando especial ênfase ao estatuto dos soldados em território cabo-verdiano (Resende-Santos, 2018).

Para além das relações oficiais entre os dois estados, verifica-se várias outras facetas através dos imigrantes cabo-verdianos que há muito contribuem não só com remessas em moedas, mas também com produtos diversos que alimentam grande parte do mercado informal em Cabo Verde, dentre os quais destacamos o "YA".

É visível nas ruas da cidade da Praia, em frente às casas de particulares ou no exterior e interior do complexo comercial conhecido como Sucupira, o fluxo de venda de roupas oriundas, em especial, dos Estados Unidos, conhecido como roupas de "Ya". Sinalizar a complexidade que envolve este mercado e algumas das suas implicações para as mulheres que dele fazem "seu ganha pão", e também para Cabo Verde, é o objetivo deste artigo.

Os produtos são transportados por via marítima nos chamados bidões por familiares residentes nos Estados Unidos como forma de ajudar as famílias cabo-verdianas. A pergunta é: ajudam? Qual o impacto na vida das mulheres cabo-verdianas? E, para Cabo Verde, qual a importância deste comércio nas ruas da cidade da Praia?

Em Cabo Verde, o setor informal é geralmente caracterizado por atividades não registradas que não pagam contribuições fiscais, embora saibamos que em nível do comércio muitas pagam taxas alfandegárias e outras taxas cobradas pelas câmaras municipais. No âmbito de um inquérito realizado em 2015, o Instituto Nacional de Estatística define o sector informal da economia cabo-verdiana como o conjunto de unidades de produção que não dispõem de um número de contribuintes e/ou de uma contabilidade organizada. Segundo os dados do inquérito realizado pelo INE, entre finais de junho e a primeira quinzena de setembro de 2015, o valor acrescentado, bruto, das atividades informais, excluindo o sector agrícola, ultrapassou 12% do PIB do país.

Essas atividades informais eram exercidas, predominantemente, no meio urbano, por mulheres com idade média em torno dos 40 anos e com nível de instrução correspondente ao ensino obrigatório (6 anos). As principais atividades da economia informal, que foi dominada pelo comércio até 2010, aparece em 2015 distribuída de modo mais uniforme entre os ramos da indústria (36,6%), do comércio (34,9%) e de outros serviços (28,5%).

O Relatório do Estado da Economia de Cabo Verde (Bcv, 2015) informa que as reformas estruturais implementadas não teriam sido direcionadas para estimular a criação expressiva do emprego formal e para a contínua qualificação do capital humano, influenciado se calhar pelo pensamento de que o crescimento económico por si só geraria postos de trabalho na economia formal, sendo suficientes para absorver a mão de obra da população ativa.

Segundo os dados do relatório do BCV de 2015, os trabalhadores e trabalhadoras do setor informal trabalham em média 2 horas semanais a mais que no setor formal, sendo que metade ganha menos de 14,2 mil escudos por mês, o que corresponderia a 128.77 euros (cotação de 29 de junho de 2022) e R$ 703,47 reais (cotação de 29 de junho de 2022).

Enfim, depreende-se que o método de risco, o excesso de burocracia, a elevada fiscalidade e o difícil acesso ao financiamento constituem também fatores que poderiam explicar a dimensão do informalismo económico em Cabo Verde e a presença crescente das "YA".

> Se por um lado deve ser reconhecida à economia informal o mérito de prover meios de subsistência (ainda que baixos e irregulares), consumo e educação a uma camada importante da população, possibilitando alguma mitigação da exclusão social e da insegurança, não serão menosprezáveis as implicações negativas da informalidade. A falta de capacidade de organização e de investimento dos agentes da economia informal, bem como a dimensão insuficiente das unidades produtivas informais, traduzem-se numa baixa produtividade e num fraco potencial para gerar crescimento económico. Os trabalhadores e as unidades produtivas da economia informal são predominantemente pobres, com défice de acesso a bens e serviços, à informação, aos mercados, ao financiamento, à formação e à tecnologia, e têm

> dificuldade em recorrer ao sistema judicial para fazer valer os seus contratos (BCV, 2016, p. 37).

Essa leitura da economia informal feita pelo Banco de Cabo Verde, sobretudo acerca do meio urbano, acaba por explicar a posição desfavorecida da camada feminina no mercado do trabalho, em sua maioria, numa perspetiva interseccional de observação; nossas entrevistas compõem esse segmento, são mulheres negras, pobres e com baixa instrução. Mesmo nas áreas rurais onde o setor informal é ocupado, maioritariamente, por homens – o que revela um recorte excludente importante de género –, as mulheres sofrem do mal maior, contribuindo com maior taxa de desemprego ou trabalho não remunerado.

Na perspetiva de análise da multifatorialidade e complexidade que envolve o que Brugué, Canal e Paya (2015) chamaram de "problemas malditos", passamos agora a comentar os dados coletados junto às vendedeiras de "Ya" presentes em Sucupira, sob um olhar interseccional no que se refere ao género, à classe e à geração na relação com a família e o trabalho.

Resultados e análises: as vendedeiras de "YA" na cidade da Praia

Da auscultação feita num domingo de feira em plena Avenida Cidade de Lisboa na Praia, arredores do mercado de Sucupira, verificou-se que a maioria das mulheres iniciou as suas atividades por falta de trabalho no mercado formal. Explicaram que a aquisições dos produtos é feita via direta ou por intermédio de emigrantes cabo-verdianos residentes nos Estados Unidos, ou por aqueles que detêm vistos de estadia e aproveitam um determinado período de tempo para trabalhar e investir em bidões de produtos de "Ya", para repassarem às vendedeiras em Cabo Verde.

Do grupo de mulheres que compõe a nossa amostra, com exceção de três que dizem ter sido beneficiadas pelo fundo de crédito a pequenos negócios, três se autofinanciaram, quer por meio de fundos próprios ou de empréstimos de roupas de "Ya" (consignado), para posterior pagamento. Dizem que, atualmente, o maior constrangimento se dá com o pagamento de vendas feitas a crédito.

Questionadas se dispõem de outra fonte de renda, a maioria das mães vendedeiras informaram que não. Uma das entrevistadas informou-nos, entretanto, que apenas vai vender aos domingos, uma vez que o seu marido emigrante lhe envia regularmente dinheiro para o sustento da família.

As mais novas no mercado e as que não possuem outras fontes de renda são as que demonstram maiores dificuldades.

Ao analisarmos o nível de instrução e a idade média do grupo destas mulheres do sector informal, entendemos o quanto as questões histórico-culturais e familiares estão por detrás dessa situação. A crença existente em Cabo Verde é de que o homem é o chefe da família, e que cabe a ele procurar sustento para ela, podendo trabalhar fora. Já a mulher deveria seguir como dona de casa e cuidadora do lar. É notório no cotidiano cabo-verdiano que esta visão sexista fez com que muitas mulheres introjetassem esse papel "do lar" e pouco se aventurassem na busca por espaço no mercado de trabalho formal e/ou por ocupar o espaço público, o que se agrava porque muitas têm baixo nível educacional – na nossa amostra, por exemplo, apenas uma tem licenciatura, duas ensino secundário e três não concluíram o primário. Isto faz com que muitas sejam barradas no emprego, sob o argumento de que teriam menos qualificação profissional. Além disso, as mulheres que trabalham fora eram muito malvistas pela sociedade africana em Cabo Verde. Essa crença está menos forte, mas segue enraizada e fez com que também, em nível da educação, a prioridade dos pais e das mães fossem para os filhos, e não para as filhas.

Outro fator que pode não parecer interligado, mas merece registo, é que também em Cabo Verde a poligamia informal e a falta de assunção das responsabilidades paternais são um dado evidente. Com isto, muitas das mulheres passam a atuar como vendedeiras de "Yas" – as roupas usadas ou de segunda mão vindas dos Estados Unidos, são arrimos de família. Além de enfrentarem a resistência cultural, sofrem com o estigma de estarem no espaço público contrariando o papel que tentam lhes impor, e seguem sobrecarregadas diante da pesada carga de trabalho que precisam assumir pela sua própria sobrevivência e das suas famílias.

Todas essas circunstâncias contribuíram, num olhar interseccional e com as metodologias interativas usadas por Filice e Carnaúba (2019), que incorporam um olhar para a perspectiva de classe, de género, de geração e de raça (algo pouco evidenciado no contexto de Cabo Verde, porque todas as mulheres ouvidas são negras, incluindo a pesquisadora, o pesquisador e a professora orientadora), para que fosse evidenciado que sobre a mulher cabo-verdiana vendedeira de "Ya" recaem essas múltiplas discriminações. E, sem o acesso à educação, à qualificação profissional e ao emprego, muitas vezes agudizado pelo abandono ou não responsabilização masculina na criação e educação dos filhos, a única solução das "YA" é recorrer ao mercado informal para garantir o sustento dos filhos e o mínimo de sobrevivência digna.

Embora haja alguma expectativa de que essa tendência possa vir a melhorar com a massificação do ensino e da formação, assim como algumas políticas que visem o equilíbrio e a equidade de género, as expectativas ainda são tímidas, devido a estruturada desigualdade na divisão social do trabalho por género.

Os dados do Instituto Nacional de Estatística de 2019, referentes ao mercado de trabalho, apontam uma *taxa de subemprego* de 14,5% para as mulheres e 11,2% para os homens; *desemprego* de 12,1% para mulheres e 10,7% para homens; *emprego informal* não agrícola de 49,6% para mulheres e 47,5% para homens; e um dado importante, que tem a ver com a inatividade (pessoas desempregadas que não procuraram empregos), por muitos classificado como desanimados/as, em que a diferença entre mulheres e homens ainda é maior, de 49,5% e 35,5%, respetivamente (INE, 2020). Esse fator que precisa ser associado ao aspecto cultural que mencionamos brevemente, e que imputa às mulheres um papel voltado para o espaço privado, não o público. Romper com estas estruturas materiais e mentais demanda um longo trabalho de conscientização e formação.

Considerações finais

Como vimos, apesar de ouvirmos apenas seis mulheres, e não termos a pretensão de afirmar que este é o quadro geral em Cabo Verde, o cruzamento entre as informações e os dados estatísticos do INE nos permitiram algumas inferências importantes.

Os dados não nos surpreendem, pois existe uma naturalização das condições de subalternidade para as mulheres que funcionam como gatilhos de discriminação. Não restam dúvidas da desigualdade na divisão sexual do trabalho, em termos de ocupação e ganhos. Diante do quadro, entendemos que a educação pode, a longo prazo, trazer algumas mudanças, mas se faz necessário, com urgência, criar mecanismos para tornar a vida e a forma de sobrevivência destas mulheres menos informais, com perspectivas menos instáveis.

Em relação ao estado de Cabo Verde, os dados mostram que não são muitos os ganhos com a informalidade, pois a grande maioria das mulheres que laboram nesse setor enfrenta problemas de várias ordens, tais como: as difíceis condições de trabalho em espaços abertos, sem mínimas condições higiénico-sanitárias; o problema da falta de acesso ao financiamento; a falta de mecanismos de cobrança das vendas a crédito, muitas vezes ficando sem receber; o problema de acompanhamento e educação dos filhos, que na ausência das mães acabam por também precisarem estar em ambientes seguros, de preferência, tendo formação, como forma de romper com o círculo vicioso da miséria geracional que passa de pai e mãe para filhos e filhas.

No entanto, constatamos que essa atividade tem sido uma das formas de minimizar o problema do desemprego no seio das mulheres, podendo ser um trampolim para ascenderem ao setor formal, na medida em que algumas delas conseguem investir em outros negócios mais organizados, como, boutiques, cibercafés e salões de beleza.

Denota-se também que devido à elevada taxa de desemprego que atinge até as camadas mais escolarizadas, o nível de instrução das mulheres desse setor informa[2] vem aumentando. Dentre as rabidantes que ouvimos, há mulheres com o 10º e o 12º ano de escolaridade e até com formação superior a venderem "Ya", todavia, metade delas ainda não concluiu o primário e isso precisa ser melhorado. A escolarização é fator fundamental para ocupação em melhores postos do mercado de trabalho formal.

Há outros elementos que afetaram a vida dessas mulheres que não cabe aqui aprofundarmos e que ficarão para estudos futuros. São os investimentos que estão a ser feitos para revitalizar o espaço onde o mercado atua.

Consta no relatório final, intitulado *Estudo sobre o impacto comercial e social da construção do novo mercado municipal da Praia* (Évora, 2011), que estão planeando a construção do novo mercado municipal (com localização prevista na zona do Coco), que implicará o encerramento ou a trasladação de um número apreciável de operadores do mercado do Plateau e o encerramento do mercado de Sucupira (onde será construído um centro comercial) (Évora *et al.*, 2011, p. 4).

Certamente, a vida das rabidantes será afetada por esses investimentos, na verdade, já estão a ser. O estudo de Cesa mostra que a preferência dos consumidores pelo Plateau e por Sucupira:

> tem a ver com preços praticados (são mais reduzidos que nos mercados de bairro, em especial no Plateau onde os semigrossistas que também

---

[2] Segundo um dos organizadores desta coletânea, Redy Wilson Lima, ao comentar este artigo, a venda informal existe também no interior das instituições do Estado, e esta prática é considerada por muitas vendedeiras de rua e do Sucupira. Alerta que não seriam, a bem da verdade, "informais", visto que pagam imposto à CMP e têm licença de venda. Entrariam mais no conceito de mercados livres do que de informal, embora esse ser um debate conceptual que não cabe neste artigo. Pela relevância do comentário, incluímos aqui.

> vendem a retalho têm vantagem competitiva) e com a oportunidade de deslocação ao centro (onde a oferta é mais completa e mais diversificada); poderá também estar relacionada com a parte social e de entretenimento (ver familiares, estabelecer relações sociais, divertir-se com a animação do mercado) (Évora *et al.*, 2011, p. 4)

Na atual rede de mercados, os de Plateau e de Sucupira assumem dimensão e importância comercial e social fulcrais, e como vimos são fundamentais para as rabidantes de "Ya" e para muitas outras pessoas que vivem do comércio local. O que fica como questão é qual será o destino dessas pessoas na nova configuração em curso em Cabo Verde, num cenário de tanto investimento estrangeiro e da perda de espaço dos nacionais? Seria ingênuo da nossa parte focar apenas na resistência das mulheres à cultura local que as oprime, na necessidade de formação das mesmas e em outros tantos elementos que só podem ser compreendidos se cruzarmos aspectos que agregam género, classe e território. Todavia, Cabo Verde tem se acomodado confortavelmente como lugar de investimento estrangeiro, e parece que os impactos para a perda da sua autonomia ainda não foram compreendidos em profundidade.

Quanto isto ocorrer, pode ser que seja tarde demais. Cada vez fica mais difícil ocorrer o que Cabral tanto quis e orientou esta coletânea: "Pensar com sua própria cabeça, e caminhar com seus próprios pés".

Referências

AKOTIRENE, Carla. *Interseccionalidade*. São Paulo: Jandaíra, 2019.

RELATÓRIO DO ESTADO *da economia de cabo verde em 2015*. Cabo Verde: Banco de Cabo Verde, 2015. 67 p. Relatório.

BOTELHO, Denise; nascimento, wanderson flor do. Celebração móvel: políticas públicas, transversalidade e interseccionalidade de gênero e raça. In: SANTOS, Deborah Silva; GARCIA FILICE, Renísia Cristina; RODRIGUES, Ruth Meyre Mota. *A transversalidade de gênero e raça nas políticas públicas: limites e possibilidades*. 1. ed. São Paulo: Comunicação Integrada, 2016. p. 26-41.

BRUGUÉ, Quim; CANAL, Ramón; PAYA, Palmira. ¿Inteligencia administrativa para abordar "problemas malditos"? El caso de las comisiones interdepartamentales. *Gestión y Política Pública*, México, v. 24, n. 1, p. 85-130, 2015. Disponível em: https://bit.ly/3Eaqmcd. Acesso em: 20 de maio de 2022.

CABO VERDE. Quadro de cooperação das Nações Unidas para o Desenvolvimento – UNDAF 2018-2022. Disponível em: https://tinyurl.com/3cd329re. Acesso em: 20 de maio de 2022.

CRENSHAW, Kimberlé. A Interseccionalidade na discriminação de raça e gênero. *Cruzamento: raça e gênero*, Brasília, n. 1, p. 7-16, 2002.

DAIGLE, Jeff. Construindo 200 anos de laços históricos entre Estados Unidos da América e Cabo Verde. *Expresso das ilhas*, Praia, dez. 2018. Disponível em: https://tinyurl.com/mr2r3jw4. Acesso em: 20 de maio de 2022.

ÉVORA, Iolanda *et al.* (Org.). Relatório final estudo sobre o impacto comercial e social da construção do novo mercado municipal da Praia. Cesa – Centro de Estudos sobre África e do Desenvolvimento. Praia, 2011.

GARCIA FILICE, Renísia Cristina.; CARNAÚBA, Rayssa Araújo. Metodologia interativa na gestão pública de políticas públicas: métodos combinados numa abordagem antissexista e antirracista. In: OLIVA, Anderson Ribeiro *et al.* (Org). *Tecendo redes antirracistas: Áfricas, Brasis e Portugal*. Belo Horizonte: Autêntica, 2019. p. 109-132.

GERHARDT, Tatiana Engel; SILVEIRA, Denise Tolfo (Orgs.). Métodos de pesquisa. Porto Alegre: Editora da UFRGS, 2009.

GOLDENBERG, M. *A arte de pesquisar*. Rio de Janeiro: Record, 1997.

INSTITUTO NACIONAL DE ESTATÍSTICA. Estatística do emprego e mercado de trabalho: Inquérito multi-objectivo, Praia, 2020.

LEITE, Francisco. *Metodologia científica: métodos e técnicas de pesquisa (monografias, dissertações, teses e livros)*. São Paulo: Ideias & Letras, 2008.

MADEIRA, João Paulo. Cabo Verde e os Estados Unidos de América: uma ligação bicentenária. *Janu.net, e-journal of international relations*, Lisboa, v. 12, n. 2, p. 94-103, nov. 2021.

MANZINI, Eduardo. Entrevista semi-estruturada: análise de objetivos e de roteiros. In: SEMINÁRIO INTERNACIONAL SOBRE PESQUISA E ESTUDOS QUALITATIVOS, 2, 2004, Bauru, *Anais*... Bauru: USC, 2004.

MONTEIRO, Eder M. *A política de cooperação em Cabo Verde*. 2009. Dissertação (Mestrado em Ciências Políticas) – Universidade Lusófona de Humanidades e Tecnologias, Faculdade de Ciências Sociais e Humanas, Portugal, 2009.

NEVES, Eduardo Borda; DOMINGUES, Clayton Amaral. *Manual de metodologia da pesquisa científica*. Rio de Janeiro: Centro de Estudos de Pessoal; Escola de Aperfeiçoamento de Oficiais, 2007.

RESENDE-SANTOS, João. O significado do SOFA [1] para Cabo Verde. *A Nação*, Cabo Verde, out. 2018. Disponível em: https://bit.ly/3OPnkii. Acesso em: 20 de maio de 2022.

SANTOS, Sandra dos; GARCIA FILICE, Renísia Cristina; RODRIGUES, Mauro Miguel. *A transversalidade de gênero e raça nas políticas públicas: limites e possibilidades*. Brasília: UnB, 2016.

TAVARES, Adilson de Jesus Cabral. Cabo Verde e os desafios da política internacional contemporânea. *Revista Estudos Políticos*, Rio de Janeiro, v. 4, n. 8, p. 211-235, fev. 2013.

O corpo sexualizado feminino, expropriação e reparação: uma conversa entre (sobre) mulheres negras

Loyde Cardoso
Renísia Cristina Garcia Filice

A subjugação de gênero compõe com a extrema violência racial a desigualdade econômica e outras assimetrias, tais como geração, território/lugar de moradia e outros fatores que se conectam e (se) formatam nas relações desiguais, potencializam a exclusão e, em conjunto, formam o que chamamos de "colonialidade do poder". Essas dinâmicas fazem parte da estrutura do sistema-mundo e se complexificaram no mundo moderno, não porque não existissem, mas porque passaram a ser notadas e problematizadas.

O termo colonialidade do poder aqui adotado foi cunhado por Aníbal Quijano (2005), e se refere à ideia de que a raça e o racismo são os principais elementos constitutivos e organizadores das relações de poder entre conquistadores e conquistados no período colonial, bem como para a acumulação de capital no mercado mundial no mesmo período. Seu termo antagônico, decolonialidade/decolonial, é utilizado por nós em uma acepção um pouco diferenciada. Assim como o fazem Bernardino-Costa e Grosfoguel (2016, p. 17), que a compreendem não só como um projeto acadêmico, mas como uma "prática de oposição e intervenção, que surgiu no momento em que o primeiro sujeito colonial do sistema-mundo moderno/colonial reagiu contra os desígnios imperiais que se iniciou em 1492". Esse padrão de poder, como afirma Quijano, não se restringiu ao domínio material, mas estendeu-se para a produção do conhecimento moderno/colonial, capitalista e eurocentrado, além de cisheteronormativo, patriarcal e racista, como foi percebido e apontado por María Lugones (2008), ao fazer o cruzamento necessário entre a análise do padrão global capitalista de Quijano e a análise interseccional sobre gênero, raça e colonização, que constitui os feminismos de mulheres de cor dos Estados Unidos e os feminismos das mulheres do Terceiro Mundo.

O sistema-mundo que conhecemos assim o é porque está assentado sobre fundamentos ontoepistemológicos que viabilizam a expropriação total de um grupo de pessoas em detrimento de outro grupo. Analisar e compreender o funcionamento dos aparatos biopolíticos acionados para a manutenção desses fundamentos faz parte do trabalho de pensar o fim desse mundo constituído pela colonialidade, como preconizado por Silva (2019). Nesse sentido, duas autoras se destacam quanto à crítica que fazem ao pensamento pós-iluminista: Oyèrónkẹ́ Oyěwùmí e Denise Ferreira da Silva. Nesse primeiro momento, recorremos a essas duas pensadoras negras, não só para denunciarmos os efeitos desse domínio ocidental sobre os modos de ser, viver e saber no mundo, como também para imaginarmos meios de ser, viver e conhecer *outra-mente*.

Oyèrónkẹ́ e Denise são mulheres negras, contemporâneas e que se dedicam à pesquisa sobre questões de raça e gênero. Elas têm feito suas considerações de um lugar que, não sendo privilegiado, ainda fornece uma percepção específica, aquela que só "o outro do outro", como afirma Grada Kilomba (2019), pode ter, e como a própria Oyèrónkẹ́ afirma sobre as mulheres negras que são consideradas como a "categoria residual e não especificada do outro" (Oyěwùmí, 2021, p. 186).

Oyèrónkẹ́ Oyěwùmí é uma pesquisadora, socióloga e epistemóloga nigeriana que desenvolveu seus estudos sobre a intersecção entre colonização e família, assumindo o *oxunismo* como uma proposta epistemológica decolonial centrada na categoria Ìyá. De acordo com Nascimento (2021), o *oxunismo*, baseado em *Oxum* (orixá vinculada à primogenitura da humanidade), tem o objetivo de ler as experiências das mulheres africanas na resistência à imposição do gênero pela moderna colonialidade.

Já Denise Ferreira da Silva é uma filósofa brasileira radicada na América do Norte, onde atua como professora e diretora do Institute for Gender, Race, Sexuality and Social Justice (GRSJ), da University of British Columbia (UBC). Tanto em sua prática acadêmica como em sua prática artística, ela aborda questões éticas ligadas às dimensões metafísicas e ontoepistemológicas do pensamento moderno, com especial atenção aos desdobramentos dessas questões para uma noção de diferença e subjugação racial. Ambas as autoras compõem estudos que confrontam as epistemologias modernas e nos fornecem recursos para a descolonização do pensamento.

Em seu livro, *A invenção das mulheres: construindo um sentido africano para os discursos ocidentais de gênero*, Oyèrónkẹ́ Oyěwùmí (2021) nos apresenta o resultado de suas pesquisas realizadas ainda no fim da década de 1980, que trata da mudança epistemológica causada pela imposição das categorias de gênero no discurso iorubá. Oyěwùmí afirma que, antes do período de colonização, não existia a categoria "mulher" na Iorubalândia, e que essa invenção advém do domínio epistêmico do Ocidente sobre as ideias e a produção de conhecimento, inclusive nos estudos africanos. A análise feita pela autora nos coloca diante de reflexões essenciais para o entendimento da situação acima mencionada, porque é feita de uma perspectiva fora desse arcabouço teórico ocidental.

Para Oyèrónkẹ́ Oyěwùmí, a lógica ocidental é construída a partir do sentido da visão (a cosmovisão) e das distinções que derivam desse sentido a determinados tipos de corpos:

> A razão pela qual o corpo tem tanta presença no Ocidente é que o mundo é percebido principalmente pela visão. A diferenciação dos corpos humanos em termos de sexo, cor da pele e tamanho do crânio é um testemunho dos poderes atribuídos ao "ver". O "olhar" é um convite para diferenciar. Distintas abordagens para compreender a realidade, então, sugerem diferenças epistemológicas entre as sociedades. [...] O termo "cosmovisão", que é usado no Ocidente para resumir a lógica cultural de uma sociedade, capta o privilégio ocidental do visual (Oyěwùmí, 2021, p. 28-29).

Nesses termos, as categorias sociais ocidentais, como gênero e raça, são baseadas em uma ideologia determinista biológica que fornece a base para a organização do mundo social – ou seja, uma "bio-lógica", que se realiza em um raciocínio corporal e pela somatocentralidade. Assim sendo, o corpo passa a ser o alicerce sobre o qual a ordem social é fundada. Nesse sentido, também é essencial considerar o que diz Oyěwùmí (2021) a respeito do dualismo cartesiano entre mente e corpo como pré-condição do pensamento racional, que viabilizou a categorização dos Outros corporalizados e destituídos da razão:

> Mulheres, povos primitivos, judeus, africanos, pobres e todas aquelas pessoas que foram qualificadas com o rótulo de "diferente", em épocas históricas variadas, foram consideradas como corporalizadas, dominadas, portanto, pelo instinto e pelo afeto, estando a razão longe delas. Elas são o Outro, e o Outro é um corpo (Oyěwùmí, 2021, p. 30).

Por sua vez, Denise Ferreira da Silva faz uma análise da conjuntura ontoepistêmica na qual está assentado o pensamento moderno, que permite e corrobora a continuidade da expropriação de corpos não-europeus. Fazendo uma crítica ao pensamento de Descartes, Hegel, Kant e outros pensadores, a autora expõe os três pilares ontoepistemológicos que propiciam a ordenação do mundo no modo como o conhecemos, a saber: a *separabilidade*, a *determinabilidade* e a *sequencialidade*.

As categorias sociais advindas desses pilares, como resultados de comparação, mensuração e classificação, "atribuem a violência inerente a aparatos biopolíticos e disciplinares aos sujeitos afetáveis que esses produzem: o outro-negro, a outro-mulher, o outro-sexual" (Silva, 2019, p. 59), nos quais outras possibilidades ontológicas se abrigam.

Ao perscrutar mais a fundo a *separabilidade*, a *determinabilidade* e a *sequencialidade*, Silva (2019) explica como esses aparatos se articulam para a criação de descritores ontoepistêmicos, como a *interioridade* e a *exterioridade*. Enquanto a interioridade, ligada ao desenvolvimento do espírito e à historicidade, inscreve o sujeito europeu como uma coisa da razão (do conhecimento formal), ou seja, o sujeito autodeterminado e social, a *exterioridade* se configura como um desdobramento da *separabilidade*, figurada pelo corpo e pelo território, presumida nas duas figurações do "excesso" (o violento e o erótico). O excesso, por sua vez, é justamente aquilo que não tem valor, porque não tem uma medida ou significado ontológico compreensível à gramática do pensamento moderno.

> Domado, apreendido como um significante da exterioridade dentro do pensamento moderno ocidental, o corpo foi repetidamente usado como referente de outros modos de existir como seres humanos, daquilo que excede e, portanto, ameaça as narrativas da lei e da moral autorizadas pela razão soberana (Silva, 2019, p. 74).

Por meio das análises propostas pelas duas autoras, podemos identificar como a lógica determinista e somatocêntrica é acionada desde sempre e faz da racialidade e do gênero limites para a justiça e para os direitos daqueles determinados como Outros, que não são compreendidos pelo sistema jurídico e pela ética. Cabe ressaltar que, tampouco, essa é uma questão meramente material, que seria suprimida pela resolução dos problemas de classe, com uma emancipação política, pois, como afirma Anne Phillips (2009) – em sua análise sobre o deslocamento da desigualdade para a diferença, nos discursos da teoria política e social, a partir da discussão entre Nancy Fraser e Iris Marion Young – é uma incoerência epistemológica distinguir uma base econômica de uma superestrutura política e cultural fundamentada em gênero, etnicidade ou raça, uma vez que a violência doméstica, as agressões raciais, a demonização do Islã, a estigmatização das sexualidades desviantes, dentre outras, constituem formas de dominação que não podem ser apreendidas pelos "interesses materiais" em um sistema-mundo capitalista, no qual as diferenças corporais e culturais são acionadas para a manutenção das desigualdades.

A questão que se coloca é: que corpo é esse que está no centro da discussão sobre a colonialidade do poder? Na grande maioria dos estudos, o corpo do colonizador é masculino, assim como o corpo do colonizado, e isso é percebido tanto por Oyěwùmí (2021, p. 169) como por Silva (2019, p. 62). Nesse sentido, um questionamento em comum guia seus pensamentos para compreensão da arquitetura ocidental: o que encontraríamos se, em vez de pensar a situação colonial (o tripé colonialismo, patriarcado e capitalismo) a partir do corpo do nativo/homem/colonizado, o fizéssemos partindo do corpo da nativa/mulher/colonizada?

Em outras palavras, como seria se o mundo fosse pensado a partir do corpo da mulher negra enquanto significante de fora/de antes da estrutura ontoepistêmica moderna?

O corpo sexualizado feminino e a situação colonial

De acordo com a análise da professora Denise Ferreira da Silva, no padrão da sociedade atual, o corpo masculino é o corpo soberano, enquanto o corpo da nativa/escrava é aquele referente que não pode ser recuperado como sujeito do desejo em descrições ético-políticas que pensam o Outro a partir da separabilidade, determinabilidade e sequencialidade. Por isso, ela aparece desde sempre como resolvida pela economia patriarcal em narrativas de dominação – escravidão, casamento, estupro, objetificações diversas –, como se essa fosse sua condição natural. Esse corpo, no entanto, por ser um descritor do excesso, abre espaço para uma crítica radical do presente global, capaz de escapar das armadilhas impostas pelo pensamento pós-iluminista; é um corpo que desestabiliza apropriações imediatas da figura da mulher, assim como conserva a possibilidade de um outro desejo, ou seja, de ontologias possíveis, de um outra-mente que advêm de existências e possibilidades barradas (Silva, 2019, p. 77). O corpo sexualizado da nativa negra tem seu potencial radical em sua insistência por significar outra-mente, justamente o que ameaça a realização dos objetivos jurídico-econômicos coloniais e aponta para reparação daquelas ontologias negadas.

Essa crítica radical e subversiva é realizada por Oyèrónkẹ́ Oyěwùmí, quando captura a cena atual da sociedade iorubá a partir do corpo da mulher e quando recupera a história das *obìnrins;*[1] assim como por Lélia Gonzalez, no contexto da Améfrica Ladina, por Sueli Carneiro, Carolina Maria de Jesus, Conceição Evaristo, e muitas outras mulheres que têm pensando a cena colonial tratada aqui, especialmente a brasileira, a partir do corpo da mulher negra, colocando em xeque a realização dos objetivos patriarcais e colonialistas do mundo que conhecemos.

Gênero e expropriação: um exercício de (des)pensar a cena colonial

A tradução para o inglês dos termos iorubás *obìnrin* e *ọkùnrin*, "mulher" e "homem", respectivamente, assim como de *okó* e *aya* para "marido" e "esposa", são os exemplos utilizados por Oyěwùmí (2021) para demonstrar as mudanças epistemológicas causadas pela introdução de uma categoria de gênero e a consequente invenção das mulheres na Iorubalândia, em uma sociedade em que não havia distinção baseada em corporalidades, e onde o gênero não poderia ser um fator estruturante das relações sociais, que, por sua vez, eram estruturadas pela senioridade. Essa, por sua vez, é uma categoria social relacional e não-dicotômica, definida pela idade relativa entre as pessoas; ou seja, a senioridade é a classificação social das pessoas com base em suas idades cronológicas. Ela não é baseada no corpo, mas nas relações, nas situações e entre lugares históricos na comunidade, uma vez que ninguém está permanentemente em uma posição de idade maior ou menor, mas depende de quem está presente na situação.

Já *obìnrin* e *ọkùnrin*, diferentemente de fêmea e macho na sociedade ocidental, são categorias de anatomia, que se referem a uma distinção fisiológica ligada à reprodução, mas que não se estendem para privilégios e desvantagens sociais. Elas não projetavam hierarquias sociais. Oyěwùmí opta por traduzi-las por "*anamacho*" (*ọkùnrin*) e "*anafêmea*" (*obìnrin*) – termos que

[1] Oyěwùmí (2021) desataca que o termo *obìnrin* é erroneamente traduzido por "*fêmea*", assim como o termo *okùnrin* é traduzido por "*macho*". *Obìnrin* é uma categoria primariamente relacionada à anatomia, de modo que a autora opta por traduzi-lo por "anafêmea", indicando a característica fisiológica da procriação, não sugerindo suposições sociais ou psicológicas que derivem dela.

guardam as distinções anatômicas e fisiológicas da reprodução, mas não têm conotação hierárquica como os termos homem e mulher. Semelhantemente, *aya* e *oko* eram termos ligados à senioridade dentro da estrutura familiar, mas que depois foram traduzidos, respectivamente, para "*esposa*" e "*esposo*". Aqui queremos nos deter nos impactos político-jurídico-econômicos desse evento colonial sobre a vida da recém-criada africana/mulher africana (p. 187), que é um corpo subordinado; bem como buscamos compreender o que esse corpo revela sobre a situação colonial.

De acordo com Oyěwùmí (2021), a hierarquização social na situação colonial se dava em consequência das categorias de raça e gênero, que, pela bio-lógica, se desdobravam em mais quatro categorias: homens (europeus); mulheres (europeias); nativos (homens africanos); e as Outras (mulheres africanas), a quem, como citamos inicialmente, Oyěwùmí diz ter sido reservada uma categoria residual e não especificada do Outro (nativo). Daí compreendemos que, da nova configuração ontoepistemológica surgida com a corporificação (generificação e racialização) da sociedade iorubá, restou à *obìnrin* um lugar de extrema outridade e marginalização. Desse lugar, esses corpos são considerados excesso, uma categoria que indica a total incompreensibilidade dessas pessoas pelo sistema ético, pela justiça e pelo direito, assim como de seu potencial subversivo para a gramática moderna.

A partir dessa situação, a autora reflete sobre o contexto de desapropriação pelo qual essas mulheres foram submetidas, tendo sido retiradas da história, do governo, sendo ensinadas a serem submissas através de um sistema educacional patriarcal, sendo excluídas da esfera pública e dos espaços de poder e, pouco a pouco, vendo seu status social sendo alterado de sujeito autônomo para mulheres subordinadas, até o ponto de sua total expropriação material e simbólica.

A exclusão das mulheres da esfera pública é resultado da tradição patriarcal imposta pelo domínio europeu sobre a criação dos sistemas de Estado na África. Por outro lado, no período pré-colonial, *anamachos* e *anafêmeas* tinham múltiplas identidades e funções sociais que não eram determinadas por sua anatomia, inclusive os espaços de poder assim não eram determinados, de modo que tanto *anamachos* como *anafêmeas* poderiam ser *aláàfin* (governantes). No entanto, com o recém-criado Estado colonial patriarcal e com uma de suas primeiras realizações – a invenção das mulheres – essas tiveram seu status político-jurídico alterado para o outro plano da outridade, de onde não poderiam exercer funções de poder, longe das tomadas de decisões sobre aspectos importantes da vida, como casamento, gravidez e divórcio que, agora, estavam sob a alçada do Estado, um espaço do qual elas estavam sendo excluídas.

A transformação de *ayas* em esposas também implicou em uma mudança de status daquelas que antes dispunham de independência e podiam trabalhar para o seu próprio sustento e de sua prole, além de terem acesso direto à participação no grupo familiar. Agora, como esposas, o seu acesso à cidadania é mediado pelo casamento, o que causa, inclusive, uma mudança no seu acesso à propriedade, que antes era obtido por diversas bases a partir de sua linhagem – ela poderia ser herdeira do pai, da mãe ou dos irmãos. Com a constituição colonial da propriedade conjugal, elas perdem o direito exclusivo via linha de parentesco a essas propriedades, e passam a compartilhá-lo com o marido, como explica Oyěwùmí:

> Portanto, a aparente provisão de direitos de "propriedade conjugal" na lei colonial não era necessariamente uma coisa boa para as mulheres porque a constituição de uma nova categoria de propriedade chamada propriedade conjugal significava que as esposas perdiam seus direitos independentes de propriedade e que, da mesma forma, os maridos agora poderiam assumir as propriedades de suas esposas. Além disso, o posicionamento das esposas como beneficiárias dos maridos também significava que os direitos de algumas outras mulheres, como mães, irmãs e filhas, eram revogados (Oyěwùmí, 2021, p. 194).

O domínio do cristianismo patriarcal também exerceu seus efeitos sobre a recém-criada mulher iorubá. Com o intuito de transformação total daquela sociedade, um dos principais alvos foi a questão cultural dos casamentos múltiplos, considerado um pecado intolerável. O que se esperava de um bom cristão então era que ele se desfizesse de suas demais esposas e ficasse apenas com uma delas, gerando um contexto de privação dos direitos não só das esposas agora abandonadas, mas também de sua prole que seria considerada bastarda.

A relação entre mulheres e propriedade se estende para o problema da terra. Como dissemos, no período pré-colonial, a terra era um bem comunitário compartilhado pela linhagem nativa, dos quais machos e fêmeas tinham direitos de uso. Nesse sentido, o direito das *obìnrin* à terra era garantido pelo pertencimento à linhagem. Com o colonialismo, esse direito passa a ser interpretado como acesso por meio do pai ou do casamento; e além disso, oportuniza-se a mercantilização das terras de modo que a noção comunal do direito se transforma em direito privado (Oyěwùmí, 2021, p. 212). A essa altura, com as transformações derivadas da invenção das mulheres iorubás enquanto categoria, elas já não eram um indivíduo independente com participação direta no grupo, como já mencionamos. Agora, como indivíduo dependente, caracterizado pela "esposarização da cidadania", visto como cidadã de segunda classe, as mulheres não poderiam exercer o papel de proprietárias:

> Primeiro, o movimento da propriedade coletiva da terra para a propriedade privada e individual foi utilizado contra as mulheres, porque, por definição colonial (como sugere a redação do decreto), apenas os homens podiam ser indivíduos. Segundo, dado que a residência matrimonial na Iorubalândia era geralmente patrilocal, é improvável que a mulher ocupasse a terra "sozinha". Adianto em pontuar que a aparente desvantagem nesse caso não decorreu da tradição iorubá da patrilocalidade, mas da lei colonial de que a ocupação da terra constituía propriedade, revogando assim os direitos pré-coloniais de acesso conferidos pelo nascimento (Oyěwùmí, 2021, p. 215).

Essa nova interpretação do direito à terra foi tão internalizada que as patrilinhagens já não estavam dispostas a transmiti-lo às fêmeas, preferindo passar as terras para os membros masculinos.

Sem a pretensão de aprofundar o assunto, registra-se que a história nos revela outros momentos em que o gênero é instrumentalizado para a apropriação do capital, como explicitado por Silvia Federici, em *Calibã e a Bruxa* (2017); nesse caso, se tratavam de mulheres brancas. Quando se trata da análise de um contexto colonial, o corpo sexualizado feminino da mulher negra precisa ser acionado para uma maior compreensão dos acontecimentos, o que podemos observar na própria descrição realizada por Federici, segundo a qual, no final do século XX, a caça às bruxas persistia na África, em regiões como Nigéria, Quênia e Camarões. Esse evento é acompanhado pela perda de posição social das mulheres, pela privatização da terra e dos recursos comunais, pelo saque e pela divisão de comunidades que antes estavam em coesão (Federici, 2017, p. 416-417). Mas é só através do corpo da nativa africana que conseguimos acessar o fato de que para existirem bruxas, primeiro foi necessário que o patriarcado inventasse as mulheres naquela região, por meio de um contínuo processo de expropriação de direitos, que pôde levar algumas delas à aniquilação física.

Essa história de expropriações físicas, materiais e simbólicas que compõem a arquitetura jurídico-política do colonialismo, do patriarcado e do capitalismo contada por Oyěwùmí só pôde ser compreendida a partir do corpo sexualizado feminino da mulher negra. A cena atual da sociedade iorubá mostra o gênero como um aparato biopolítico de subjugação que muitos teóricos podem compreender como uma característica universal; no entanto, quando Oyěwùmí articula o corpo da nativa colonizada, ela captura a cena, dissolve toda a instrumentalização do gênero através da história de expropriação e apresenta o que Silva (2019) chama de excesso – o potencial outramente inscrito no corpo sexualizado da mulher, que é a possibilidade de uma sociedade se relacionar aquém de determinações corporais generificadas, como *obìnrin* e *aya*. Esse potencial de subverter os aparatos coloniais não se restringe ao exemplo dado pela autora nigeriana, mas pode ser localizado também na diáspora, na luta de mulheres negras contra a violência e pelo acesso à justiça.

Corpo da mulher negra: pilar da amefricanidade

Silva (2019, p. 85-86) denomina a crítica realizada a partir do potencial subversivo inscrito no corpo da nativa/escrava como "*práxis* radical" – nomeada também de "*Poética Negra Feminista*" – capaz de recuperar/anunciar uma variedade de possibilidades para o conhecer, o fazer e o existir; isso porque recorda do sujeito antes de ter sido transformado no Outro, em objeto ou em mercadoria.

Em todo o mundo, pensadoras negras têm colocado em xeque os fundamentos e categorias coloniais em prol da alforria de corpos subjugados pela moderna colonialidade. Aqui, queremos conclamar também a atividade intelectual de Lélia Gonzalez, enquanto expressão dessa *práxis radical*, como meio de confrontar a violência, reivindicar o acesso à justiça e demandar a restauração do valor total expropriado daqueles denominados Outros.

Lélia foi uma intelectual, historiadora e filósofa, cuja obra denuncia os efeitos do mito da democracia racial e da ideologia do branqueamento no Brasil; viés sem o qual a sociedade brasileira não poderia ser totalmente compreendida. Enquanto muitos estudiosos sociais tratavam a população negra como objeto passivo de estudo, como aponta Guerreiro Ramos (1995), Gonzalez trazia à luz a história de atuação do Movimento Negro e dos heróis da negritude e dava especial atenção – observável quantitativamente em vários de seus artigos – à atuação e ao lugar concedido à mulher negra em nossa sociedade.

Em suas análises, Gonzalez (2020e) evidencia que o sistema de dominação ideológica operante na sociedade brasileira é também baseado em diferenças biológicas que incidem diretamente sobre a mulher negra:

> Do mesmo modo, nós, mulheres e não brancas, somos convocadas, definidas, e classificadas por um sistema ideológico de dominação que nos infantiliza. Ao nos impor um lugar inferior dentro de sua hierarquia (sustentado por nossas condições biológicas de sexo e raça), suprime nossa humanidade precisamente porque nos nega o direito de ser sujeitos não apenas de nosso próprio discurso, mas de nossa própria história. Não será necessário dizer que com todas essas características, estamos nos referindo ao *sistema patriarcal-racista*. (Gonzalez, 2020e, p. 141).

Nesse contexto, segundo a filósofa e historiadora, o caráter duplo dessa condição biológica (racial e sexual) torna essas mulheres mais oprimidas e exploradas em uma região de capitalismo patriarcal-racista dependente. Essa opressão se estabelece no modo como essa mulher é contemplada e que aparece bem evidenciado pelo ditado "branca para casar, mulata para fornicar e negra para trabalhar", pelo qual compreende-se que, pela lógica de dominação, esse só pode ser um corpo que trabalha ou um corpo erótico (Chauí *apud* Gonzalez, 2020b, p. 170). Essa concepção sobre o corpo da mulher negra é uma manifestação da somatocentralidade e da consequente abjeção ao corpo que se estabelece como um duplo nó, tal qual a ideologia do branqueamento e a democracia racial, no sentido de que se elogia aquilo mesmo que pretendia aniquilar:

> Numa sociedade que separou espírito e corpo, fez do primeiro algo superior ao segundo, valoriza a razão contra a paixão, a inteligência contra a sensibilidade, o elogio da sensualidade rítmica dos negros e das mulatas, é a forma acabada e perfeita do duplo nó: elogia-se aquilo mesmo que a sociedade inferioriza e condena (Chauí *apud* Gonzalez, 2020b, p. 170).

Esse duplo nó se instaura em diversos âmbitos sociais quando o corpo da mulher negra é colocado em pauta, seja na elaboração e acesso a políticas públicas, seja nas relações afetivas ou até na representação artística e literária, ela é uma "prisioneira permanente da natureza". Por isso, ela é a principal vítima de feminicídio, representando 62% dos casos desse tipo de crime. Ela tem também mais chances de sofrer violência obstétrica, mais chances de ter atendimento médico negado, de não fazer um acompanhamento pré-natal adequado, de ser impedida de ter um acompanhante durante o parto, de não receber anestesia para alívio da dor e de ouvir diferentes agressões verbais (Leal *et al.*, 2017). Por isso também, seu trabalho de doméstica, com enorme impacto econômico, foi por muito tempo (e ainda é) considerado uma relação não trabalhista, mas dissimuladamente familiar, remontando aos tempos de escravidão.

O trabalho de desvendar e expor o nó apertado que estrangula a vida e o direito da população negra no Brasil é exercido por Lélia, a partir de uma *práxis radical* elaborada, principalmente, a partir do reconhecimento da importância da mulher negra para a nossa sociedade, e isso é feito sob o aporte metodológico próprio: a amefricanidade. É de Lélia Gonzalez (2020a) a concepção da categoria político-cultural de amefricanidade, cujo valor metodológico está em resgatar uma unidade não só geográfica, mas também cultural, dentro de um processo histórico de adaptação, resistência, reinterpretação e criação de novas formas de viver na diáspora de maneira afrocentrada. Em sua essência, a amefricanidade é radicalmente anticolonial e anti-imperialista, assim como a figura da Nanny, a quem a autora atribuiu o título de "pilar da amefricanidade". Sim, uma mulher negra ladino-amefricana da Jamaica foi escolhida por Lélia como um dos sustentáculos de nossas lutas atuais.

Para Gonzalez (2020d), já na época colonial, a amefricanidade se manifestava na elaboração de estratégias de resistência cultural, nas revoltas e no desenvolvimento de formas alternativas de organização social, como os quilombos no Brasil ou os *cimarrones*, os *palenques* e os *maroon societies* em outras rincões da Améfrica Ladina. Através da história de Nanny, Lélia chama atenção justamente para a atuação das mulheres negras nesse contexto de lutas e resistência. De acordo com a estudiosa, Nanny, uma grande líder quilombola, está para a Jamaica assim como Zumbi está para o Brasil.

Apesar de negligenciada pelos historiadores, Nanny é reverenciada pelos *maroons*.[2] O registro dessa líder trazido por Gonzalez (2020d, p. 155) refere-se mais aos mitos que se propagam a respeito dela através dos tempos na sociedade jamaicana do que aos esparsos registros históricos. A autora brasileira elenca três episódios de sua história que apontam para características da mulher quilombola e revolucionária: o primeiro é a destruição das provisões dos *maroons* pelos ingleses, com o intuito de enfraquecê-los pela fome – segundo a própria autora, diz respeito ao papel da mulher que assegura a regeneração e a continuidade de uma sociedade em condições adversas; o segundo é a existência de um enorme caldeirão mágico constantemente

2 Descendentes de *maroons* – africanos que escaparam da escravidão na ilha da Jamaica e estabeleceram comunidades livres no interior montanhoso, semelhante aos quilombos brasileiros.

fervendo colocado por Nanny para consumir os adversários que chegassem perto, e aponta para a perspicácia feminina em desenvolver estratégias contra o inimigo baseadas no saber próprio do grupo; e o terceiro, episódio que nos interessa especialmente, em que Nanny parou com as nádegas as balas disparadas por seus opositores, o que, para Lélia, simbolizaria a profunda radicalidade de uma posição anticolonialista.

Aqui, cabe recordarmos da categoria freudiana de objeto parcial, citada por Lélia Gonzalez (2020a) como um elemento por excelência de nossa neurose racial, centrada na bunda de mulheres negras. O que a autora observa no terceiro relato sobre Nanny, é a subversão dessa construção inconsciente do racismo, transformada agora em rejeição radical aos valores, às instituições e às práticas do colonizador.

Uma espécie de *Oyá*, segundo a própria Lélia, ela aponta para um modo distinto de atuar em sociedade. As ações de Nanny, ao se opor aos *bakras* (ingleses) para defender o seu povo, recobram a consciência existente em *Oyá*, que representa a ira feminina contra a injustiça, conforme explica Minna Salami (2015).

Ao descrever a luta de uma mulher liberiana, Leymah Gbowee, pela paz durante a Segunda Guerra Civil da Libéria, Salami (2015) relaciona a organização e as ações das mulheres lideradas por Gbowee com aquela consciência feminina de *Oyá*, que, enquanto divindade do vento e do relâmpago, bem como patrona do mercado e dos negócios das mulheres, representa uma força de liderança feminina, que restaura o equilíbrio na sociedade por todos os meios, mesmo, se necessário, causando anomia. Sua ação transformadora, como afirma a autora, vem não só da turbulência e do combate, mas também de um lugar de compaixão e complexidade, o que Salami chama de "compaixão radical". *Oyá* sabe ser búfala e sabe também ser borboleta, assim como Nanny, ao aceitar um tratado de paz, mesmo contra os protestos de seu mais importante capitão. A essa conexão entre o feminismo africano e a orixá dos ventos e dos raios, Salami (2015) denominou "*Oyalogia*".

A mulher amefricana representada em Nanny é uma quilombola. Para Gonzalez (2020c, p. 198), a mulher negra é, em sentido metafórico mesmo, essa quilombola, graças à qual garantiu-se a sobrevivência de todo um povo enquanto raça e cultura. Ela guarda em si o mesmo potencial que havia em Zumbi. Na luta por uma sociedade verdadeiramente justa e igualitária, enquanto escrava do campo, ela estimulou os companheiros para a revolta, a fuga e a formação de quilombos, e, como quilombola, lutou contra expedições militares que objetivavam a destruição de sua comunidade, sempre educando seus filhos dentro do espírito antiescravista, anticolonialista e antirracista. Enquanto escrava doméstica, Gonzalez ressalta o papel subversivo da mãe preta – que se encaixa bem na categoria de compaixão radical de *Oyá* – que, transformando-se em sujeito suposto saber, africanizou o português falado no Brasil e, consequentemente, a cultura brasileira, personificando a ameaça de um privilégio de raça e classe.

Mesmo hoje em dia, longe de qualquer romantização, o contexto atual brasileiro reserva às mulheres negras desafios que são ainda resquícios da escravidão: enquanto trabalhadora, ela permanece desempenhando as funções da mucama, da escrava de ganho e do campo; e enquanto mãe e companheira, batalha pelos filhos sozinha, enquanto seus companheiros são vítimas da violência policial, do desemprego e do alcoolismo. Mas, como afirma Gonzalez (2020c, p. 199), seu espírito quilombola não a deixa desanimar. E esse espírito, acrescido de um mínimo de consciência política, é capaz de fazer profundas transformações sociais:

> O que não é de espantar, pois, enquanto setor mais explorado e oprimido, e consciente disso, ela vê muitas coisas do sistema não só na sua estratégia de exploração dos trabalhadores, mas enquanto organização racista e sexista. Consequentemente, sua luta se dá em três frentes, e, quanto mais desenvolve sua prática em termos de movimento, mais sua lucidez e sua sensibilidade se enriquecem. De repente, ela acaba tendo um jogo de cintura muito maior do que acreditava possuir (Gonzalez, 2020c, 200).

Por isso, hoje, é muito difícil pensar em qualquer movimento social – movimentos por acesso à terra, à moradia, à alimentação, contra a violência policial, por reivindicação de creches, por uma educação de qualidade, pelos direitos das empregadas domésticas, dentre outros movimentos – que não tenha em sua frente uma mulher negra. Assim como Nanny, essas mulheres lutam por justiça em uma sociedade marcada pelas desigualdades da dominação patriarcal, do colonialismo e do racismo.

Conclusão

É no cruzamento dessa avenida – entre a somatocentralidade e a subjugação do corpo, onde vemos nascer o Outro da Europa – que encontramos e vemos convergir os pensamentos dessas autoras negras como forma de análise e práxis de confronto à bio-lógica do pensamento moderno, aqui especialmente, no que concerne ao contexto de expropriação que se apresenta através da generificação do corpo que, mesmo quando não é um dado, como Oyěwùmí procura evidenciar, precisa ser criado para a continuação dos interesses coloniais.

Através da articulação do pensamento dessas mulheres, pudemos constatar como a (re)existência de mulheres negras ativa um modo de intervenção – a Poética Negra Feminista ou a *práxis radical*, como denominado por Silva (2019, p. 36) – o qual não somente expõe a perversidade da lógica que direciona a violência característica da arquitetura colonial em atributos naturais significados por corpos negros, mas também identifica e mobiliza o excesso que sustenta essa lógica como paradigma de uma outra imagem de mundo e das possibilidades que abriga.

O potencial radical encontrado por Oyěwùmí, inscrito nesse corpo, se revela na capacidade de recontar a história do seu povo, recolocando as mulheres na história, entre governantes, como seres independentes, dignos de atuação direta no grupo comunitário e com poder de decisão. Para a autora, a possibilidade de uma humanidade sem diferença por sexo é um potencial latente inscrito no corpo da nativa, e não um sonho ou uma memória. Essa possibilidade está ali, na significação daquele corpo, ainda que convivendo com a separabilidade imposta pelo período colonial (Oyěwùmí, 2021, p. 231).

Semelhantemente, o espírito quilombola representado por Nanny é o potencial da mulher negra para prover e dar continuidade ao seu povo e cultura, bem como sua força para a luta e para inventividade de formas de viver que se contrapõem aos parâmetros coloniais, patriarcais e racistas que a sociedade imprime sobre seus corpos.

Referências

BERNARDINO-COSTA, Joaze; GROSFOGUEL, Ramón. Decolonialidade e Perspectiva Negra. *Revista Sociedade e Estado*, Brasília, v. 31, n. 1, jan.-abr. 2016. Disponível em: https://tinyurl.com/5n97tv4k. Acesso em: 22 maio 2022.

FEDERICI, Silvia. *Calibã e a Bruxa: mulheres, corpo e acumulação primitiva*. São Paulo: Elefante, 2017.

FERREIRA DA SILVA, Denise. *A Dívida Impagável*. São Paulo: Oficina de Imaginação Política e Living Commons, 2019. Disponível em: https://tinyurl.com/27msv856. Acesso em: 15 jul. 2020.

GUERREIRO RAMOS, Alberto. A patologia Social do Branco Brasileiro. In: GUERREIRO RAMOS, Alberto. *Introdução crítica à sociologia brasileira*. Rio de Janeiro: Editora da UFRJ, 1995.

GONZALEZ, Lélia. A categoria político-cultural de amefricanidade. In: RIOS, Flavia; LIMA, Márcia (Orgs.). *Por um feminismo afro-latino-americano: ensaios, intervenções e diálogos*. Rio de Janeiro: Editora Zahar, 2020a.

GONZALEZ, Lélia. A mulher negra no Brasil. In: RIOS, Flavia; LIMA, Márcia (Orgs.). *Por um feminismo afro-latino-americano: ensaios, intervenções e diálogos*. Rio de Janeiro: Editora Zahar, 2020b.

GONZALEZ, Lélia. Mulher negra, essa quilombola. In: RIOS, Flavia; LIMA, Márcia (Orgs.). *Por um feminismo afro-latino-americano: ensaios, intervenções e diálogos*. Rio de Janeiro: Editora Zahar, 2020c.

GONZALEZ, Lélia. Nanny: pilar da amefricanidade. In: RIOS, Flavia; LIMA, Márcia (Orgs.). *Por um feminismo afro-latino-americano: ensaios, intervenções e diálogos*. Rio de Janeiro: Editora Zahar, 2020d.

GONZALEZ, Lélia. Por um feminismo afro-latino-americano. In: RIOS, Flavia; LIMA, Márcia (Orgs.). *Por um feminismo afro-latino-americano: ensaios, intervenções e diálogos*. Rio de Janeiro: Editora Zahar, 2020e.

KILOMBA, Grada. *Memórias da plantação: episódios de racismo cotidiano*. Rio de Janeiro: Cobogó, 2019.

LEAL, Maria do Carmo *et al.* A cor da dor: iniquidades raciais na atenção pré-natal e ao parto no Brasil. *Cadernos de Saúde Pública*, v. 33, n. 13, p. 1-17, 2017.

LUGONES, María. Colonialidad y género. Tabula Rasa [online], n. 9, p. 73-102, 2008. Disponível em: https://tinyurl.com/53ubftyb. Acesso em: 8 ago. 2022.

nascimento, wanderson flor do. Em torno de um pensamento oxunista: Ìyá descolonizando lógicas de conhecimento. *Revista de Filosofia Aurora*, Curitiba, v. 33, n. 59, p. 382-397, maio/ago. 2021.

OYĚWÙMÍ, Oyèrónkẹ́. *A invenção das mulheres: construindo um sentido africano para os discursos ocidentais de gênero*. Rio de Janeiro: Bazar do Tempo, 2021.

OYĚWÙMÍ, Oyèrónkẹ́. *Jornada pela academia*. Tradução: Aline Matos da Rocha. Disponível em: https://tinyurl.com/2p9xjubm. Acesso em: 22 ago. 2018.

PHILLIPS, Anne. Da desigualdade à diferença: um caso grave de deslocamento? *Revista Brasileira de Ciência Política*, Brasília, n. 2, p. 223-240, jul./dez. 2009.

QUIJANO, Aníbal. Colonialidade do poder, Eurocentrismo e América Latina. In: LANDER, Edgardo *et al.* (Ed.). *A colonialidade do saber: eurocentrismo e ciências sociais: perspectivas latino-americanas*. Conselho Latino-americano de Ciências Sociais (CLACSO), 2005. Disponível em: https://tinyurl.com/yjn7m6zz. Acesso em: 26 maio 2022.

SALAMI, Minna. Oyalogy: A Poetic Approach to African Feminism. *MsAfropolitan*, 2015. Disponível em: https://tinyurl.com/4natzdkp. Acesso em: 14 maio 2022.

Espaços de poder na trama do virtual e a visibilidade de mulheres negras

Angélica Ferrarez de Almeida

Se o século passado foi, por excelência, da anunciação da barbárie com as grandes guerras mundiais e da crise das noções de "progresso" e "civilização" tão caras a suposta modernidade ocidental, o século XXI irrompe como o "século das imagens", ou seja, das disputas de narrativas por meio das imagens, representações e do espaço virtual como uma grande arena civil pública. Interessante que o espaço do imaginário foi relegado durante séculos a uma posição secundária devido à valorização do cientificismo e do pensamento racional cartesiano. Entretanto, com a crise do paradigma cientificista, o estudo do imaginário despontou. Eram os caminhos contraditórios do ideal de razão, levando à contestação do mesmo. Houve um momento de sedução por temas considerados periféricos: os comportamentos desviantes, os marginalizados, as feiticeiras, os grupos subalternizados, as crianças, as mulheres.

De ordem prática e instrumental, temos aqui o desafio da construção de novos repertórios imagéticos através do acionamento das memórias, linguagens e esferas de poder, com vistas à produção e fixação de imagens positivadas de mulheres negras no imaginário social. Já que as imagens e representações têm nos limites do fetiche, da objetificação e da espetacularização da raça, as idealizações pelo "outro" do espaço da mulher negra. A mudança de lente é a proposta deste texto, um olhar "de dentro", na primeira pessoa. Uma reflexão crítica dos usos e imagens que as próprias mulheres têm elaborado de si através de um deslocamento do olhar do "sujeito hegemônico" para os "sujeitos pluriversais".

Para acionar o lugar de produção de imagens dos sujeitos subalternizados, é preciso colocar outra lente, pressionando o lugar de produção do discurso como um vir-a-ser instrumento de constituição de poder e transformação da realidade através dos usos que mulheres negras têm feito dos meios de comunicação no Brasil. Nesse sentido é que a trama virtual assume à guisa de compreensão do espaço da disputa. O debate público tem sido feito no espaço da web e, assim, o virtual tem fomentado os encontros também nas ruas. O território discursivo que as mulheres negras têm engendrado produzem narrativas que são basilares para uma educação antirracista e antissexista e para a formação de um campo de debates onde o trabalho e a trajetória dessas mulheres têm operado a partilha do sensível.

Como espaço do sensível, Rancière (2005) nos diz:

> Denomino partilha do sensível o sistema de evidências sensíveis que revela, ao mesmo tempo, a existência de um comum e dos recortes que nele definem lugares e partes respectivas. Uma partilha do sensível fixa, portanto, ao mesmo tempo, um comum partilhado e partes exclusivas. Essa repartição das partes e dos lugares se funda numa partilha de espaços, tempos e tipos de atividade que determina propriamente a maneira como um comum se presta à participação e como uns e outras tomam parte nessa partilha (Rancière, 2005, p. 15).

O espaço de partilha do sensível é, sobretudo, de disputas de poder e, nesse sentido, mulheres negras têm conseguido criar espaços de autonomia, emancipação e visibilidade mesmo a partir das margens. Lemos as margens na perspectiva de bell hooks (1989), que as representa não apenas como sinônimo de periferia, mas também como um espaço mais complexo que, por ser tanto um local de repressão quanto de resistência, se apresenta como um "espaço de abertura radical" (hooks, 1989, p. 149) de possibilidades e criatividade.

Lembrando que pensar a margem como espaço de criatividade pode acabar dando vazão ao perigo de romantizá-la. "Em que medida estamos idealizando posições periféricas e ao fazê-lo minando a violência do centro?" (Kilomba, 2019, p. 68). Logo, a margem é um local onde a própria opressão forma as condições para os dispositivos de resistência. Assim, os usos das ferramentas do espaço virtual têm sido estratégicos na medida em que criam ressonância para um grupo que resiste às margens. Como horizonte epistêmico, o espaço virtual tem sido ferramenta de luta de sujeitas e sujeitos que falam a partir das margens e que têm conseguido criar condições para a insurgência de suas vozes.

Com a pandemia de covid-19,[1] falar a partir das margens impulsionou a experiências e práticas de luta dessas mulheres se conectassem em uma

---

[1] Lembrando que, na ocasião do II Seminário Internacional Tecendo Redes Antirracistas: África, Brasil, Portugal, na Cidade da Praia, em Cabo Verde no ano de 2019, a pandemia

perspectiva internacionalista na luta antirracista e antissexista, em âmbito global. Por outro lado, os desdobramentos da pandemia no Brasil acabaram denunciando e acirrando ainda mais as desigualdades no acesso à tecnologia, que marcam um descompasso interno nesse país de proporções continentais, onde boa parte da população se encontra fora da cena digital. Isso tem gerado uma hierarquização entre grupos oprimidos e uma leve disjunção exclusiva, onde a emancipação das vozes femininas insurgentes têm se dado para grupos específicos.

Logo, as lutas políticas de mulheres negras no campo virtual não têm sido arrebatadoras para os todos das margens. O fato de um grupo comunicar a partir das margens não implica, necessariamente, no rompimento radical de suas estruturas opressoras e é nesse espaço que a reação conservadora cresce. A pergunta que cabe refletir é: como um grupo menor, que sente ameaçado seu campo de privilégio e busca não perder o controle dos espaços, consegue atualizar o espaço da colonialidade do sujeito do poder tendo a aderência de um grupo bem maior, que mesmo fora da centralidade do poder se sente identificado com as bases do projeto de dominação colonial?

Nesse ponto, Berth (2019) nos elucida:

> Muitas vezes, estar imerso na realidade opressiva impede uma percepção clara de si mesmo enquanto oprimido. A este nível, a percepção de si como contrário ao opressor não significa ainda que se comprometa a uma luta para superar a contradição: um polo não aspira a sua libertação, mas a sua identificação com o polo oposto. (...) Isso ilustra a afirmação segundo a qual, durante a fase inicial da luta, os oprimidos encontram no opressor seu "tipo de homem" (Berth, 2019, p. 22).

A ideia do tipo de homem entre aspas está em Foucault (1987), para o qual podemos considerar os sujeitos hegemônicos. Essa identificação alienante com o projeto do poder hegemônico, mesmo diante da crescente agência dos sujeitos negros, guarda relação, também e não só, com as deformações no espelho social brasileiro em que os dispositivos de reconhecimento, do *ser negro,* falham. É nessa dimensão que as opressões provocam as situações de dominação do passado colonial e aproveitam as brechas para seduzir os grupos subalternizados.

---

que assolou o mundo ainda não era uma realidade que ia se impor com o distanciamento social, acirrando as lutas e as disputas de narrativas no espaço do virtual e escancarando os fatores de desigualdades sociais no Brasil.

As tentativas de controle do mundo virtual bem como da informação projetam uma espécie de "cortina de fumaça". São imagens que ganham ressonância entre a maioria dos oprimidos e que objetivam encobrir a própria dominação do grupo estabelecido sobre os outros e sobre tudo aquilo que deveria ser um bem comum. E, de forma mais radical, tem utilizado, indiscriminadamente, os dispositivos dos regimes racistas e fascistas em um projeto de Estado de violência e morte.

Contudo, esses mecanismos opressivos mal disfarçados impulsionam os dispositivos de resistência e as perspectivas de emancipação nas margens, mesmo que esta não tenha caráter homogêneo, pois não é um bloco único onde todas as pessoas estão na mesma escala de realização e possibilidades. As vozes insurgentes de pessoas negras a partir desse lugar têm confrontado o projeto político ideológico do grupo hegemônico.

Por isso, utilizar a ferramenta da internet a fim de impulsionar projetos políticos emancipatórios dos sujeitos às margens quando esses são pensados a partir da esfera do empoderamento, de uma educação antirracista e de novas políticas de visibilidade, tem reconfigurado os regimes de imagens e representações. E é sobre a tríade empoderamento, educação e visibilidade que vamos nos deter agora.

Sobre empoderamento, educação e regimes de visibilidade

Para refletir a teoria do empoderamento, buscamos na teoria da conscientização de Paulo Freire (1987) as bases para pensar o quanto indivíduos empoderam a si e ao seu grupo de pertencimento quando reúnem uma consciência crítica aliada a uma ação transformadora. Freire, ao refletir as táticas de atuação dos grupos considerados oprimidos, salienta que não era preciso que um grupo desse ferramentas para que outros se libertassem da situação de opressão, mas dizia que os próprios grupos subalternizados deveriam empoderar a si próprios reunindo uma consciência crítica à ação, à teoria e à prática de transformação.

O empoderamento é um processo gradual que envolve articulações diversas de emancipação e erradicação das estruturas opressoras e que parte do subjetivo e individual para o concreto estrutural, no engajamento dos sujeitos no potencial transformador do coletivo (Collins, 2019). Portanto, o fato de pessoas negras pertencerem ao grupo dos oprimidos e desenvolverem pensamento crítico acerca de sua condição de subalternidade, por si só, não as retira desse lugar nem engendra regimes de visibilidade. Da mesma maneira, quando pessoas negras ocupam espaços de poder e não se comprometem com pautas raciais, elas alcançam representatividade no nível imagético e podem ou não representar o grupo que fazem parte. O que significa que estão partilhando de algo da esfera do comum, mesmo que ainda confinadas a certas situações de opressão.

Daí as confusões sobre representações e representatividade, bem como visibilidade e visualidade nos espaços de poder. Refletindo as diferenças entre visibilidade e visualidade, vemos que esta última pode, ou não, gerar regimes da primeira. Ser visualizado no espaço virtual não necessariamente reflete dar visibilidade às lutas políticas de grupos ou comunidades. Somente uma consciência e ação crítica das estruturas sociais e compromisso com uma agenda política é que formam agentes transformadores, pois enquanto sua coletividade não se empodera, sujeitas e sujeitos negros que compartilham o mesmo contexto histórico continuam em posição de fragilidade.

Entretanto, para que uma coletividade se empodere é preciso enfrentar as barreiras estruturais no efetivo processo da prática do empoderamento. Um exemplo é o projeto político de educação no Brasil. Fato é que a constituição da prática e da instituição de ensino na chamada modernidade ocidental está mais vinculada à perpetuação de uma ideologia dominante do que à formação crítica, o que encaminha a cinco direções contrárias à efetiva emancipação dos chamados grupos subalternizados.

A primeira, o sucateamento do projeto educacional na esfera do público a favor da mercantilização e privatização do ensino. A segunda, a prática do silenciamento enquanto tecnologia da opressão, como o silêncio imposto aos grupos subalternizados, que marcou uma memória corporal do qual ainda está se desvencilhando aos poucos. A terceira, a história das instituições e suas ideologias no Brasil relacionada às oligarquias locais, o que reflete uma indisposição institucional por mudanças estruturais a fim de manter privilégios de um grupo historicamente estabelecido. A quarta, o eufemismo dos problemas raciais encobertos, por exemplo, nas falácias do mito da democracia racial. E por fim, os instrumentos dos mecanismos do colonialismo, que sempre se atualizam e brecam a possibilidade da descolonização das instituições de ensino e logo da própria educação.

A partir da problemática do projeto de uma educação emancipatória e antirracista, há um desafio de contorno social que é justamente o da transgressão apontado por bell hooks (2017). Pois o projeto político de educação no Brasil foi de castração e antiliberdades, e justamente por isso a escola é apontada como uma das primeiras experiências traumáticas de conscientização do racismo por diversas pessoas. A grande guinada proposta por Paulo Freire é justamente de uma educação descolonizada e libertária, que vai influenciar o pensamento de hooks por uma educação como prática da liberdade.

A fim de pensar a potência da educação como central no processo de empoderamento, vamos recuar no tempo para fazer um percurso analítico das tecnologias do silenciamento até o rompimento das amarras psíquicas dos sujeitos subalternizados pela fala, impulsionando os regimes de visibilidade. Indo ao Brasil escravocrata, nos deparamos com as máscaras faciais em torno da boca e as de folha de flandres,[2] prática corrente durante todo o período colonial e imperial. No discurso oficial, as máscaras foram utilizadas para que negros escravizados não comessem os frutos das plantações em que trabalhavam ou não comessem terra, prática que contam como corriqueira entre as pessoas que tentavam suicídio. O fato é que a máscara, como vestuário, inibia a ação da fala, daí serem chamadas de "máscaras dos silenciamentos", abrindo uma ferida no corpo social e na memória da comunidade negra.

Grada Kilomba nos interroga: "A máscara, portanto, levanta muitas questões: por que deve a boca do *sujeito negro* ser amarrada? Por que ela ou ele tem de ficar calada(o)? O que poderia o *sujeito negro* dizer se ela ou ele não tivesse sua boca tapada?" (Kilomba, 2019, p. 41). Acrescento o fato do quanto o uso da máscara reprimiu na memória do corpo social a fala. Memória essa que atravessou gerações que recalcaram suas falas, suas ideias e suas visões de mundo.

A máscara vedando a boca do sujeito negro impede-a(o) de revelar tais verdades, das quais o senhor branco quer "se desviar", "se manter à distância" nas margens invisíveis e "quietas". Por assim dizer, esse método protege o sujeito branco de reconhecer o conhecimento da(o) outra(o) (Kilomba, 2019, p. 42).

Na constatação do projeto de silenciamento compulsório dos grupos oprimidos e na proposta de transformação do silêncio em linguagem e ação, Audre Lorde (1977) amplia a noção do medo para todos os envolvidos nas tecnologias do silêncio:

> No silêncio, cada um de nós desvia o olhar de seu próprio medo – medo do desprezo, da censura, do julgamento, ou do reconhecimento, do desafio, do aniquilamento. Mas antes de nada acredito que tememos a visibilidade, sem a qual entretanto não podemos viver, não podemos viver verdadeiramente (Lorde, 1977, p. 2).

---

2 As máscaras dos castigos foram um dos grilhões utilizados pelos senhores colonizadores para impingir castigo corporal ao negro escravizado.

Logo, viver a atmosfera do silêncio tanto para oprimidos quanto para opressores culmina na interface com medo. Medo de se autoidentificar da parte do opressor e de se autorrevelar por parte do oprimido. Medo que encobre um duplo sentimento de repressão e violência que o gerou. Passamos mais de um século na presença desses objetos como parte do cotidiano e, como esses guardam uma memória em si e imprimem nos corpos de quem usa uma memória particular, defendemos a ideia de que o uso de máscaras faciais calando a boca funcionou como extensão no corpo, imprimindo na memória social do povo negro, mesmo pós-abolição, o recalque da fala.

Entretanto, forças e desejos de emancipação do povo negro das margens formaram quilombos, terreiros e microcomunidades de resistência, no intuito de romper grilhões sociais. Daí a importância da música para os povos da diáspora, esta que, além de representar um recurso de desembotamento da fala pelas ondas sonoras e de elaboração de imagens da existência dos povos negros no imaginário social, os sons, as músicas dos negros no pós-abolição, alcançam lugares que os corpos interditados eram impedidos de entrar. A experiência performativa que atravessa o continente e se pulveriza na diáspora através da música nos interessa em especial, já que é no universo do samba, tema caro das minhas pesquisas, que foi elaborado um "personagem" fundamental para refletir a consciência da fala como espaço de intervenção no mundo.

O personagem é Zé do Caroço, de 1985, um sujeito radical, consciente e libertário. Criado por Leci Brandão, sambista, compositora e deputada estadual pelo estado de São Paulo, que assim canta:

> No serviço de alto-falante,
> no Morro do Pau da Bandeira,
> quem avisa é o Zé do Caroço,
> que amanhã vai fazer alvoroço
> alertando a favela inteira.
>
> [...] E na hora que a televisão brasileira,
> distrai toda a gente com a sua novela,
> é que o Zé põe a boca no mundo,
> ele faz um discurso profundo,
> ele quer ver o bem da favela.

Como metáfora social, Zé do Caroço alerta a comunidade da favela para luta através do meio de comunicação presente, o alto-falante, instrumento que compõem o espaço da virtualidade e é muito comum nas ruas de algumas favelas. Zé é de 1985, época em que as ondas das rádios compunham a paisagem sonora da cidade. Hoje o olhar e, por isso, as imagens se tornaram o neovalor do capital, mas houve um tempo em que fomos muito mais sonoros.

A arte de Zé do Caroço é a da fala, do discurso profundo, e ali ele é transgressor ao utilizar a ferramenta do opressor, o microfone, como arma de guerra no campo social. Em oposição à imagem hegemônica da televisão, que está a serviço de um projeto alienante, Leci faz seu personagem usar a mídia virtual local como ferramenta de conscientização e empoderamento de sua comunidade.

Atualmente, as disputas de narrativas estão se intensificando no campo imagético e esse movimento está sendo muito organizado a nível público e virtual por mulheres negras, que têm deslocado as gastas imagens que as confinaram em lugares subalternizados e tomado o microfone e os dispositivos de poder a fim de projetar com rapidez e maior alcance ideias, atitudes, comportamentos e estratégias de luta. O microfone, de maneira física ou simbólica, é tido como a radicalização com as estruturas opressoras, o rompimento com a situação de subalternidade, na medida em que gera uma imagem muito poderosa.

Abrindo novos canais de comunicação, arregimentando os ativismos de outros grupos, abrindo campos de diálogo e se lançando à luta política, elas acabam estimulando o debate público através de mensagens e um crescente número de imagens que despertam confiança, protagonismo e autonomia na resistência.

Entre o regime poético e estético: a potência da imagem

> *"Olhe, um preto!" Era um stimulus externo, me futucando quando eu passava. Eu esboçava um sorriso.*
> *"Olhe, um preto!" É verdade, eu me divertia.*
> *"Olhe, um preto!" O círculo fechava-se pouco a pouco. Eu me divertia abertamente.*
> *"Mamãe, olhe o preto, estou com medo!" Medo! Medo! E começavam a me temer* (Fanon, 2008, p. 105).

Frantz Fanon, em *Pele negra, máscaras brancas* (2008), conta como foi que entendeu o lugar do seu corpo no mundo. Um estímulo externo, um apontamento, a idealização de um "outro" nutrida pelo medo e pela violência. Há uma outra passagem de Patricia Hill Collins (2019), em que ela nos conta a história do encontro de uma mãe negra e sua filha negra com uma mãe branca e sua filha branca, onde a criança branca aponta para a negra e diz: "Olha mãe, uma babá criança".

Naquele momento, a criança negra pode ter elaborado para si um suposto lugar para o seu corpo a partir de um estímulo que lhe é externo. Foi a partir desse olhar do "outro" que sujeitos negros entenderam o lugar do seu corpo através das dimensões do perigo, do medo, do feio, do subalternizado, do hiperssexualizado, da violência, enfim, são imagens de controle que foram projetadas a fim de naturalizar as opressões. Essas imagens são acionadas na dimensão ideológica do racismo e do sexismo e servem à internalização de lugares sociais.

A socióloga norte-americana diz que, diferente dos estereótipos que desqualificam determinados grupos, as imagens de controle têm o poder de conferir poder ao traçar determinadas realidades. Por exemplo, a ideia de que homens brancos são naturalmente líderes natos foi internalizada por esse grupo e realmente serve à sua construção heteronormativa e patriarcal. Já as imagens projetadas sobre mulheres negras como serviçais, cuidadoras e sexualmente interessantes as confinou nas esferas do doméstico, da subalternidade e da agência sexual selvagem. As imagens de controle, além de conferirem lugares socialmente subalternizados para a população negra, criam uma deformação no espelho social impulsionado pela difusão do mito da democracia racial e o desejo de embranquecimento.

Contudo, vamos ampliar o debate e refletir as imagens em sua dupla identificação: o regime poético das imagens, onde as representações que emanam delas importam mais do que elas em si, e o seu regime estético, aquele que identifica a imagem no singular, o que salta aos olhos e que é manipulado pela noção do "belo".

A Estética, enquanto disciplina filosófica, estuda o que o ser humano julga e percebe como belo e, logo, entre o que é aceitável e não aceitável como belo, ela reflete as relações de poder de grupos que alteram e manipulam essas noções no espaço-tempo. Imagens associadas ao belo, à beleza e ao aceitável sempre foram manipuladas pelos grupos que controlam os meios de veiculação das imagens, em geral, por homens, brancos e heterossexuais que projetaram suas imagens e de suas mulheres brancas como a identificação do belo, em oposição ao que não é.

A ideia de perseguir a imagem do belo manipulado por esse grupo criou uma espécie de sofrimento alienante quanto as questões identitárias, que fez com que a população negra se visse em espelhos deformados e entendesse seus corpos e as imagens desses pela rejeição de si e pelo desejo de apropriação do outro.

Entretanto, se as opressões formam as condições de resistência, como nos alerta Kilomba, o fato de corresponderem a mais da metade da população e, mesmo assim, serem os menos representados nos espaços de poder constituiu um dos fatores para impulsionar os movimentos negros nas Américas pela afirmação da estética e identidades negras, algo que foi sendo forjado também pela ação teórica e prática, muitas vezes como reapropriação positiva e afirmativa de imagens construídas negativamente.

Nesse sentido, há uma potência que gera confiança na própria imagem. Um desdobramento da teoria do empoderamento se opera pela via estética, efeito visto na reação de crianças negras quando se veem representadas na TV, no cinema, no *outdoor*, nas marcas de cosméticos e, principalmente, na presença de outras pessoas negras nos espaços de comunicação.

Entretanto, há duas situações nesse processo bem comuns e que emergem paradoxalmente. Uma é a cooptação estética pelas leis do mercado, que vê, na oportunidade do potencial de compra da população negra, mais uma janela para o capital. Um bom exemplo aqui são as lojas de departamento que proliferam em produtos de beleza com imagens de mulheres negras ostentando cabelos black, crespos, linhas de maquiagem para pele negra, dentre outros. Já a outra é a cilada da representatividade, que, metonimicamente, ao tomar a parte pelo todo, elege algumas pessoas negras como representantes de toda uma comunidade de sentidos.

De fato, indivíduos sem agenda política e sem compromisso com o processo de transformação das estruturas sociais do coletivo, além de serem facilmente cooptados a se perderem nos espaços de visualidade, não representam os anseios por mudanças da população negra.

Apontadas as ciladas das disputas virtuais, nos perguntamos: mesmo as bandeiras que têm levantado *hashtags*, tuítes, o bombardeio de imagens e mensagens positivadas nos espaços virtuais, até que ponto tudo isso se sustenta se essa rede não estiver articulada nas tramas das ruas? Até onde o "regime estético das imagens" pode ser um instrumento efetivo de descolonização? Em que ponto o espaço da virtualidade tem sido utilizado para protagonizar uma educação comprometida com a descolonização, ou para (re)encenar relações de poder que retroalimentam e até restabelecem relações de opressão? São com essas interrogações que vamos caminhar agora.

Na trama entre as ruas e as redes

Se as últimas décadas do século XX foram consideradas como a "era da memória" (Lavabre, 2000), com a proliferação de espaços de museus e arquivos, a edificação de monumentos, assim como uma produção intensa de estudos acadêmicos na área da memória e patrimônio, o século XXI inaugura a geração da história que se faz no âmbito virtual, as disputas das *hashtags*, a medição do tempo e espaço pelas redes sociais, o fenômeno das *fake news* e a engrenagem da vida intelectual e política pela virtualidade.

Nas disputas de poder, o controle das imagens encobre o caráter indissociável entre dominação e representação. Do mesmo modo que bandeiras são erguidas e impulsionam diversos atores em determinadas lutas, quando utilizadas de forma indiscriminada podem perder a força e sentido da luta. Um bom exemplo é o movimento Black Lives Matter nos Estados Unidos. Fundado em 2013 por três mulheres ativistas negras, o movimento busca visibilizar os genocídios contra a população negra, denunciar a violência policial contra a comunidade americana e levantar debates acerca da política do encarceramento em massa, do feminicídio, das questões de gênero e da visibilidade trans.

O movimento que começou com a *hashtag* #BlackLivesMatter ganhou as ruas e, em 2016, se ampliou para o Brasil, a Austrália e a África do Sul, sendo endossado na luta das mulheres rapidamente. Contudo, o uso indiscriminado da *hashtag* viralizou e vários sujeitos começaram a usá-la a fim de fazer parte do espaço da visualidade. Ou seja, se perdeu muito a visibilidade da luta, pois localizar a *hashtag* já não levava apenas ao espaço político do movimento, mas também ao entretenimento descomprometido de crítica.

Contudo, viralizar também traz consequências bem interessantes quando realizadas por atores políticos comprometidos.

> A história caminharia na cidade e se conectaria com florestas e territórios indígenas, com corpos periféricos e desviantes, subverteria as gramáticas tradicionais das identidades fixas e fixadas, se desconectaria das instituições, não mais lugar exclusivo da política. Uma política corajosa e até então desconhecida, encontraria vetores de transformação e ar fresco em histórias outras, no espaço do comum que encontros novos abririam (Tible *et al.*, 2014, p. 11).

Os autores dessa citação estão refletindo as Jornadas de Junho de 2013 desencadeadas pelo Movimento Passe Livre (MPL), mas que tomaram as ruas do Brasil todo e diversas bandeiras tiveram espaço e se posicionaram. Em junho de 2013, o Brasil registrou um dos maiores volumes de tuítes da história e a chamada "grande mídia" ou "mídia hegemônica" que, a princípio, estava ignorando a repressão policial contra os manifestantes, começou a cobrir os fatos após ver viralizarem nas redes sociais as imagens feitas por celulares *in loco*. Em algumas bandeiras estava escrito: "saímos do Facebook". Os grupos das margens se reuniram e implodiram as ruas do Brasil utilizando as ferramentas de conexão. "Foi justamente nas beiradas, na espontaneidade, nas laterais dos protestos iniciais e em alguns desdobramentos onde o 'Brasil gambiarra', híbrido e informal, alegre e transversal, manifestou que ainda existe ou que existirá" (Tible *et al.*, 2014, p. 15).

Um grupo importante que tem marcado presença nas ruas e nas redes e impulsionado políticas públicas para a população negra são as mulheres que protagonizam a Marcha das Mulheres Negras. A Marcha que foi idealizada em 2011 em Salvador, na Bahia, a partir do Encontro Ibero-americano do Ano dos Afrodescendentes, vem reunindo o máximo de organizações de mulheres negras, bem como do Movimento Negro na luta por equidade sociorracial e de gênero.

Cresce entre as mulheres negras a consciência de que o processo de globalização, determinado pela ordem neoliberal que, entre outras coisas, acentua o processo de feminização da pobreza, coloca a necessidade de centralidade de suas pautas e dos regimes de visibilidade engendrados em primeira pessoa nesses movimentos. É a tomada de consciência das opressões e das desigualdades históricas que tem feito com que a luta ganhe status feminino.

Junho de 2013 teve consequências concretas no sistema político e na multiplicidade de projetos que repercutiram na política brasileira e mostrou uma conexão indissociável entre as redes e as ruas. De fato, não foi o Facebook, de forma isolada, o responsável por levantes, e sim o modo como a ferramenta foi acionada para engendrar o debate nas ruas. Tais redes devem ser pensadas como um agenciamento: pessoas e máquinas, redes concretas e virtuais se retroalimentando. As mídias consideradas não hegemônicas têm implodido a suposta mídia hegemônica com sua força de mobilização. Atualmente pensar em comunicação de massa já não remete de pronto ao rádio ou à TV, mas ao uso indiscriminado e a presença massificada dos *smartphones*. A maneira como os grandes jornais mudaram de opinião expõe muito bem isso.

O saber coletivo expresso em rede desmentiu versões oficiais, trouxe provas concretas de violações perpetradas por autoridades, promoveu enxames de links com *streamings*, etc. "[...] A rede era valorizada como um 'momento de explosão das ruas', mas o desfecho, segundo essa visão, deveria ser inexoravelmente institucional" (Tible *et al.*, 2014, p. 16).

É nessa trama entre as redes e as ruas que o próprio valor da vida tem ganhado outro peso. São essas vozes insubmissas dos sujeitos e sujeitas das margens que têm engendrado outros discursos e denunciado um país sobre a partilha do espaço do comum que a luta de mulheres negras tem se inclinado, pois não haverá desenvolvimento pleno enquanto o reconhecimento do racismo não for estímulo para sua superação e fomento de políticas do bem viver. Caminhemos para as considerações finais com essa provocação.

À guisa de conclusão

O território do comum deve ser entendido como um espaço de poder e de lutas políticas ligadas à existência das pessoas e aos seus direitos de partilha nessa comunidade de bens. Entendendo que esses bens incluem a água, o ar, as florestas e todo esse esteio que foi desvinculado da vida humana, como se fosse outra coisa. Segundo o intelectual indígena Ailton Krenak, "A ideia de nós, os humanos, nos descolarmos da terra, vivendo numa abstração civilizatória, é absurda" (2019, p. 22). Logo, as disputas de poder que estão no nível do comum devem levar em consideração todo o complexo que compõe o meio ambiente, em uma relação de horizontalidade e respeito com todas as partes.

Nesse sentido, a natureza, longe de ser percebida como algo exterior às pessoas, deve ser compreendida como parte constitutiva nossa. O desafio para a geração que fala a partir das margens e que tem desmontado a suposta hegemonia do centro é justamente ouvir as outras vozes que emanam dessa periferia, se entender dentro das tramas antirracistas e antissexistas, intercambiando os saberes entre as ruas e as redes, mas sem entrar na lógica de dominação do organismo vivo da terra como se dela não dependesse.

Portanto, mulheres negras dos campos e florestas, dos quilombos, dos terreiros de religião de matriz africana e as que estão na base do que chamamos de atualizadoras da ancestralidade negra – mães de santo, tias do samba, rezadeiras, erveiras, conselheiras, dentre outras – se relacionam de maneira mais horizontal com os meios naturais, sobrepondo a lógica colonial extrativista as tecnologias ancestrais de base comunitária. Assim, as tecnologias da comunicação assumem uma posição de destaque no trabalho das mulheres negras, sendo um instrumento de alcance e formação de bases políticas que se consolidam na trama das redes e das ruas.

À guisa de conclusão é uma provocação no sentido de trazer a partilha do comum como dispositivo de poder e indicador de desenvolvimento. Enquanto não nos entendermos enquanto partes de um todo, a tecnologia digital do Vale do Silício não será emancipatória nos "vales dos silêncios" do chamado Terceiro

Mundo. A função hiperutilizada do olhar não pode asfixiar o embotando dos outros sentidos. Devemos recuperar a função auditiva e desenvolver a do paladar para perceber a resposta da natureza através da própria terra, por exemplo.

O cérebro eletrônico é limitado: a resposta vem da música de Gilberto Gil (1969): "O cérebro eletrônico comanda, manda e desmanda/ Ele é quem manda, mas ele não anda". Sejamos nós vetores de transformação em conexão com a natureza e a tecnologia. Afinal, se até agora utilizamos a tecnologia para destruir a natureza, que tenhamos a capacidade de refazer o caminho.

Referências

BERTH, Joice. *Empoderamento: feminismos plurais*. São Paulo: Pólen, 2019.

COLLINS, Patricia Hill. *Pensamento feminista negro: conhecimento, consciência e a política do empoderamento*. Tradução de Jamille Pinheiro Dias. São Paulo: Boitempo, 2019.

FANON, Frantz. *Pele negra, máscaras brancas*. Tradução de Renato da Silveira. Salvador: Edufba, 2008.

FOUCAULT, Michel. *Vigiar e punir: nascimento da prisão*. Tradução de Raquel Ramalhete. Petrópolis: Vozes, 1987.

FREIRE, Paulo. *Pedagogia do oprimido*. Rio de Janeiro: Paz e Terra, 1987.

hooks, bell. *Talking Back: Thinking Feminist, Thinking Black*. Boston: South End Press, 1989.

hooks, bell. *Ensinando a transgredir: a educação como prática da liberdade*. Tradução de Marcelo Brandão Cipolla. São Paulo: Martins Fontes, 2017.

KILOMBA, Grada. *Memórias da plantação: episódios de racismo cotidiano*. Tradução de Jess Oliveira. Rio de Janeiro: Cobogó, 2019.

KRENAK, Ailton. *Ideias para adiar o fim do mundo*. São Paulo: Companhia das Letras, 2019.

LAVABRE, Marie-Claire. Usages et mésusages de la notion de mémoire. *Critique Internationale*, n. 7, p. 4856, 2000.

LORDE, Audre. A transformação do silêncio em linguagem e ação. *Associação de Línguas Modernas*, 1977.

RANCIÈRE, Jacques. *A partilha do sensível: estética e política*. Tradução de Mônica Costa Netto. São Paulo: Editora 34, 2005.

TIBLE, Jean *et al.* (Orgs.). *Junho: potência das ruas e das redes*. São Paulo: Fundação Friedrich Ebert Stiftung, 2014.

Interseccionalidade de raça e gênero na literatura para crianças: potências éticas, políticas e estéticas para uma educação antirracista[1]

Débora Cristina Sales da Cruz Vieira
Renísia Cristina Garcia Filice

Desconstruir o racismo e descolonizar o conhecimento.
Às vezes podem soar apenas como palavras,
mas possuem uma construção teórica imensa.
Grada Kilomba

As histórias ouvidas pelas crianças desde cedo são materializadas em diversas narrativas que as constituem e são por elas constituídas, de modo que a relação delas com a linguagem tem sido estudada em diferentes campos do conhecimento que convergem para a compreensão ontológica da linguagem como constituinte do processo de humanização. O entendimento do livro de literatura para crianças como uma obra de arte, que possibilita experiências estéticas singulares, potencializa processos subjetivos de significação envolvendo emoção, memória e imaginação. Ocupa especial lugar nessa questão os referenciais que são apresentados às crianças a partir desses objetos estéticos, como os sentimentos contraditórios que os constituem pelas narrativas hegemônicas que omitem ou marginalizam os corpos negros na produção literária voltada às infâncias.

Lélia González, ao discorrer sobre racismo no texto "A categoria político-cultural de amefricanidade", afirma: "O racismo latino-americano é

1 Artigo produzido em 2021, no âmbito da disciplina Políticas Públicas, Movimentos Sociais e Interseccionalidade, do Programa de Pós-Graduação em Direitos Humanos (PPGDH) do Centro de Estudos Avançados Multidisciplinares (CEAM) da Universidade de Brasília (UnB), sob a orientação da professora Renísia Cristina Garcia Filice.

suficientemente sofisticado para manter negros e índios na condição de segmentos subordinados no interior das classes mais exploradas, graças à sua forma ideológica mais eficaz: a ideologia do branqueamento" (GONZÁLEZ, 1988, p. 73).

Conforme a autora, a ideologia do branqueamento é veiculada pelos meios de comunicação de massa e pelos aparelhos ideológicos tradicionais, reproduzindo e perpetuando a universalidade e veracidade das classificações e valores do Ocidente branco. Nesse sentido, o mito da superioridade branca fragmenta a identidade racial produzindo o desejo de embranquecer, que é internalizado simultaneamente à negação da própria raça e da própria cultura. A ideologia do branqueamento embaça a tomada de consciência racial e a configuração de processos identitários, de modo que é fulcral a apresentação de referenciais raciais contra-hegemônicos em contextos educativos desde a primeira infância (GONZÁLEZ, 1988).

Uma educação antirracista está para além da aplicação da Lei n.º 10.639/03 nas escolas de educação básica, pois é imprescindível reconhecer que o racismo estrutural existe, inclusive e sobretudo em contextos escolares, desnaturalizando seu impacto e tomando consciência dos privilégios que o constituem. Nesse sentido, o presente artigo tem como objetivo discutir as dimensões éticas, políticas e estéticas da representatividade de meninas negras em três obras de literatura para crianças que provocam a desnaturalização de narrativas e relações colonizadoras, a partir da análise interdisciplinar dos livros *O cabelo de Lelê*, de Valéria Belém, *O mundo no black power de Tayó*, de Kiusam de Oliveira, e *Betina*, da autora Nilma Lino Gomes. O texto está organizado em três tópicos discursivos, conforme: a) Lei n.º 10.639/03: um marco político para uma educação básica antirracista; b) Diálogos sobre interseccionalidade de raça e gênero; c) Análise interdisciplinar de obras literárias para crianças afrocentradas; e por fim as considerações finais.

Lei n.º 10.639/03: um marco político para uma educação básica antirracista

Ainda há muito a ser feito nesse percurso de consolidação de uma educação antirracista no Brasil, contudo é importante demarcar os avanços que a legislação permitiu, conforme apontam os autores Alvaro de Oliveira Senra, Márcio de Araújo Moreira e Celiana Maria dos Santos no texto "África, Brasil e as transformações no ENEM: a Lei n.º 10.639/2003" (2017). As mudanças resultam na incorporação de identidades e no reconhecimento do direito à diversidade, os quais passam a ser fundamentais na luta das populações negras por seus direitos. Senra, Moreira e Santos (2017) evidenciam que a obrigatoriedade do ensino da História e Cultura africana e afro-brasileira nos currículos da educação básica tem intensas repercussões pedagógicas, e sua relevância não se restringe apenas à população negra, mas concerne a todos os brasileiros e brasileiras, uma vez que esses devem educar-se enquanto cidadãos atuantes em uma sociedade democrática, multicultural e pluriétnica, e esta precisa ser antirracista e antissexista.

Ao questionar a tradicional centralidade atribuída à História e à cultura de origem europeia no conteúdo da educação escolar, a Lei n.º 10.639/03 critica um dos elementos de reprodução de uma hierarquia racial que sempre girou em torno da branquitude como fundamento de poder, riqueza e status. Agindo em sentido contrário, cria perspectivas para o enraizamento de concepções de mundo que possibilitam o reconhecimento igualitário das diversas matrizes formativas da sociedade brasileira, destacando, em especial, a contribuição da África, de seus povos e de seus descendentes brasileiros. A lei, nesse sentido, pode ser considerada um marco de grande relevância histórica, pois atinge um dos principais pilares das seculares desigualdades da sociedade brasileira: a educação (Senra; Moreira; Santos, 2017, p. 1000).

Nesse sentido, é interessante uma problematização acerca dos princípios éticos, políticos e estéticos implicados na organização do trabalho pedagógico em consonância com a Lei n.º 10.639/03, pois, ao compreendermos que os profissionais da educação são os principais responsáveis pela implementação da lei, reitera-se que ainda hoje, dezessete dezenove anos após sua publicação, essa se configura ainda no plano do imaginário docente e não se materializou de forma consistente no interior das escolas, de modo a favorecer processos identitários da comunidade escolar negra (Filice, 2011).

> A identidade negra é entendida, aqui, como uma construção social, histórica, cultural e plural. Implica a construção do olhar de um grupo étnico/racial ou de sujeitos que pertencem a um mesmo grupo étnico/racial sobre si mesmos, a partir da relação com o outro (Gomes, 2003, p. 171).

Diálogos sobre interseccionalidade de raça e gênero

O livro de Carla Akotirene é parte da Coleção Feminismos Plurais, organizada por Djamila Ribeiro, e tem como objetivo desvelar o conceito de interseccionalidade que

> visa dar instrumentalidade teórico-metodológica à inseparabilidade estrutural do racismo, capitalismo e cisheteropatriarcado – produtores de avenidas identitárias em que mulheres negras são repetidas vezes atingidas pelo cruzamento e sobreposição de gênero, raça e classe, modernos aparatos coloniais (Akotirene, 2019, p. 19).

A autora realiza uma revisão bibliográfica sobre o tema, trazendo escritoras como Kimberlé Crenshaw, Oyèronke Oyèwúmi, Bibi Bakare-Yusuf, Sylvia Tamale, Chimamanda Ngozi Adichie, Angela Davis, Patricia Hill Collins, bell hooks, Audre Lorde, Grada Kilomba e as brasileiras Lélia González, Jurema Werneck e Sueli Carneiro para o diálogo, de modo que as vozes dessas mulheres são registradas no seu texto com nome e sobrenome, numa abordagem decolonial. O livro está organizado em cinco capítulos, que trazem o Atlântico como uma metáfora interna na obra para situar geopoliticamente o discurso da autora e das mulheres negras convidadas, abordando desde as origens do termo interseccionalidade às críticas levantadas sobre o mesmo.

Segundo Kimberlé Crenshaw, a *interseccionalidade* permite-nos enxergar a colisão das estruturas, a interação simultânea das avenidas identitárias, além do fracasso do feminismo em contemplar mulheres negras, já que reproduz o racismo. Igualmente, o Movimento Negro falha pelo caráter machista e oferece ferramentas metodológicas reservadas às experiências apenas do homem negro (Akotirene, 2019, p. 19).

A autora destaca que a epistemologia feminista negra, emprestada de Patricia Hill Collins, recrimina argumentos de competição entre os mais excluídos. As hierarquias entre eixos de opressão e as violações são consideradas menos preponderantes, de modo que racismo, capitalismo e heteropatriarcado, vistos pelas lentes teórico-metodológicas da interseccionalidade com enfoque nos contornos identitários da luta antirracista diaspórica, conseguem alcançar a complexidade das situações analisadas (Akotirene, 2019).

Carla Akotirene apresentou-nos não apenas o conceito 'interseccionalidade', mas sobretudo uma lente teórica que tem sido construída com a luta e a resistência epistemológica e política de mulheres negras, que com suas histórias, seus saberes e seus afetos têm escrito novas possibilidades de análise do racismo, do feminismo e da luta de classes. Pois compreender o conceito interseccionalidade, aqui, vai além do nosso conhecimento matemático do termo intersecção, que é um conjunto de elementos que simultaneamente pertencem a dois ou mais conjuntos. A interseccionalidade extrapola essa ideia de fragmentação, pois apresenta um conceito de unidade. Não são as partes (mulher + negra + trabalhadora) que constituem o todo, ao contrário, pois ao invés de somar identidades, analisa-se "quais condições estruturais atravessam corpos, quais posicionalidades reorientam significados subjetivos desses corpos, por serem experiências modeladas por e durante a interação das estruturas colonialistas, estabilizadas pela matriz de opressão, sob a forma de identidade" (AKOTIRENE, 2019, p. 43).

Como forma complementar à reflexão de Akotirene (2019), Denise Botelho e wanderson flor do nascimento (2016), no artigo "Celebração móvel: políticas públicas, transversalidade e interseccionalidade de gênero e raça", trazem a interseccionalidade como ferramenta teórico-metodológica que permite visualizar como a articulação das diversas formas de opressão é esquecida quando se enfoca apenas uma forma específica de exclusão. Nesse sentido, os autores reforçam que a adoção da interseccionalidade como instrumento em e para as políticas públicas auxilia na compreensão de como essa intersecção impacta populações específicas, no que diz respeito ao acesso a direitos vinculados com políticas. Os autores reforçam que embora o conceito tenha nascido no contexto da discussão sobre a opressão das mulheres negras, a perspectiva da interseccionalidade permite, como legado teórico, ser utilizada como ferramenta que auxilia a pensar também outras experiências que são marcadas pela intersecção de múltiplas opressões, como no caso das violências sofridas pelas travestis e transexuais negras ou no caso da exploração do trabalho infantil das crianças negras pobres (BOTELHO; NASCIMENTO, 2016, p. 34-35).

Análise interdisciplinar de obras literárias para crianças afrocentradas

Os três livros de literatura para crianças, *O cabelo de Lelê*, da autora Valéria Belém, *O mundo no black power de Tayó*, da autora Kiusam de Oliveira, e *Betina*, da autora Nilma Lino Gomes, trazem como personagens principais meninas negras em contextos escolares, nos quais seus cabelos marcam suas identidades negras. É a partir da relação de Lelê, Tayó e Betina, com sua negritude materializada na cor de suas peles e nos cabelos, que as autoras apresentam um referencial étnico que rompe com a hegemonia de personagens brancas na literatura para a infância.

Como já foi dito anteriormente, a partir da regulamentação da Lei n.º 10.639/03, incorporada no Artigo 26-A da Lei de Diretrizes e Bases da Educação (n.º 9.362/96) com a obrigatoriedade do ensino da história e cultura africana e afro-brasileira na educação básica, foi impulsionada a publicação de livros didáticos, paradidáticos e literários com enfoque na educação para as relações étnico-raciais através de orientações específicas no Programa Nacional do Livro e do Material Didático (PNLD) e no Programa Nacional Biblioteca da Escola (PNBE).

Nesse sentido, Thais Fernanda Leite Madeira (2016), em sua tese *Educar para as relações étnico-raciais: mudanças no campo normativo e o impacto no mercado editorial*, situa esse material produzido como instrumento importante no processo de ampliação de referenciais afrocentrados em contextos educativos, como uma ferramenta de valorização da história, cultura e identidade afrodescendentes e como uma extirpação de preconceitos. Para a autora, no processo de criação, edição e divulgação de livros didáticos, paradidáticos e literários, cabe às editoras um espaço relevante para a transferência desse capital simbólico para a legitimação de discursos e discussões de temas de interesse, com a demanda social ditando temáticas e direcionando os debates em instituições educativas.

Simone dos Santos Pereira e Iracema Santos do Nascimento, no artigo "Literatura infantil com personagens negras: narrativas descolonizadoras para novas construções identitárias e de mundo", ressaltam que "visões de mundo hegemônicas e colonizadoras classificam e hierarquizam a cor, o gênero, a região, entre outros marcadores sociais, transformando diferenças em desigualdades, muitas delas inscritas nos corpos dos sujeitos" (Pereira; Nascimento, 2020, p. 493). Desse modo, é primordial que outras narrativas sejam desveladas e compreendidas para que todos os tipos de corpos coexistam em igualdade. Assim, para além do enfrentamento ao machismo e ao racismo, os livros literários aqui analisados somam-se aos esforços pela recuperação de bases invisibilizadas da civilização brasileira, ao apresentarem referências culturais de matriz africana e reafirmar uma educação antirracista.

O cabelo de Lelê

O livro *O cabelo de Lelê* foi escrito por Valéria Belém, ilustrado por Adriana Mendonça e publicado pela Editora IBEP em 2012. A autora conta a história de Lelê, uma menina negra que inicialmente não gosta de sua imagem refletida no espelho e seu processo de identificação e aceitação racial. Ao longo da narrativa, Lelê entra em contato com um "tal livro muito sabido que a tudo pode explicar" (Belém, 2012, p. 12) e conhece um pouco da África, conforme:

> Depois do Atlântico, a África chama. E conta uma trama de sonhos e medos. De guerras e vidas e mortes no enredo. Também de amor no enrolado *cabelo*. Puxado, armado, crescido, enfeitado. Torcido, virado, batido, rodado. São tantos cabelos, tão lindos, tão belos (Belém, 2012, p. 12-13. Grifos nossos.).

Nesse sentido, o cabelo da menina assume a centralidade do enredo a partir das ilustrações de diversos tipos de penteados, representando a influência africana em Lelê. A transição da não aceitação para a aceitação se dá de modo quase automático após o acesso ao livro, e a partir dos elaborados penteados há a ressignificação da criança quanto ao seu visual, compreendendo sua ancestralidade africana.

Todavia, como parte de um processo antirracista e sexista, contraditório ao caráter machista presente no trecho "o cabelo negro é pura magia, encanta o menino a quem se avizinha" (Belém, 2012, p. 19), tanto na ilustração em que Lelê aparece dançando com um menino quanto no texto, percebe-se a ideia de aceitação/apreciação masculina para o processo de autoaceitação da menina negra, pois outorga poder no olhar avaliativo do Outro, aqui representado por um menino.

Matilde Ribeiro, no artigo *Mulheres negras: uma trajetória de criatividade, determinação e organização*, reforça que o Movimento Negro busca o reconhecimento da ancestralidade africana como um valor positivo, pois a "luta histórica é por garantia da dignidade e de continuidade de resistência contra a exclusão social, buscando com isso a visibilidade e a participação política das mulheres e dos homens negros" (Ribeiro, 2008, p. 990).

O mundo no black power de Tayó

O livro *O mundo no black power de Tayó*, de Kiusam de Oliveira, conta a história da pequena Tayó, uma menina negra de 6 anos de idade que usa diferentes enfeites em seu cabelo crespo e retrata uma positivação dele, sem omitir os conflitos vivenciados pela criança no contexto escolar. As ilustrações alternam elementos diferenciados nos enfeites do cabelo de Tayó, contudo, sem exotizá-la em relação às demais crianças. A autora aproxima fatos históricos dos/das leitores/as através dos conflitos raciais contemporâneos vividos por Tayó, conforme:

> Quando retorna para casa pensativa com toda a falta de gentileza de seus colegas, Tayó projeta em seu penteado, mesmo se sem dar conta disso, todas as *memórias* do sequestro dos *africanos* e das *africanas*, sua

> vinda à força para o Brasil nos navios negreiros, os grilhões e correntes que aprisionavam seus *corpos*. Tudo isso está bem guardadinho lá no fundo da sua alma" (Oliveira, 2013, p. 22. Grifos nossos.).

A autora na página seguinte ao trecho citado aborda a resistência e a luta do povo africano no Brasil em contraposição à imagem hegemônica de submissão ao processo de escravização tão difundida em contextos escolares. Ao apresentar fatos da história brasileira a partir de outras narrativas para as crianças, Kiusam de Oliveira resiste pela arte contra uma história única, que é tão perigosa, sobretudo pelas relações de poder envolvidas. Para uma menina negra brasileira, ver e ouvir como Tayó ressignifica as situações de preconceito racial sofridas, estabelece uma relação com seus próprios conflitos pessoais e opera positivamente na constituição de seu processo identitário.

Grada Kilomba, no livro *Memórias da plantação: episódios de racismo cotidiano*, analisa as experiências de violência e opressão que incidem sobre a imagem, autoestima e identidade das mulheres negras entrevistadas, ressaltando que existe "uma relação entre a consciência racial e a descolonização do corpo negro, bem como entre as ofensas racistas e o controle do corpo negro" (Kilomba, 2019, p. 128).

Nesse sentido, a autora marca nessa obra a dimensão subjetiva presente na vivência do racismo por mulheres negras, e como seus corpos são marginalizados e marcados dentro do padrão hegemônico da branquitude. Para Kilomba, o racismo é uma problemática branca, pois "as pessoas brancas não se veem como brancas, se veem como pessoas. E é exatamente essa equação, 'sou branca e por isso sou pessoa' e esse ser pessoa é a norma, que mantém a estrutura colonial e o racismo. E essa centralidade no homem branco não é marcada". Se colocada como norma, a branquitude gera a percepção da diferença dos outros em relação a mim. Logo, é necessária uma desconstrução do que é diferença, potencializando o caráter humano de todas/os.

Betina

O livro *Betina* foi escrito por Nilma Lino Gomes, ilustrado por Denise Nascimento e publicado pela Mazza Edições. A história de Betina é contada desde sua infância até a idade adulta, quando se torna cabelereira e proprietária de um salão afro. O livro é inspirado em uma história real e aproxima das/os leitoras/es da infância a imagem positivada do corpo negro e dos cabelos crespos que possibilitam a criação de inúmeros penteados.

A história de Betina é marcada por sua afetuosa relação com sua avó que trançava seu cabelo na infância e lhe ensinou a técnica de trançar com muita sabedoria. A autora apresenta conceitos como ancestralidade e oralidade de modo que as crianças compreendam seu teor. Cabe destacar a centralidade das mulheres na ação narrativa em *Betina* e o modo como os cabelos marcam seus processos identitários.

> Na história da minha família, a *arte das tranças* foi ensinada de mãe para filha, de tia para sobrinha, de avó para neta e assim por diante. [...] é uma forma muito comum de ensinar e aprender presente na história de muitas *famílias brasileiras* (e também de outros países), principalmente, as *negras*. Em nosso país, muito do que sabemos hoje, tem sido comunicado dessa maneira (Gomes, 2009, p. 22. Grifos nossos.).

Merece destaque que a autora situa, geopoliticamente, Betina e apresenta as tranças como parte da cultura afro-brasileira, como um dos processos de transmissão de saberes via oralidade. Ao longo de todas as ilustrações da obra, Betina é representada sorrindo, e mesmo diante de um episódio de racismo sofrido na escola, quando suas tranças foram criticadas por outras crianças, a menina negra reage e não se submete ao grupo. Nilma Lino Gomes explica como os processos de revalorização dos cabelos crespos ocorre nos salões de beleza afro, onde também realizou sua pesquisa de doutorado em Belo Horizonte, conforme:

> O cabelo crespo, objeto de constante insatisfação, principalmente das mulheres, é também visto, nos espaços onde foi realizada a pesquisa, no sentido de uma revalorização, o que não deixa de apresentar contradições e tensões próprias do processo identitário. Essa revalorização extrapola o indivíduo e atinge o grupo étnico/racial a que se pertence. Ao atingi-lo, acaba remetendo, às vezes de forma consciente e outras não, a uma ancestralidade africana recriada no Brasil (Gomes, 2008, p. 22).

As três obras apresentadas revelam que um processo de de(s)colonização está em curso.

Considerações finais

Só há o reconhecimento de direitos, se há um sistema que normatiza, que encaminha as ações requeridas. Nesse sentido, as políticas educacionais étnico-raciais, representadas pela Lei n.º 10.639/03, que alterou o artigo 26-A da Lei n.º 9.394/96, são o direito reconhecido dos grupos historicamente excluídos e não representados na sociedade e na educação, e, deste reconhecimento, obriga-se, no sistema educacional, a prática de uma educação antirracista.

Todavia, é importante estabelecer práticas educativas que corroborem com uma educação antirracista na educação básica que não seja limitada a datas comemorativas ou a eventos esporádicos nem assumida por apenas alguns atores da comunidade escolar, mas que se consolide ao longo de todo o ano letivo e coletivamente. Compreender que o racismo estrutural está presente no cotidiano das instituições educativas é o primeiro passo para a mudança, que requer o planejamento de ações pedagógicas que rompam com essa cultura hegemônica e possibilitem que o sofrimento das crianças negras não seja invisibilizado ou minimizado, mas que haja a construção de pedagogias descolonizadoras para sustentar uma educação antirracista.

Assim, considera-se que um trabalho pedagógico interdisciplinar, que compreende a literatura como direito, possibilita múltiplas vozes e narrativas, ampliando a compreensão de si mesmo e do mundo. A presença de livros de literatura para crianças com personagens negras e a organização de um trabalho pedagógico sistemático envolvendo diversas linguagens artísticas em espaços educativos se constituem como parte de uma educação antirracista, produtora de novos conhecimentos e pedagogias, responsável por favorecer processos identitários de meninas negras, possibilitando uma reflexão sobre elementos da realidade, que envolvem a interseccionalidade de raça e gênero a partir da arte, em consonância com a Lei n.º 10.639/03, que tornou obrigatório o ensino de história e cultura africana e afro-brasileira nas escolas públicas e privadas de educação básica do país.

Referências

AKOTIRENE, Carla. *Interseccionalidade*. São Paulo: Pólen, 2019.

BELÉM, Valéria. *O cabelo de Lelê*. São Paulo: IBEP, 2012.

BOTELHO, Denise; nascimento, wanderson flor do. Celebração móvel: políticas públicas, transversalidade e interseccionalidade de gênero e raça. In: SANTOS, Deborah Silva; GARCIA FILICE, Renísia Cristina; RODRIGUES, Ruth Meyre Mota. *A transversalidade de gênero e raça nas políticas públicas*. 1. ed. São Paulo: Comunicação Integrada, 2016. p. 26-41.

GARCIA FILICE, Renísia Cristina. *Raça e Classe na gestão da educação básica brasileira: a cultura na implementação de políticas públicas*. Campinas: Autores Associados, 2011.

GOMES, Nilma Lino. Educação, identidade negra e formação de professores/as: um olhar sobre o corpo negro e o cabelo crespo. *Educação e pesquisa*, São Paulo, v. 29, n. 1, p. 167-182, jan./jun. 2003

GOMES, Nilma Lino. *Sem perder a raiz: corpo e cabelo como símbolo da identidade negra.* 2ª ed. Belo Horizonte: Autêntica, 2008.

GOMES, Nilma Lino. *Betina.* Belo Horizonte: Mazza Edições, 2009.

GOMES, Nilma Lino. Movimento negro e educação: ressignificando e politizando a raça. *Educação e sociedade*, Campinas, v. 33, n. 120, p. 727-744, set. 2012.

GOMES, Nilma Lino; JESUS, Rodrigo Ednilson de. As práticas pedagógicas de trabalho com relações étnico-raciais na escola na perspectiva de Lei 10.639/2003: desafios para a política educacional e indagações para a pesquisa. *Educação em revista*, Curitiba, n. 47, p. 19-33, jan./mar. 2013.

GONZÁLEZ, Lélia. A categoria político-cultural de amefricanidade. *Tempo brasileiro*, Rio de Janeiro, n. 92/93, p. 69-82, jan./jun. 1988.

KILOMBA, Grada. *Memórias da Plantação. Episódios de racismo quotidiano.* Portugal: Ed. Orfeu Negro, 2019.

MADEIRA, Thais Fernanda Leite. *Educar para as relações étnico-raciais: mudanças no campo normativo e o impacto no mercado editorial.* 2016. 154 f. Tese (Doutorado em Sociologia) – Programa de Pós-Graduação em Sociologia, Universidade Federal de São Carlos, São Carlos, 2016.

OLIVEIRA, Kiusam de. *O mundo no black power de Tayó*. São Paulo: Peirópolis, 2013.

RIBEIRO, Matilde. Mulheres negras: uma trajetória de criatividade, determinação e organização. *Estudos feministas*, Florianópolis, v. 16, n. 3, p. 987-1004, set./dez. 2008.

PEREIRA, Simone dos Santos; NASCIMENTO, Iracema Santos do. Literatura infantil com personagens negras: narrativas descolonizadoras para novas construções identitárias e de mundo. *Revista Espaço Pedagógico*, v. 27 n. 2, Passo Fundo, RS, maio/ago. 2020.

SENRA, Alvaro de Oliveira; MOREIRA, Márcio de Araújo; SANTOS, Celiana Maria dos. África, Brasil e as transformações no ENEM: a Lei n. 10.639/2003. *Ensaio: avaliação e políticas públicas em educação*, Rio de Janeiro, v. 25, n. 97, p. 992-1013, dez. 2017.

Imigrantes africanos negros no noroeste de Portugal: estratégias e registos semiocultos de adaptação e resistência nas relações interétnicas

Manuel Carlos Silva

Introdução: problematização e contexto de pesquisa

Portugal, país tradicional de emigração, tem vindo a constatar nas últimas décadas uma notável mudança societal, ao transformar-se também em país receptor de imigrantes. Não atuando preventivamente nem fornecendo condições sociais mínimas aos imigrantes, como aliás aos próprios portugueses em situação de pobreza, o Estado poderá acordar tardiamente quando as clivagens ou os confrontos se manifestarem com a sua crueza ou até crueldade. Por outro lado, convém precaver-nos contra uma forma perversa de ideologia dominante que parte do princípio etnocêntrico de que os autóctones ou estabelecidos têm não só o dever como o direito de incorporar ou assimilar os de fora, ou seja, os imigrantes e demais minorias étnicas ou culturais. Por fim, importa ter presente que a declaração do princípio da diferença, se não deve constituir apenas um *slogan* para afirmar sub-repticiamente a supremacia dos nacionais, tão pouco pode resumir-se a um simples álibi ou tática conjuntural para incorporar os não nacionais a médio-longo prazo.

As questões que se colocam serão, contextualizando-as, as seguintes: em que medida os portugueses brancos têm ou não comportamentos e representações preconceituosas ou apresentam práticas de racismo para com imigrantes negros que desde os anos 1960, e sobretudo após 1974-75, foram afluindo a Portugal? E, verificando-se, como se explicam? Em que medida as minorias nacionais de imigrantes se sentem e estão inseridos na sociedade de acolhimento, em que medida a desejam e de que modo gerem a sua presença no país receptor?

Salvo alguns artigos, livros e projetos – alguns já com resultados[1] –, não se tem produzido estudos sistemáticos sobre essa questão em Portugal. Em termos de emergência de fenómenos racistas, ainda nos anos 1990, Machado (1992, p. 124) referia que o problema não atingia a gravidade de outros países devido à não concentração residencial e à fraca expressão numérica das comunidades emigrantes – quando comparadas com as de outros países europeus –, ou ainda à não existência de fortes contrastes socioculturais com segmentos ou categorias sociais destituídas da população portuguesa,[2] para além de continuidades culturais, sobretudo linguísticas, com os imigrantes africanos negros. Por outro lado, segundo Machado (1992, p. 134), a politização da questão étnica em Portugal encontrava-se numa fase, senão embrionária, ainda não consolidada, até porque, para além da omissão política por parte do Estado, o próprio movimento associativo dessas minorias que alimentava essa politização era recente, pouco expressivo e/ou dependente de partidos de esquerda, solidários com a causa das minorias étnicas, mas de expressão minoritária no contexto nacional. Neste entretempo a situação alterou-se, sendo de anotar, para além da eleição de um deputado em 2019 e doze em 2022 pelo Chega, um partido de extrema direita, racista e xenófobo, a ocorrência de casos gravíssimos, incluindo alguns assassinatos e crescentes práticas de discriminação e racismo quer para com ciganos, quer para com negros corresidentes e outros imigrantes, mesmo que sem a amplitude como a verificada em cidades inglesas, francesas, belgas, suíças ou alemãs.

Neste texto, para além da introdução e do problema, cujo enquadramento teórico terá lugar de seguida, dar-se-á conta de alguns resultados de uma investigação de 2005, reatualizados em 2020 com base num outro projeto sobre habitação básica. De facto, os dados recolhidos e transcritos neste texto, embora temporalmente algo desfasados por decorrerem de uma investigação realizada em 2005 por mim coordenada, refletem uma realidade com forte carga discriminatória, tendo sido para tal utilizados vários métodos de ordem

---

1 Cf., entre outros, Machado (1992; 1994), Vala, Lopes e Brito (1999), Khan (2003), Silva e Pinto (2004), Cabecinhas (2007), Silva (2014a), Silva e Sobral (2014b), Maeso e Araújo (2016), Roldão e Abrantes (2016), Henriques (2018).

2 As categorias sociais mais vulneráveis à pobreza em Portugal são, por ordem decrescente: idosos pensionistas; agricultores de baixos rendimentos; assalariados de baixo nível de remuneração; trabalhadores precários e da economia informal; *minorias étnicas*; desempregados; e jovens de baixa escolaridade e qualificações à procura de primeiro emprego (ALMEIDA *et al.*, 1992, p. 77).

quantitativa – estatísticas, aplicação e tratamento de um inquérito junto de 300 imigrantes africanos – e qualitativa, a saber, entrevistas semiestruturadas, histórias de vida, grupo focal e a observação nomeadamente participante. Ainda que numa questão algo diferente, numa outra pesquisa realizada mais recentemente e finalizada em 2020 sobre "ilhas" e bairros populares no Porto e em Braga, foi possível confirmar resultados similares no que concerne as relações interétnicas nesses bairros, sugerindo que os resultados aqui explanados têm como referência um substrato social de relações interétnicas ainda hoje bem presentes e denotativas de formas de discriminação e racismo, ora institucional, ora quotidiano; ora flagrante, ora subtil.[3]

Etnicidade e imigração: da "integração" social a uma cidadania pluriétnica

A par ou em articulação com outras formas de desigualdade (classe, género, idade), a etnicidade constitui um dos principais eixos de diferenciação e desigualdade social, clivagem cultural e política, de tal modo que é possível verificar que, em certas situações históricas e atuais, a identidade étnico-racial se sobrepõe inclusive a clivagens na base da pertença de classe, as quais têm conhecido algum refluxo. As formas de desigualdade étnico-racial dão não raro lugar a processos de "racialização" e "etnicização" da exclusão social (cf. Glazer; Moynihan, 1975; Machado, 1992; Touraine, 1995; Fernandes, 1995),[4] tal

[3] O projeto de investigação por mim coordenado e intitulado "Relações Interétnicas no Distrito de Braga" – do qual são expostos neste texto alguns dos resultados – foi aprovado pela Fundação Ciência e Tecnologia, tendo dado lugar a diversas publicações relativas ora a africanos negros, ora a ciganos. No que concerne os estudos de caso sobre os imigrantes africanos negros, pude, enquanto coordenador do projeto, contar no terreno com a colaboração de alunas e um aluno finalistas de Sociologia, a saber, Vera Duarte, Sónia Silva, Elsa Moreira e Justino Tati. Quanto aos resultados do projeto mais recente, igualmente por mim coordenado e intitulado "Modos de vida e formas de habitar: ilhas e bairros populares no Porto e em Braga", eles serão objeto de publicação próxima, sendo confirmados também neste projeto conflitos interétnicos e diversas formas de discriminação étnico-racial.

[4] É a esse fenómeno que se refere Machado (1992, p. 123): "Falar de etnicidade é, genericamente, falar da relevância que a pertença a determinados grupos étnicos pode adquirir no plano das desigualdades sociais, das identidades culturais e das formas de ação coletiva"; e, por seu turno, Fernandes (1995, p. 15): "De uma maneira ou de outra, as pessoas são continuamente afastadas da esfera de bens, privilégios, do mundo dos valores, da escolaridade normal ou de um meio familiar digno".

como o reforça Wieviorka (1992, p. 214): "a etnicidade é uma categoria que parece dever aplicar-se prioritariamente a grupos que a nossa sociedade põe à parte, a quem recusa a integração social e económica [...]". Assim, as relações entre maiorias autóctones e minorias étnicas lançam importantes desafios à democracia e exigem, como refere Pierré-Caps (1995), uma nova gestão política, para a qual os grupos e poderes autóctones a nível local e nacional não estão, em regra, nem preparados nem interessados em implementar ou cooperar. Se, por um lado, se sentem na obrigação de respeitar os valores da democracia plural (liberdade, equidade social), por outro, tendem a manifestar afastamento ou até rejeição perante grupos étnicos dados como estranhos e/ou *outsiders*, nomeadamente quanto percebidos como concorrentes no acesso a bens e recursos (trabalho, habitação, benefícios sociais). Por seu turno, tal como refere Seabra (1994), as próprias minorias étnicas sentem, perante os membros da sociedade autóctone, certa tensão entre integração e exclusão na medida em que, não obstante as retóricas institucionais e algumas proclamações de autóctones no sentido da integração de membros das minorias, reagem negativamente, ora confinando-os a determinados lugares subalternos, ora sentindo-se ameaçados ou expressando ressentimentos sempre que indivíduos originários dessas minorias conheçam percursos de ascensão social ou simplesmente uma melhoria social (cf. Rudder; Taboada-Leonetti citados por Seabra, 1994, p. 17, Venâncio, 1999, p. 127). Ora tais comportamentos não deixam de suscitar apelos para as minorias étnicas reviverem para dentro a sua identidade cultural, ao mesmo tempo que reforçam o seu distanciamento e separação em relação à sociedade envolvente. Essas tensões e distanciamentos interétnicos geram processos que, quando acoplados a situações de privação e detentores de alguma forma de organização, são suscetíveis de gerar conflitos latentes e, por vezes, manifestos. Com efeito, um grupo étnico, sempre que separado social e economicamente dos demais ou quando, como enfatizam Simmel ([1903] 1987), Elias e Scotson (1969), Bourdieu (1979) e Giddens (1997), se apresenta como distintivo pelas suas origens, vínculos de pertença e práticas culturais, demarca-se e/ou é demarcado por outros grupos nas suas relações interétnicas, as quais poderão caracterizar-se ora por copresença e coexistência, ora por distância e exclusão social, ora ainda por afrontamento e hostilidade. As estratégias de preservação das identidades étnicas reforçam-se sempre que as minorias são alvo de processos de exclusão no país receptor ou por parte da etnia dominante, fazendo emergir o que Weber ([1920] 1978, p. 303) denominava "comunidade desprivilegiada" e Myrdal (1944) designava de "subclasse étnica".[5] Este conceito em Myrdal foi construído a partir da existência de categorias étnico-raciais que sofriam de privação relativa num contexto de pobreza e/ou exclusão social. As ditas subclasses, constituídas, amiúde, por minorias étnico-raciais e trabalhadores imigrados, têm sido e ainda são apresentadas como "perigosas" em certos círculos conservadores, sem que estes se preocupem em aprofundar as raízes e causas da alegada marginalidade e "criminalidade" nomeadamente urbana: dificuldades de acesso à escola e situações de desemprego, desintegração social, barreiras socioculturais e/ou linguísticas, sendo o acumular de obstáculos e dificuldades de vária ordem, nomeadamente o problema habitacional que segrega um determinado grupo étnico como um grupo minoritário excluído e discriminado. Tal como já referiram Weber ([1920] 1978) e neoweberianos como Parkin (1979) e Rex (1986), a acumulação de privações e desvantagens, desde que enquadradas por uma organização e liderança, podem mais facilmente dar lugar a situações disruptivas do que em situações de mobilização de classe, pois, enquanto nestas os seus membros, sobretudo se conhecerem alguma diferenciação, necessitam de tempo e capacidade de negociação para ajustar os respetivos interesses, as filiações, afinidades eletivas e sentimentos em base quase comunal dos grupos étnicos tendem a conceber-se como um todo disponível para a mobilização e ação coletiva (cf. Silva, 2000, p. 64 ss, Bader, 2005). Esta perspetiva pluricausal e pluridimensional sobre as desigualdade e exclusões sociais nomeadamente nas relações étnico-raciais, cruzando raça/etnia, género e classe, viria a ser refundada com a abordagem interseccional, na esteira de autores como Hall ([1980] 2002), Gilroy (1991), Crenshaw (2000), hooks (2000), M. V. Almeida (2000), Omi e Winant (2002), Stolcke (2006) e Gonzalez (2011) na medida em que, segundo estes/as autores/as, raça é um conceito nuclear que remete a conflitos sociais e interesses relacionados com diferentes tipos de corpos numa sociedade racializada e que o conceito tradicional de classe não capta. Por outro lado, importa ter presente nesta revisitação a emancipatória abordagem decolonial e/ou contracolonial sustentada por Fanon (1961), Davis (1983), Quijano (2000), Dussel (2009) e Oliva *et al.* (2019). Esta perspetiva crítica radical põe em causa epistemologias, poderes e representações do passado

[5] Era, aliás, aos grupos ditos desprivilegiados, quase párias, que, vivendo em "comunidades desprezadas", Weber ([1920] 1978) se referiu e tipificou na sua classificação de classes, sendo o conceito de "pária" também retrabalhado na América por Du Bois ([1903] 1961) em torno do negro americano do início do século XX.

colonial, mas que ainda operam nos contextos nacionais e da globalização hegemónica do mundo de hoje, dando lugar a que os poderes dos países (neo) coloniais reproduzam o que Bastos e Bastos (1999) designam de estratégias de aculturação antagonista, tal como constataremos no estudo de caso, do qual apresentarei alguns dos resultados.

O conceito de "integração", que no senso comum é saudado como o objetivo-chave da relação entre minorias étnico-raciais e os membros autóctones da sociedade receptora, foi igualmente desenvolvido como o conceito-chave da perspetiva estruturo-funcionalista (Durkheim, [1893] 1977; Parsons, [1951] 1988), a qual o advoga, simultaneamente, como imperativo das sociedades coesas e harmónicas, seja em contextos de comunidades tradicionais fortemente influenciadas pela consciência coletiva de cariz religioso, seja em contextos da sociedade moderna assente na divisão social do trabalho. Diversos outros autores não só no campo sociológico como noutras áreas como a Psicologia e a Educação, ainda que de modo não explícito, foram influenciados por essa perspetiva estrutural-funcionalista, mas traduzida em teorias mais focalizadas nas relações entre os diversos atores sociais, nomeadamente em relação à questão da identidade étnica e cultural. A este respeito, será útil dissecar o modelo quadrimodal de aculturação[6] delineado por Berry (1980), em que a aculturação, a assimilação, a separação e a marginalização constituíam modalidades estratégicas dos atores sociais na gestão das suas trajetórias entre a cultura de origem e a cultura da sociedade dita de acolhimento. Com efeito, Berry (1980), embora admita no seu modelo quadrimodal da aculturação mudanças e variabilidades em torno das relações interétnicas, assume de modo acrítico o conceito funcionalista de aculturação como um conceito-guarda-chuva das várias modalidades estratégicas dos atores sociais, sem, no entanto, desconstruir o berço estruturo-funcionalista desse conceito. Visto como um conceito carregado de positividade, nem sequer se presta a questionar o sentido etimológico negativo pela sua dimensão de negação ou privação da própria cultura para os grupos que se aculturam na sociedade de chegada. A sua concepção de aculturação para traduzir modos de relacionamento entre os grupos étnicos está viciada à partida por um enviesamento teórico estrutural-funcionalista

[6] Para Berry (1980), a aculturação é abordada como um fenómeno multilinear, como um conjunto de alternativas (integração, assimilação, separação, marginalização) mais do que uma simples modalidade que desemboca na assimilação ou na absorção por parte da sociedade de acolhimento.

que nega o conflito não só entre classes e géneros como entre grupos étnico-raciais e culturais. Berry (1980), em vez de analisar as diversas formas de relacionamento intergrupal nomeadamente interétnico, procede a uma petição de princípio em torno duma tipologia na qual considera como positivas duas modalidades de relações, a saber: a assimilação e a integração. A essas modalidades vistas como positivas opõe como negativas a marginalização e separação sem se interrogar do porquê desta dita desclassificação. Assumindo aprioristicamente como ideal a anulação e/ou mesmo sujeição das minorias interétnicas na sociedade receptora, Berry (1980) não se questiona a que preço tais situações ocorrem e, sobretudo, arreda da análise das interações interétnicas entre a maioria e as minorias os constrangimentos de vária ordem, em especial a questão fulcral do poder – não só do poder político na sociedade de acolhimento, mas das várias formas de poder nas diversas esferas societais.

Segundo Berry (1980), o conceito de integração comporta uma dupla positividade do indivíduo que a incorpora na medida em que, sobretudo em termos de médio-longo prazo, situar-se-ia equidistante em relação quer à cultura do seu grupo de origem e pertença, quer à cultura da maioria da sociedade de acolhimento. Porém, contrariamente ao seu pressuposto de equidistância e equilíbrio estável entre a cultura de origem e a da sociedade de chegada, tal integração não é sustentável a médio-longo prazo nem comprovada nas situações históricas concretas, dado que, por diversos constrangimentos de ordem económica e política, um dos polos da tensão entre culturas tende a diluir-se, a subalternizar-se ou simplesmente acomodar-se em função do polo mais forte da sociedade receptora. Além disso, aparentes comportamentos denotativos de "integração" ocultam eventuais ou reais tensões, afrontamentos e/ou conflitos de tipo étnico-cultural, os quais são evitados ou contornados por razões meramente instrumentais de autodefesa ou acomodação no sentido de retirar o máximo proveito possível, assegurar o que Scott (1990) designa de segurança (*safety first*) em termos individuais ou familiares ou simplesmente para evitar processos de retaliação.

No que concerne as chamadas situações de separação e de marginalização, estas seriam para o autor, dum ponto alegadamente sistémico mas na prática eivado de uma perspetiva voluntarista, ora reflexos da incapacidade do sistema em integrar os indivíduos guetizados ou marginalizados, ora respostas negativas dos atores sociais, atribuindo-lhes implicitamente o fracasso da sua não integração. Tais posicionamentos ignoram o que autores como Scott (1990) já desenvolveram teoricamente sobre formas informais e semiocultas, subterrâneas e silenciosas de fuga e resistência passiva, sintomáticas de uma identidade étnica contida ou reprimida, sobretudo quando tais comportamentos são negativamente sancionados pelos diversos tipos de poderes na sociedade receptora. A definição das respostas de separação e marginalização como negativas, além de sintomáticas de formas perversas de ideologias etnocêntricas no sentido de assimilar, num primeiro ou num segundo momento, as culturas das minorias étnico-raciais, refletem preconceitos e estigmas para com tais grupos alegadamente separados ou marginalizados. Mais, ignoram que tais situações de marginalização/separação decorrem de processos sistémicos de segregação étnico-racial e não de decisões dos indivíduos que resistem, firmam as suas identidades e se identificam positivamente com o seu grupo dominado e com a cultura de origem e/ou pertença.

É correntemente assumido como desejável que os imigrantes e minorias étnicas se integrem e sejam integrados na sociedade envolvente, maioritária, sem que se problematizem os termos em que a almejada integração possa e deva ocorrer. Porém, antes de discutirmos e avaliarmos a justeza ou não desse desiderato, importa aferir o que se entende por cada conceito, procurando destilar alguns critérios que permitam traduzir e concretizar cada um deles. Pela minha parte, problematizo o conceito de integração pela ambiguidade que encerra e, de modo inequívoco, rejeito-o nomeadamente quando implica homogeneização e subalternização das culturas vindas de fora, porque, tal como referem Dias *et al.* (1997, p. 141), sendo "um conceito socialmente manipulado sob uma perspetiva funcional, significaria uma espécie de assimilação elegante, sem hostilização, que de forma subtil constitui um marco num Estado de Direito [...] que garanta direitos e oportunidades para todos os cidadãos". Além disso, Berry peca de um psicologismo de cariz individualista, porque não analisa o contexto e as diversas variáveis presentes na interação dos atores sociais, dependendo o grau de integração das comunidades migrantes da incorporação linguística e cultural, do desempenho económico em conformidade com os valores da cultura dominante como padrão referencial.

Um outro conceito mais sofisticado, mas aceitável, que tem sido utilizado é o de inserção, o qual já não tem, todavia, a mesma conotação político-ideológica de subalternização social e cultural em relação à sociedade e cultura dominantes, mas somente remete para a inserção social em termos habitacionais, laborais, educativos, enquanto cidadãos/cidadãs, não lhes sendo exigido pautar-se pelas normas e valores da cultura hegemónica.

Subjacente ao conceito de integração mitigada, reside, com efeito, uma estratégia de interculturalismo que Stoer e Cortezão (1999) denominam de "multiculturalismo benigno" e que também designei de "interculturalismo tático" (Silva, 2000), o qual, a curto prazo, visa evitar clivagens e rupturas, defende atitudes de condescendência paternalista perante as alegadas "subculturas" étnico-raciais, mas, estrategicamente e a longo prazo, visa assimilar ou incorporar as minorias étnico-raciais nos parâmetros culturais, políticos e ideológicos hegemónicos. Tais estratégias políticas, supostamente mais humanistas e democráticas do que a exclusão ou reclusão sociais, para além de não produzirem tão rapidamente os efeitos desejados, são, contudo, confrontadas com princípios duma multiculturalidade crítica e "progressista" (Taguieff, 1995; Santos, 1995; Stoer; Cortesão, 1999; Silva, 2000), a qual pressupõe o respeito pela respetiva identidade étnica e pelo reconhecimento dum espaço de afirmação política próprio. Ou seja, trata-se de que cada cultura respeite as outras e, tendo consciência dos seus próprios limites, dialogue com as demais e não se arvore em cultura "única" ou "universalista", como é o caso da "razão ocidental" que se arroga de "universal" mas objetivamente alimenta-se com base no poderio económico e político hegemónico. Essa é, aliás, uma realidade constatada por Rex (1995, p. 297), para quem "o pensamento político europeu só dificilmente ainda admite a ideia de uma sociedade realmente pluricultural", o que dificulta igualmente o próprio reconhecimento do racismo,[7] tendendo a converter políticas de exclusão em políticas de reclusão, segregação étnico-racial ou mesmo numa integração autoritária e violenta sempre que os métodos habituais se tornem ineficazes. De facto, a concepção interculturalista, ora tática, ora ingénua, presente no "multiculturalismo benigno" ignora ou, pelo menos, igualmente obnubila duas questões centrais: as desigualdades nas posições objetivas de vida e sobretudo a questão do poder entre ambos os grupos protagonistas, assim como a relação de forças dos respetivos agentes criadores e portadores das diversas culturas.

Países assentes nos princípios do Estado de Direito têm desenvolvido alguns mecanismos contra o racismo flagrante, frontal e agressivo. Contudo,

[7] Rex (1995, p. 295) salienta as desigualdades cívicas e sociais que resultam da atual União Europeia e que "separarão os cidadãos da Comunidade Económica Europeia que gozarão do direito de livre circulação e os imigrantes na mesma Comunidade que não beneficiarão desse direito: os imigrantes brancos vindos do Leste, os imigrantes originários do Terceiro Mundo e um grande número de indivíduos em situação irregular e de refugiados".

têm surgido, nas últimas décadas, o que alguns autores (Taguieff, 1987; Pettigrew; Meertens, 1995; Vala; Lopes; Brito, 1999; Cabecinhas, 2007; Silva; Pinto, 2004) designam de racismo subtil, o qual, segundo recentes investigações na área da sociologia e da psicologia social é, do ponto de vista cognitivo, relativamente coerente, não se tratando de uma tomada de posição consciente, mas mais de um processo subconsciente ou inconsciente, amiúde interiorizado em estereótipos negativos relativamente às minorias étnico-raciais, mesmo que não publicamente expressos.

As identidades sociais produzem-se a partir da interação dialética entre o lugar ocupado pelos atores sociais na estrutura social – na qual interferem basicamente, entre outros, fatores como a classe social, o género, a raça/etnia, a idade – e a construção social delas forjadas e incorporadas nas trajetórias dos próprios atores sociais. Na formação das identidades sociais, tal como a conceptualiza Pinto (1991, p. 218), imbricam-se dois processos: um primeiro em que os atores sociais se fundem entre si e se integram em conjuntos mais vastos de pertença ou de referência (processo de identificação); e um segundo em que os atores sociais tendem a demarcar-se, autonomizar-se e diferenciar-se socialmente, fixando, em relação a outros, distâncias e fronteiras mais ou menos rígidas (processo de identização).

A pertença étnico-racial, reivindicada ou atribuída, só existe e será inteligível na condição de serem pressupostos certos pré-requisitos. As relações interétnicas fornecem-nos um código de categorias destinado a orientar o desenvolvimento das relações sociais, sendo esse um código de contraste, na medida em que a identidade étnica se afirma, por um lado, "negando" a(s) outra(s) identidade(s) e, por outro lado, em confronto com ela(s), apreendida(s) num sistema de representações de carácter ideológico (cf. Barth, 1969; Oliveira, 1976, p. 5 ss; San Román, 1986; Memmi, 1993).

Do exposto poder-se-á inferir ser necessário não só contrariar os preconceitos e as formas de racismo subtil entre os cidadãos/cidadãs da maioria autóctone dominante, como também exigir-se aos Estados europeus, em nome do princípio constitucional da igualdade de tratamento, uma nova atitude para com as minorias étnico-raciais e culturais, incluindo obviamente as comunidades de imigrantes. Dum considerável grau de práticas discriminatórias e representações racializantes não é pertinente deduzir concepções essencialistas em torno do racismo como se este fosse uma espécie de propriedade intrínseca de determinadas pessoas, enquanto outras seriam imunes a tal. Ele é o resultado de determinadas estruturas e contextos específicos, de relações sociais assimétricas perpassadas de etnocentrismo e dominação de uns grupos étnico-raciais sobre outros, caracterizadas por contrastes de identidades, culturas e estilos de vida entre dominantes e dominados. Se o conflito em bastantes situações não assumiu outras proporções de confronto mais violento, tal se deve, entre outros fatores, ao facto de as próprias comunidades étnico-raciais e imigrantes, além de minoritárias, serem desprovidas de recursos internos e externos suficientes, nomeadamente não deterem capacidade política e organizativa adequada.

Perante os problemas e as ameaças à coexistência e à convivência pluriétnica e multicultural e as crescentes e acrescidas dificuldades verificadas, particularmente com a ascensão da extrema-direita xenófoba e racista, será pertinente equacionar e questionar sobre quais os caminhos possíveis ou mesmo prováveis nas próximas décadas, quer na Europa, quer na América do Norte, quer, ainda que em situações diferenciadas, noutros continentes. *Grosso modo* poder-se-iam subsumir em três respostas: (i) integração pura e simples ou, mais precisamente, de modo monolítico e autoritário, a assimilação das minorias étnico-raciais, forçando-as, por exemplo, a renunciar à endogamia, às suas práticas religiosas e demais tradições culturais em nome dos padrões e valores dominantes; (ii) a fusão de culturas (*melting pot*), pressupondo a formação de novas formas culturais, estratégia esta que, independentemente das intenções e objetivos declarados, representaria na prática e objetivamente, senão a aniquilação das culturas minoritárias, a hegemonia da cultura autóctone dominante; (iii) a defesa do princípio da diversidade e do pluralismo cultural, não de modo tático mas efetivo, reconhecendo todas as culturas como dignas de igual tratamento com política de partilha de poder, proposta esta sustentada pelas organizações das próprias minorias étnico-raciais e organizações antirracistas solidárias com as minorias e cuja divisa, cada vez mais popularizada, se resume a: "*Todos diferentes, todos iguais*".

Entre as diversas respostas, se a primeira é inaceitável do ponto de vista dos direitos humanos e a segunda, independentemente das intenções, é idealista, ineficaz e favorece a cultura hegemónica, apenas a terceira é curial e justa em termos do reconhecimento das diferentes culturas e princípio de igualdade de tratamento. Mais, ela é única resposta capaz de prevenir, regular e superar a conflitualidade interétnica e criar progressivamente condições favoráveis para combater situações de rotulagem, estigmatização e exclusão sociais, empoderar as minorias étnico-raciais pela disponibilização de recursos e, em última instância, perseguir um objetivo estratégico a médio-longo prazo: a convivência pacífica e a solidariedade entre autóctones e os diferentes grupos étnico-raciais, nomeadamente no caso em estudo entre portugueses brancos e imigrantes africanos negros.[8]

Entre a inserção, a condescendência paternalista e a exclusão social

Dadas as dificuldades e barreiras de seleção no sistema educativo e as desiguais oportunidades no acesso ao emprego e/ou à criação de empresas no país de origem e no país de acolhimento, a grande maioria dos membros das minorias étnicas não integra as classes empresarias ou as profissões liberais e sente-se confrontada, em termos de emprego, em posições marginais, instáveis e precárias, tal como se pode constatar do seguinte retrato socioprofissional dos grupos migratórios provindo dos PALOP:

Gráfico 1: Profissão atual dos imigrantes dos PALOP

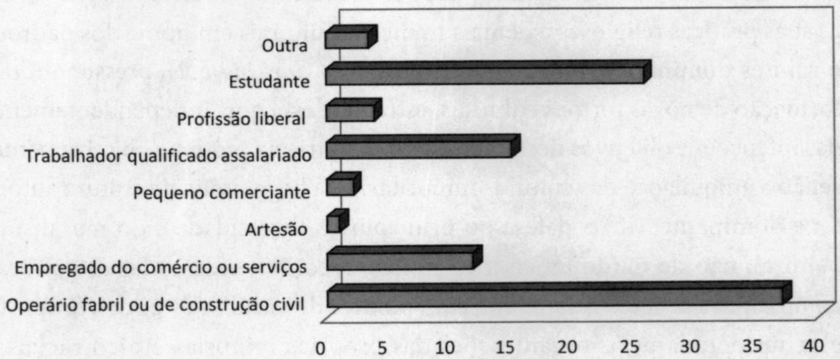

Fonte: IIAPB, 2005.

Não obstante as dificuldades em inquirir trabalhadores(as) do setor secundário – parte deles(as) em situação irregular –, foi possível todavia constatar que 39% dos inquiridos(as) eram operários(as) fabris, da construção civil ou artesãos(ãs), os(as) quais, acrescidos dos 12% empregados(as) no sector

[8] Cf., respetivamente, Becker (1968), Goffman ([1963] 1988), Weber ([1920]1978), Abou (1990), Almeida *et al.* (1992), Xiberras (1993), Martins (1996), Marques (2000), Essed (2002), Silva e Pinto (2004). Sobre processo de estigmatização territorial nomeadamente noutros contextos como nos Estados Unidos, cf. Wacquant (2006).

terciário (comércio e serviços), somam uma maioria de 51%.[9] Ou seja, utilizando a terminologia de Myrdal (1944) sobre o que ele designa de "subclasses étnicas", estes/as imigrantes assalariados(as) negros(as), além de deterem, em regra, posições de desvantagem e dependência, mantêm amiúde ocupações pior remuneradas no mercado de trabalho (cf. Gráfico 3), por vezes mesmo com qualificações superiores à função ou atividade. Mais, deixam de ser objeto de igual tratamento e proteção perante a lei e são não raro alvo de discriminação por parte de agentes das várias instituições (policiais, de saúde, segurança social, escolares). Além disso, amiúde, por razões de enconchamento identitário ou mesmo de autodefesa, os(as) imigrantes negros(as) constituem-se em mundos isolados, separados ou até segregados em *ghettos*, cuja baixa ou nula comunicação com as instituições e inclusive com portugueses(as) brancos(as) provoca neles sentimentos de insegurança e medo, sendo amiúde vítimas de preconceitos e processos de rotulagem e estigmatização em termos institucionais e da vida quotidiana.

Considerando a distinção operada entre o conceito de integração – que pela sua conotação estruturo-funcional entendo ser preferencialmente evitado – e o conceito mais adequado de inserção social, importará aferir e apurar as respostas de ordem qualitativa dalguns entrevistados(as). A este respeito, não se infere uma resposta uniforme, pois, enquanto se constata haver membros das comunidades migrantes dos PALOP que se dizem inseridos na sociedade portuguesa, outros há que de modo algum se sentem inseridos e outros ainda estão em parte inseridos mas reservam para si espaços e nichos da sua identidade sociocultural, predominando a esse respeito processos de relativa adaptação de maneira instrumental, tal como o clarifica a título ilustrativo Vasco:

> Isto é difícil, eu tive que vestir muitas capas e, passe a expressão, engolir muitos sapos. Tinha que vestir a capa de que a minha posição era uma posição inferior, tive que vestir essa capa. Tive que vestir a capa de que estava tudo bem e de que estava satisfeito com o patrão, com a empresa e com o trabalho; tive que vestir outra que considerava a maneira e o ritmo como se trabalhava, aquilo era escravatura moderna entre aspas: era violento o ritmo de trabalho, havia uma diferenciação nítida entre pessoal africano e pessoal não africano a trabalhar, e depois houve

[9] Convém ter presente que um não desprezável número de respondentes declara que, além da profissão principal na construção ou nos serviços, tem outro trabalho complementar, tendo alguns, nomeadamente guineenses, referido ser também futebolistas em clubes de terceira divisão ou locais.

> também umas coisas caricatas que tive, que observei, que tive que engolir. Havia muita exigência, muita pressão, não havia maneira de tratos – tipo faz isso, não sei se é linguagem própria da construção civil – a linguagem da construção civil é muito própria, é muito rude, mas também assisti a muito absentismo da parte do pessoal, o pessoal sempre que tivesse uma oportunidade para não trabalhar, não trabalhava e nas situações mais delicadas possíveis, desde estar a dormir em cima de um andaime, num quarto escuro com risco de cair, o pessoal às vezes dizia que aquilo era para se vingar das pessoas que os tratavam muito mal (st, h, s, 33 anos, 12.o ano, operário e depois licenciado e bancário).

Quando questionado se tinha sido discriminado no trabalho e como se sentia, Vasco é peremptório:

> Sim fui discriminado, sim objetivamente, como os outros. Sentia-me muito revoltado e às vezes pensava que, se eu tivesse um outro meio de ganhar a vida, abandonava logo; cheguei mesmo a confrontar as pessoas com esse tipo de situação. Se calhar, eu tinha mais à-vontade de fazer isso porque sabia que aquilo não ia ser futuramente a minha vida, não ia ser o meu futuro e, então, estava à-vontade e confrontava muito os patrões e as pessoas, refilava muito e discutia; e o facto de eu refilar e discutir granjeou-me um outro estatuto, mudaram-me, continuei na construção civil mas passaram-me para um trabalho mais leve, e havia comentários do género – "*vê-se que você não é pessoa para esse <u>trabalho</u>*" – e eu uma altura perguntei – "*quem é que é pessoa para esse trabalho*?" – era mais ou menos, isso e muito mais, coisas muito complicadas (st, h, 33 anos, licenciado, operário e, posteriormente, bancário).

Deste modo, as modificações na variável inserção serão determinadas pelos perfis de cada grupo, analisados no âmbito das condições de vida reais e das mundividências culturais, em que se formam sistemas sociais diferenciados e aí se produzem universos simbólicos específicos. Neste sentido torna-se pertinente auscultar os atores sociais sobre o grau de facilidade ou tipos de dificuldades de adaptação e inserção na sociedade de acolhimento:

Gráfico 2: Dificuldades encontradas no processo de adaptação

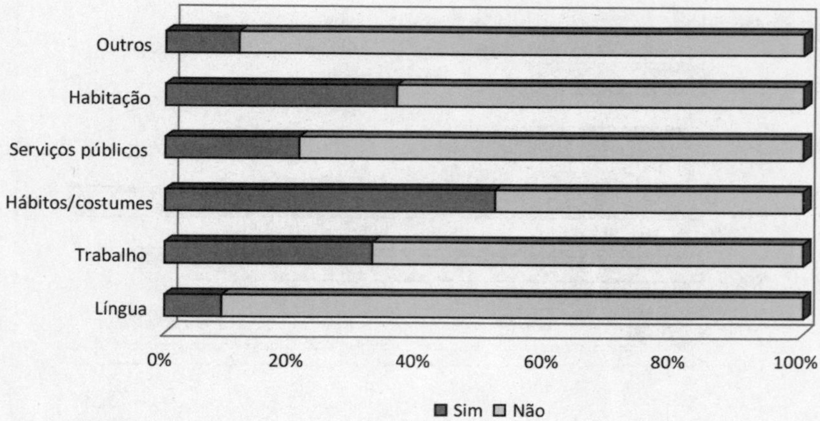

Fonte: IIAPB, 2003.

Da análise do Gráfico 2 constatamos que os(a) inquiridos(as) destacam três principais dificuldades no processo de adaptação: ao nível dos hábitos e costumes (50%); na esfera da habitação (38%) – situação que pode, em parte, ser explicada pelo preconceito étnico-racial quando buscam alugar casa – e no mundo do trabalho com 35% de respostas, situação que se agrava quando em situação migratória não regularizada. A língua surgiu como o obstáculo menos frequente (10%), situação que se compreende quando constatamos que 64% dos(as) inquiridos(as) falam, em casa, a língua portuguesa, mas 8% falam só a língua de origem.

Embora sob formas não tão extensas e dramáticas como nalguns bairros das grandes áreas metropolitanas como Lisboa e Porto, também em Braga, a par de imigrantes que têm conseguido um razoável emprego e nível de vida, uma parte considerável deles é afetado por situações de exclusão social e de pobreza relativa, quando não absoluta, constituindo os imigrantes africanos uma das categorias vulneráveis à pobreza e precariedade social a que Almeida *et al.* (1992, p. 91) se referiram na sua tipologia sobre pobres e excluídos sociais na sociedade portuguesa.[10] Procurando saber os níveis de remuneração salarial, foram obtidos os seguintes resultados distribuídos nos seguintes escalões:

---

[10] Sobre as categorias em situação de precariedade e de pobreza, referem Almeida *et al.* (1992, p. 91), "de modo geral, as categorias da população mais vulneráveis à pobreza são essencialmente os desempregados de longa duração, jovens à procura do primeiro

Gráfico 3: Salário médio mensal

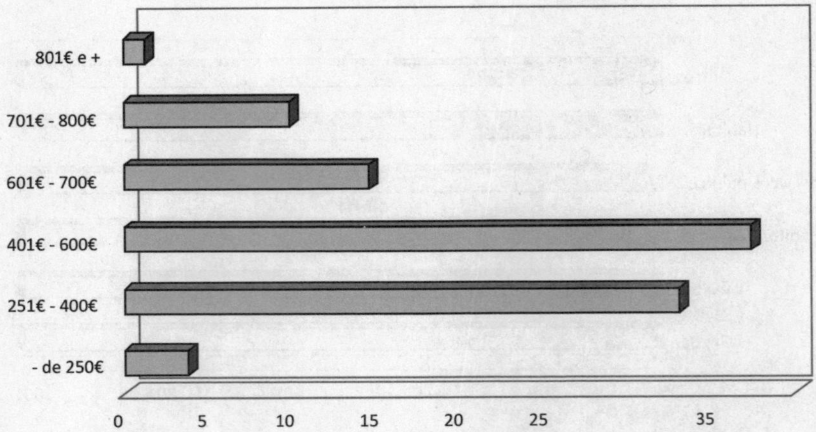

Fonte: IIAPB, 2005.

Analisado o Gráfico 3, ressaltam, em primeiro lugar, como traço dominante, os baixos salários: 37% situam-se entre 401 e 600 euros e 33% entre 251 e 400 euros, a que acrescem 4% que se encontram abaixo dos 250 euros. Apenas 14% ganham entre 601 e 700 euros, uma menor fatia de 9% entre 701 e 800 euros e 1% com mais de 800 euros. Assim, 74% dos(as) inquiridos(as) recebem apenas um salário abaixo do salário médio, dos quais 37% abaixo do salário-mínimo. A tal discrepância não serão alheios processos de discriminação salarial também em função da origem étnico-racial, de género ou simplesmente migratória.

Para parte dos imigrantes o primeiro problema é mesmo o do próprio acesso ao trabalho, o qual, permitindo a percepção de um rendimento, proporciona ao indivíduo a possibilidade de acesso aos bens materiais, de consumo e todo um conjunto de necessidades a satisfazer em termos materiais, políticos e cultural-simbólicos. O poder de compra resultante da remuneração salarial constitui como que a base nuclear que orienta e abre possibilidades aos indivíduos não só de satisfazerem as suas necessidades, como de elevarem a sua autoestima e o seu sentido de dignidade cidadã. Assim, uma permanente

emprego e certas minorias étnicas, nomeadamente africanos, asiáticos, ciganos, deficientes e idosos com recursos limitados". Na questão do alojamento foi detetado, em 30 inquéritos realizados nas imediações do local de trabalho, nomeadamente na construção 8 (26,7%), que os(as) inquiridos(as) viviam em barracas ou contentores.

diferenciação salarial em relação aos autóctones, para não falar nalguns casos de não pagamento, propicia o surgir do sentimento de discriminação, podendo, em casos mais extremos, levar à exclusão social. Para além do predomínio de baixos salários e da execução de trabalhos mais duros e mal pagos, acrescem ainda as diferenças salariais entre homens e mulheres: 84% das mulheres auferem menos de 600 euros por mês (contra 70% dos homens), dentre as quais 49% recebe entre 251 e 400 euros (cf. Anexo 1).

Para além de trabalhos com salários baixos e da execução de trabalhos mais duros, do ponto de vista do esforço físico, nas grandes obras públicas, de infraestruturas (pontes, autoestradas) e de construção civil, o que mais magoa os(as) imigrantes negros(as) é a discriminação de que são objeto: "Eu lá no trabalho sou visto como o diferente, todos me tratam não pelo nome mas como o *black*" (g, h, 35 anos, armador de ferro); e um outro: "Há a ideia de que tudo que vem de África não tem capacidade de pensar!" (cv, h, 21 anos, estudante).

Quanto a descontos, segundo os dados obtidos, a par de 41% que fazem descontos para a segurança social e duma percentagem menor de 9% que contratualizam seguros privados ou outros, há um considerável contingente de 30% que não possuem qualquer seguro em contexto laboral ou privado. Por outro lado, questionados sobre quais as mudanças no percurso migratório, para 47% dos(as) inquiridos(as) o processo migratório não trouxe alterações significativas ao nível das suas condições de vida, apesar de 43% afirmarem que houve melhorias substanciais contra os 7% que dizem ter piorado – o que terá sobretudo ocorrido aos(às) que, na sequência da descolonização ou por motivos de guerra civil, saíram do seu país, forçando-os à descida de estatuto ou a um agravamento das suas condições económicas.

Falar em condições de vida, nomeadamente em percursos migratórios, pressupõe ter presente, por um lado, os constrangimentos e, por outro, as estratégias de poupança encetadas pelos imigrantes, tendo sido possível também verificar entre parte considerável dos(as) inquiridos(as) o reconhecimento de que "valeu a pena" emigrar, independentemente do seu projeto de regresso ou permanência. Analisando o destino das poupanças, constatamos que 32.5% dos(as) inquiridos(as) poupam para comprar uma casa em Portugal, 21.9% poupam para regressar ao país de origem e 14.4% para enviar dinheiro para a família. Com efeito, enquanto uns denotam dificuldades de inserção e adaptação à sociedade receptora, outros conseguem estabelecer pontes e ligações, pela via escolar e/ou laboral, em parte também dependendo tais atitudes dos tempos de residência e fixação no território, em particular das relações de vizinhança, amizade e pelas vicissitudes do percurso ou pelas relações de amizade, ligações afetivas e emocionais ou, inclusive, nalguns casos, a contração de uniões ou casamentos interétnicos.

Se uns adiam o projeto de regresso, outros consolidam esse projeto consoante os tempos de imigração. Por sua vez, 50% dos(as) imigrantes inquiridos(as) responderam que pretendem regressar por razões diversas, das quais se destaca, com maior número de respostas (29%), outras atividades para além das tipificadas, normalmente associadas às qualificações; 25% querem investir em pequena empresa ou em pequeno comércio; 35% ainda não sabem se regressarão e 15% não pensam em regressar, alegando ter melhores condições de vida em Portugal (40.3%) e ter família já estabelecida (28%).

Da lista de instituições listadas, os dados recolhidos evidenciam que as entidades mais procuradas pelos imigrantes são o hospital (82.7%), o Serviço de Estrangeiros e Fronteiras (SEF) (79.7%), o consulado (71.4%) e o centro de Saúde (77,8%). As opiniões que os imigrantes têm da ação dessas entidades não são nem boas nem más, apesar de podermos verificar uma tendência para uma apreciação negativa em relação ao serviço das repartições públicas.

> [...] quando nós nos dirigimos a uma instituição qualquer [...] de uma forma geral, o africano existe como uma pessoa que veio entre aspas desenrascar-se – como nós dizemos em São Tomé –, uma pessoa que não tinha lugar para cair morto, há sempre aquele tratamento de terceira, de rejeição, a forma mesmo inclusive de falar connosco já mostra que a abordagem que a pessoa faz da questão já é uma abordagem pejorativa. Por exemplo, quando vamos anualmente renovar os nossos vistos, creio que no SEF, aliás, muitas das vezes é onde se nota maior discriminação (st, homem, solteiro, 21 anos, estudante).

Em suma, é em relação aos serviços e repartições públicas que várias queixas foram formuladas, sobressaindo as relacionadas com o SEF, embora se devam referir também as relativas às escolas. Estas formas de discriminação institucional reforçam a produção da diferenciação entre o "nós" e o "eles", cavando mais o fosso já existente na própria sociedade.

Sociabilidades e interações quotidianas na comunidade envolvente

Para os imigrantes é crucial manter as solidariedades familiares e grupais e as redes interpessoais que permitam a sua inserção e suportem, também, novas estratégias migratórias. Um dos fatores determinantes das migrações é, precisamente, o acesso a redes sociais de parentesco e amizade, estabelecidas com conterrâneos ora dos respetivos países de origem, ora no país de acolhimento, sendo os mecanismos de solidariedade e entreajuda muito importantes nos processos de adaptação e sobrevivência, reprodução e, eventualmente, de melhoria e/ou mobilidade social.

Entre os tipos de sociabilidade existentes, para além dos apoios mútuos na fase de chegada nomeadamente no contato com as diversas instituições, relevam na vida quotidiana as relações de vizinhança. A este respeito, vários(as) dos(as) inquiridos(as) e, posteriormente, entrevistados(as) consideravam que nos seus locais de residência em Portugal se verificavam atitudes e práticas bem diferentes das que estavam habituados nos seus respetivos países de origem, tal como desabafou um morador cabo-verdiano: "Lá em Cabo-Verde, se me relacionar com uma pessoa durante três semanas, depois se passamos na rua cumprimentamos, quer passe um ou cinco anos. Aqui as pessoas viram a cara!" (cv, h, 21 anos, estudante).

Alguns dos(as) entrevistados(as) mostraram certo espanto perante o modo como os(as) próprios(as) portugueses(as), de uma maneira geral, são insensíveis a diversas situações sociais de exclusão, como o caso dos "sem abrigo" e dos "velhos".

> Eu não percebo a mentalidade aqui, porque aqui quem está mal, está mesmo mal, porque ninguém ajuda. Nós não somos assim. Por exemplo, os sem abrigo dormem no chão, à chuva...Se um tiver a dormir à porta do meu prédio, eu não vou conseguir dormir descansada! No meu país isso não acontecia, alguém ia arranjar um sítio. E os velhos? Aqui deixam-se no lar. Isso entre nós não acontece (g, mu, 41 anos, cabeleireira).

No que concerne as relações de vizinhança, 92% dizem não ter problemas, mas, analisada de modo mais fino esta resposta, ela deve-se principalmente ao facto de, a par das proximidades entre africanos sobretudo conterrâneos, se verificar distanciamento consciente dos membros das comunidades migrantes face à maioria branca, tal como o manifesta um dos entrevistados: "Como estratégia eu tenho de fazer a minha vida e não me meter na vida dos outros, não me meter em situações desagradáveis e fazer a minha vida" (a, h, s, 28 anos, empregado).

Se a estratégia de evitamento surge como forma de obviar situações de conflito e confronto, não deixam de transparecer, também, quezílias latentes ao nível das relações interétnicas ou interfamiliares, como foi possível constatar e concluir de estudos parcelares realizados em Vila Verde e em Barcelos, entre portugueses *versus* ciganos-portugueses e cidadãos negros (cf. SILVA; SILVA, 2002; SILVA; PINTO, 2004). A maioria de respostas refere um bom relacionamento com a vizinhança e os que sinalizam algum problema apontam como principais motivos os vertidos no Gráfico 4:

Gráfico 4: Motivos dos problemas com os vizinhos

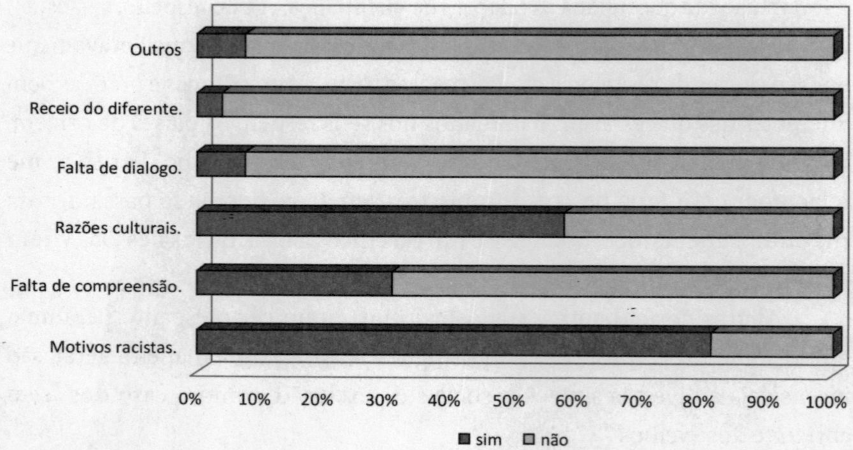

Fonte: IIAPB, 2005; n=260.

Dos motivos invocados, a par de 34% que aduzem "falta de compreensão" e "falta de diálogo" e 55% que apresentam "razões culturais", sobressaem, com 79% das respostas, motivos racistas, sobre os quais um dos testemunhos ilustra: "Não fui bem aceita na família do meu marido. Senti e vivi muito racismo na escola" (a, um, cs, 53 anos, licenciada, professora do 1º ciclo). Ou ainda um outro:

> Tínhamos um vizinho [...] que dizia que ouvia barulho da nossa casa, é incrível, podia ser barulho exterior, mas ele dizia que era da nossa casa, e sempre, pra aí à meia-noite, ele tocava a campainha porque estávamos a fazer barulho; é que ele chegou quase a bater-me na escada [...] só porque eu respondi, porque ele disse "*vocês pretos só vêm pra'qui fazer confusão, vocês deviam voltar para a vossa terra*", e eu respondi "*então que tirem todos os portugueses d'África*". [...] Eu tive que avisar o senhorio, é que era mesmo implicância (st, mu, s, 21 anos, estudante).

Alguns, ao referirem que a maioria dos portugueses é racista, não deixam de reconhecer, aparentemente, o inverso – "os negros são também racistas" (a, h, 24 anos, operário) –, mas justificam-no por razões defensivas, por retaliação ou em nome da honra: "os negros são também racistas mas em defesa de honra pessoal ou de grupo" (a, h, s, 29 anos, estudante universitário), ou simplesmente "por causa de não darem os mesmos direitos de um português" (a, h, s, 30 anos, curso médio, vendedor). O mesmo se diga quando os(as) portugueses(as) os avaliam como pessoas agressivas, mostrando sê-lo quando se sentem objeto de discriminação ou tratamento injusto: "O africano, se lhe 'baterem' e ele souber que estes têm razão, deixa, fica quieto, mas se souber que quem lhe bateu não tem razão, uih, ele tem de levar a dele avante!" (cv, h, 32 anos, 12.o ano, empregado).

A seguir aos motivos de racismo são apontadas, em ordem decrescente, as razões culturais (55%), a falta de compreensão e/ou diálogo (29%) e, embora residualmente, o "receio do diferente", um motivo aduzido e valorizado heuristicamente por alguns psicólogos sociais (cf. VALA; LOPES; BRITO, 1999), o que de resto transparece nalguns dos desabafos: "Para mim o maior entrave é a questão cultural, a questão é a falta da compreensão, a estranheza" (a, h, s, 29 anos, estudante universitário). Talvez este e outros motivos de estranheza face ao "diferente" possam explicar por que é que a taxa das respostas negativas ao "encontro frequente com vizinhos" seja largamente superior às respostas positivas: 62% não tiveram contato com vizinhos *versus* 38% que o tiveram. Estes dados são já por si sintomáticos dos processos de evitamento e de menor frequência de contato com vizinhos. Porém, o evitamento, tal como o definiu Goffman (1974), tanto pode ser expressão duma estratégia consciente e de omissão calculada com contornos discriminatórios como também pode ser reflexo condicionado do medo pelo "diferente" derivado do desconhecimento mútuo, da angústia em torno do desconhecido, supostamente assumido como "perigoso" ou preconcebido como "raiz de incerteza, perturbação ou mal-estar". No caso específico dos imigrantes africanos negros, encontramos as questões das representações que se vão formando acerca dos residentes negros e que podem, de facto, ser um obstáculo ao relacionamento:

> O problema da imigração é que há uma má imagem em torno do imigrante...Enquanto as pessoas virem os africanos como alguém agressivo, vai ser difícil a gente integrar-se. Generalizam-se muito as coisas... Para mim o maior entrave é a questão cultural, a questão é a falta de compreensão, a estranheza (a, h, 29 anos, estudante universitário).

Procurando destrinçar como é que os diversos grupos das diferentes nacionalidades convivem ou não com os vizinhos brancos, os dados do inquérito evidenciam os seguintes resultados:

Quadro 1: Convívio com grupos por nacionalidades

	Angolana		Guineense		Moçambicana		Cabo-verdiana		S. Tomense		Outra		Total	
	n.º	%	n.º	%	n.º	%	n.º	%	n.º	%	n.º	%	n.º	%
Indivíduos portugueses	22	17	2	7	7	19	8	14	3	23	13	37	**55**	**19**
Outros imigrantes	68	54	16	59	18	49	32	56	7	54	13	37	**154**	**52**
Portugueses e imigrantes	37	29	9	33	12	32	17	30	3	23	9	26	**87**	**29**
Total	**127**	**100**	**27**	**100**	**37**	**100**	**57**	**100**	**13**	**100**	**35**	**100**	**296**	**100**

Fonte: IIAPB, 2003.

Como podemos constatar, e numa primeira leitura, a maior parte dos convívios e das amizades é feita com outros imigrantes do mesmo país (52%) e, dentro desta percentagem, a amizade intragrupal, ainda que transversal aos vários grupos, é mais visível entre os guineenses (59%) e os cabo-verdianos (56%). Porém, 29% afirmaram que se relacionam amigavelmente com portugueses(as) e imigrantes e 19% só com portugueses(as), sendo que aqui se destacam os moçambicanos e os santomenses. Assim, verificamos que existe um adensamento das redes de sociabilidade intra-imigrantes pelos contatos e pelas amizades que se vão construindo.

No que concerne o distrito de Braga, se, por um lado, se verificam situações de privação económica entre imigrantes africanos(a) negros(as) e portugueses(as) pobres, além de outras continuidades relativamente à língua ou mesmo filiação religiosa, tais condições materiais de vida, salvo casos excepcionais, não se replicam nas sociabilidades e nas relações interétnicas e, muito menos, em cruzamentos que impliquem relações de intimidade e sobretudo casamentos interétnicos, tal como o refere um estudante angolano:

> Quanto à comunidade africana aqui em Braga em relação à comunidade portuguesa, da experiência que eu tenho, digamos assim, há uma disparidade, uma certa discrepância, um certo afastamento, porque não é muito fácil um africano namorar ou contrair casamento com uma moça que seja portuguesa. Isso é um problema às vezes, não, isso é uma ameaça às vezes. Os portugueses entendem que isso poderia estragar a

raça e eu acho que isso está mal. Porque quando uma pessoa gosta da outra e a outra também, deve-se permitir que as coisas se passem. Se os pais intervierem para que não se realize, acho que isso é mau, acho isso mal (a, h, 40 anos, estudante).

Focalizando-nos agora nas percepções e representações dos imigrantes africanos(as) negros(as) inquiridos(as) sobre Portugal enquanto país de acolhimento, o Gráfico 5 permite-nos evidenciar as diferentes respostas dadas:

Gráfico 5: Percepções sobre o acolhimento dos portugueses/as

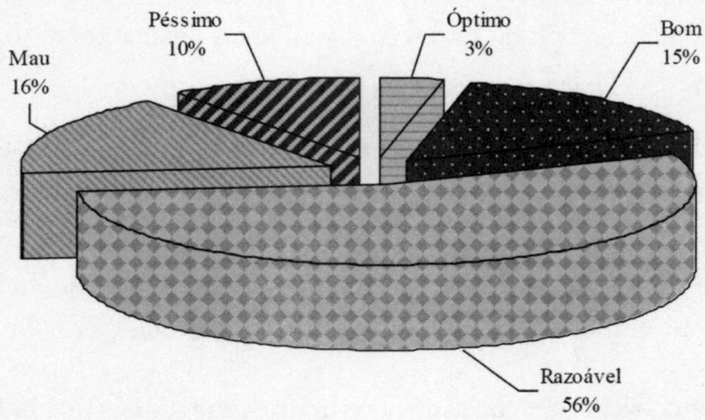

Fonte: IIAPB, 2005.

Analisando as cinco respostas, podemos subsumi-las basicamente em três: a largamente maioritária com 56% de respondentes apontando um acolhimento "razoável", seguida de 26% com acolhimento "mau" ou "péssimo" e 18% com acolhimento "bom" ou "ótimo". Dos inquéritos e das entrevistas, destilam-se diferenciados comentários: desde "são boa gente" (g, mu, 42 anos, limpeza) a atitudes mais negativas como "Eles mandam-nos embora quando querem. Nós somos colónia portuguesa, mas nós não merecíamos" (g, mu, 44 anos, 12º ano, serviço de limpeza), até outras que assumem posições de tolerância ou não hostilização, mas desde que "eles cumpram as suas obrigações". Por exemplo, uma entrevistada refere de modo incisivo e desinibido: "alguns portugueses 'racistas' não nos aceitam, querem que ocupemos o nosso lugar, não tolerando que ascendamos a uma posição acima deles" (g, mu, 42 anos, 12º ano, mulher de limpeza, professora na Guiné), sentença esta que converge com outros testemunhos já recolhidos noutros textos (Silva; Silva, 2002; Silva; Pinto, 2004).

À exceção de uma minoria residual de 2% para os quais os portugueses "não discriminam nem são racistas", para 54% "só alguns portugueses são racistas", para 30% "os portugueses são na sua maioria racistas" e para 14% os "portugueses são todos racistas", um retrato bem negativo por parte das percepções e representações dos(as) inquiridos(as) sobre os(as) portugueses(as). Mesmo podendo relativizar os 14% que dizem que todos(as) os(as) portugueses(as) são racistas, questão que pode decorrer ora de vivências concretas de discriminação, ora de generalizações simplistas, as percepções maioritárias dos(as) inquiridos(as) sobre os portugueses são total ou parcialmente negativas:

> [...] no norte, tendo em conta o conservadorismo que ainda se verifica cá, pronto, o tratamento já é diferente, porque as pessoas têm uma certa resistência em aceitar a diversidade étnica, a diversidade racial, e qualquer tipo de inovação é facilmente rejeitado (st, h, s, 21 anos, estudante).

Estas representações negativas sobre os portugueses, para além de expressar estratégias de autodefesa, articulam-se e traduzem também percepções e convicções em torno de questões mais relacionadas com factos discriminatórios, sobretudo em relação a negros(as) e a portugueses(as) ciganos(as), avaliações que, embora com diferentes graus, são anotados no Gráfico 6:

Gráfico 6: Percepções sobre os grupos mais discriminados

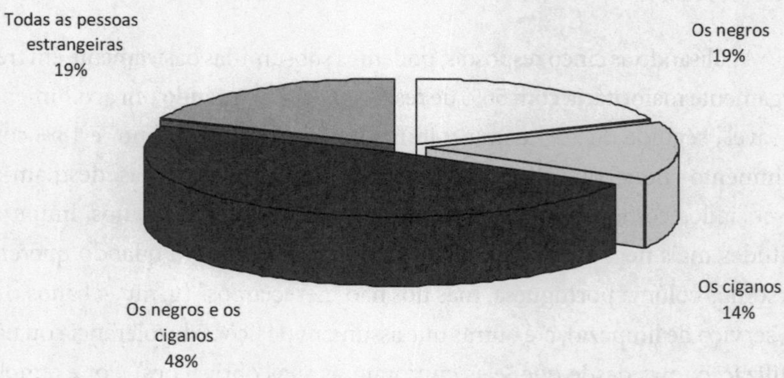

Fonte: IIAPB, 2005.

Excetuando a resposta generalizante e simplista de que todas as pessoas estrangeiras são discriminadas (19%), os mais discriminados são, na opinião de 48% dos(as) inquiridos(as), os(as) negros(as) e os(as) ciganos(as), que, quando somados aos 14% que só referiram ciganos(as) e aos 19% que só mencionaram os(as) negros(as), faz subir esse valor para 81%. Os(as) inquiridos(as) consideram, contudo, que os(as) negros(as) são os(as) mais discriminados(as), situação que poderá estar claramente associada a experiências e vivências subjetivas de construção de sentido da sua realidade e do seu estatuto enquanto imigrante.

Balanço e conclusão

Feita uma breve introdução a conceitos centrais em torno das relações interétnicas e enunciado o problema, neste texto cingi-me, com base nalguns dos resultados do inquérito e das entrevistas de projeto sobre relações interétnicas, a caracterizar de modo sintético os(as) inquiridos(as) em termos laborais e socioprofissionais para me centrar nas suas percepções e representações sobre os(as) portugueses(as) autóctones brancos(as). Traçou-se um breve panorama não só das dificuldades dos imigrantes em sua chegada, como da sua situação a nível laboral e profissional, nomeadamente do exercício de profissões predominantemente desqualificadas, mais duras e mais mal pagas. Por fim e, em particular, relativamente aos modos como são tratados(as) nas sociabilidades interétnicas e quotidianas por portugueses(as) brancos(as), releva a percepção de não se sentirem de corpo inteiro na sociedade portuguesa, o que é verificável pela sua opinião sobre as dificuldades encontradas na chegada e na permanência no país, sobretudo do lado das instituições, em particular as policiais, sobre a natureza e medida de acolhimento por parte de portugueses(as) autóctones brancos(as) e, de modo especial, sobre o modo como se relacionam com os(as) vizinhos(as) e a forma como por estes(as) são tratados(as).

As desigualdades e exclusões sociais são produzidas e reproduzidas pela ação social dos diversos tipos de atores sociais e esta, por sua vez, é estruturada pelas condições (pre)existentes das desigualdades sociais. No entanto, a fim de evitar qualquer raciocínio de tipo circular, impõe-se uma hierarquização dos níveis de análise. Assim, embora cada um dos níveis tenha a sua relativa autonomia, lógica e campo específicos, dever-se-á manter, na esteira de Luhmann (1982), Bader e Benschop (1988) e Silva (1998), a seguinte hierarquia de níveis de compreensão-explicação: o nível socio-estrutural, embora não determine totalmente, estrutura e integra o organizacional, e este, por sua vez, o interacional, afastando-se esta perspetiva plurinível de qualquer alinhamento incondicional em relação quer à teoria organizacional e das elites, quer à teoria interacionista simbólica, quer ainda à teoria dos jogos ou das redes que esquecem ou subalternizam os aspetos estruturais. Em suma, em relação ao velho dilema estrutura-ação, torna-se cada vez mais insustentável, em termos exclusivos ou unidimensionais, a defesa de um dos polos da dicotomia pelo facto de se cair ora no monolitismo, ora no dogmatismo teórico-metodológico.

Embora não tenha sido tratado de modo central, procurei aferir até que ponto os membros de minorias étnico-raciais, designadamente imigrantes, se sentem social, económica, política e culturalmente inseridos na sociedade dita de acolhimento, dando conta do relativo baixo grau de inserção social, o que se tornou visível no baixo grau de intensidade de relacionamento intervicinal e, sobretudo, na percepção de se sentirem discriminados nos contextos laboral, residencial e noutras situações de racismo quotidiano, a que Essed (2002) faz referência. Ou seja, é possível concluir que se, por um lado, ao nível das sociabilidades, os(as) africanos(as) negros(as), designadamente imigrantes, sem negar atritos e conflitualidades internas, evidenciam relações mais fortes de entreajuda, de proximidade e mesmo de amizade na vida quotidiana, por outro, nas relações entre membros de grupos étnico-raciais imigrantes e autóctones persistem, a par de alguns casos de boa vizinhança e solidariedade, bastantes preconceitos e distâncias sociais que parecem não confirmar a tão propalada política de "integração" - um conceito ambíguo, equívoco e discutível, como foi evidenciado.

No quadro das estratégias dos(as) imigrantes africanos(as) negros(as), não obstante as dificuldades constatadas, eles(as) foram melhorando as suas condições de existência e assegurando níveis mínimos e até satisfatórios nalguns casos, por comparação às suas sociedades de origem. Porém, nas sociabilidades e relações face a face, os(as) imigrantes africanos(as) negros(as), tendo a consciência das diferenciações socioeconómicas e culturais, sentindo as formas de discriminação, ora velada, ora flagrante, salvo nalguns casos em que ripostavam com raiva e revolta, ainda que contida, ficam desapontados e denotam atitudes de contenção e de evitamento de conflitos.

Às atitudes ora de indiferença, ora de exclusão e de discriminação por parte de um número considerável de portugueses(as) brancos(as), subjazem, além de preconceitos étnico-culturais, constrangimentos de vária ordem - económica, social e política -, em que as minorias étnico-raciais e imigrantes acabam por ser os bodes expiatórios do mal-estar ou privação daqueles. Com efeito, tais preconceitos e discriminações étnico-raciais expressas por portugueses(as) brancos(as), nomeadamente quando pobres, desinformados(as) e despolitizados(as), são gerados e instilados por poderes em sociedades racializadas como a portuguesa, com base em determinados traços (sobretudo cor da pele) e narrativas eivadas de representações e imagens negativas e depreciativas do "outro", do "diferente" - neste caso, do(a) africano(a) negro(a).

Revela-se, assim, urgente reconstruir espaços sociais e políticos que permitam a aceitação e o reconhecimento das suas identidades socioculturais e dos seus modos de vida para, a partir daí, obter vivências reais de multiculturalidade, sem que tal implique a subordinação ou subalternização de uma cultura pela outra. Mas isso só poderá ocorrer no quadro do já referido multiculturalismo crítico, estratégico e não apenas tático. Por outro lado, contrariamente a posições radicalizadas que assumem que só no quadro duma sociedade socialista será possível realizar uma sociedade multicultural, importa apontar, a curto e médio prazo, algumas pistas e objetivos a curto e médio prazo: estabelecer pontes de comunicação entre membros da maioria e das minorias étnico-raciais, denunciar agressões e violências raciais, estimular a criação de escolas e professores multiculturais que combatam preconceitos, apelar à responsabilidade de organizações políticas e associações cívicas, dos(as) cidadãos(ãs) e, em particular, de determinados grupos sociais relevantes na formação da opinião pública (organizações políticas, políticos, intelectuais, jornalistas, líderes locais).

Anexo 1: Diferenças salariais entre homens e mulheres

	Masculino		**Feminino**		**Total**	
	n.º	**%**	**n.º**	**%**	**n.º**	**%**
-250 €	6	3	3	5	9	4
251€ - 400€	47	27	30	49	77	33
401€ - 600€	69	40	18	30	87	37
601€ - 700€	30	17	4	7	34	15
701€ - 800€	19	11	4	7	23	10
801€ e +	1	1	2	3	3	1
Total	172	100	61	100	233	100

Fonte: IIAPB, 2003.

Siglas

IIAPB = Inquérito aos imigrantes africanos dos PALOP`s Distrito de Braga

PALOP = Países Africanos de Língua Oficial Portuguesa

SEF = Serviço de Estrangeiros e Fronteiras

Legenda por sexo: h = homem; m = mulher

Legenda sobre estado civil: s = solteiro(a); c = casado(a); v = viúvo(a)

Legenda das pessoas por nacionalidade: a = angolano(a); cv = cabo-verdiano(a); m = moçambicano(a); st = sãotomense; g = guineense.

Referências

ABOU, S. *L'identité culturelle. Relations interethniques et problemes d'acculturation.* Paris: Anthropos, 1990.

ALMEIDA, J. F. de *et al. Exclusão social. Factores e tipos de pobreza em Portugal.* Oeiras: Celta Editora, 1992.

ALMEIDA, M. V. de. *Um mar da cor da terra, raça, política e cultura de identidade.* Oeiras: Celta, 2000.

BADER, V. (1993). Etnicidade e classe social: por um mapeamento pro-teórico. *Configurações*, Braga, n. 1, p. 7-32, 2005.

BADER, V.; BENSCHOP, A. *Ongelijkheden*. Groningen: Wolters-Noordhoff, 1988.

BARTH, F. *Ethnic Groups and Boundaries*. Londres: Allen & Unwin, 1969.

BASTOS, G. P. J.; BASTOS, S. *Portugal multicultural*. Lisboa: O Fim do Século, 1999.

BECKER, H. (1963). *Outsiders: Studies in the Sociology of Deviance*. Nova Iorque, Londres: The Free Press of Glencoe, 1968.

BERRY, W. J. Acculturation as varieties of adaptation. In: PADILLA, A. (Org.). *Acculturation: Theory, Models and Some New Findings*. Boulder: Westview, 1980. p. 9-25.

BOURDIEU, P. *La distinction. Critique sociale du jugement*. Paris: Minuit, 1979.

CABECINHAS, R. *Preto e Branco. A naturalização da discriminação racial*. Porto: Campo de Letras, 2007.

CRENSHAW, K. W. Race, Reform and Retrenchment. Transformation and Legitimation in antidiscrimination law. In: BACK, L.; SOLOMOS, J. (Orgs.). *Theories of Race and Racism*. Londres, Nova Iorque: Routledge, 2000. p. 549-560.

DAVIS, A. *Women, Race and Class*. Nova Iorque: First Vintage Books, 1983.

DIAS, M. do R.; FERRER, J. G.; RIGLA, F. R. Investigação transcultural sobre atitudes face aos imigrantes: estudo piloto de Lisboa. *Sociologia – Problemas e Práticas*, Lisboa, n. 25, p. 139-153, 1997.

DU BOIS, W. E. B. (1903). *The Souls of Black Folk*. Greenwich: Fawcett Publications, CT, 1961.

DURKHEIM, E. (1893). *A divisão do trabalho social*. Lisboa: Presença, 1977.

DUSSEL, E. *Política de Liberación*. vol. II, Madrid: Trotta, 2009.

ELIAS, N.; SCOTSON, J. L. (1963). *The Established and the Outsiders. A Sociological Enquiry into Community Problems*. Londres: F. Cass, 1969.

ESSED, P. (1984). Everyday Racism. A New Approach to the Study of Racism. In: ESSED, P.; GOLDBERG, D. T. (Orgs.) *Race Critical Theories*. Malden, Oxford: Blackwell Publishing, 2002. p. 176-194.

FANON, F. *Les Damnés de la terre*. Paris: Maspero, 1961.

FERNANDES, A. T. Etnicização e racização no processo de exclusão social, *Sociologia*, Porto, n. 1, vol. 5, p. 7-69, 1995.

GIDDENS, A. *Sociologia*. Lisboa: Fundação Calouste Gulbenkian, 1997.

GILROY, P. *There Ain't No Black in the Union Jack: The Cultural Politics of Race and Nation*. Chicago: University of Chicago Press, 1991.

GLAZER, N.; MOYNIHAN, D. P. *Ethnicity: Theory and Experience*. England: Harvard University Press, 1975.

GOFFMAN, E. *Les rites d'interaction*. Paris: Minuit, 1974.

GOFFMAN, E. (1963). *Estigma. Notas sobre a manipulação da identidade deteriorada*. Rio de Janeiro: Guanabara, 1988.

GONZALEZ, L. Por um feminismo afro-latino-americano. *Caderno de Formação Política do Círculo Palmarino*, [s.l.], n. 1, p. 12-20, 2011.

HALL, S. (1980). Race Articulation and Societies Structured in Dominance. In: ESSED, P.; GOLDBERG, D. T. (Orgs.). *Race Critical Theories*. Malden, Oxford: Blackwell Publishing, 2002. p. 176-194.

HENRIQUES, J. G. *Racismo no país de brandos costumes*. Lisboa: Tinta da China, 2018.

HOOKS, B. Racism and Feminism. In: BACK, L.; SOLOMOS, J. (Orgs.). *Theories of Race and Racism*. Londres e Nova Iorque: Routledge, 2000. p. 373-388.

KHAN, S. *African Mozambican Immigrants: Narrative of Immigration and Identity and Acculturation Strategies in Portugal and England*. Warwick: University of Warwick, Centre for Research in Ethnic Relations, 2003.

LUHMANN, N. (1970). *The Differentiation of Society*. Nova Iorque: Columbia University Press, 1982.

MACHADO, F. L. Etnicidade em Portugal: contrastes e polarização. *Sociologia – Problemas e Práticas*, Lisboa, n. 12, p. 123-136, 1992.

MACHADO, F. L. Luso-africanos em Portugal: nas margens da etnicidade. *Sociologia – Problemas e Práticas*, Lisboa, n. 16, p. 111-134, 1994.

MAESO, S. R.; ARAÚJO, M. (Orgs.). *Os contornos do eurocentrismo: raça, história e textos políticos*. Coimbra: Almedina, 2016.

MARQUES, J. F. O neo-racismo europeu e as responsabilidades da Antropologia. *Revista Crítica de Ciências Sociais*, Coimbra, n. 56, p. 35-60, 2000.

MARTINS, M. G. *As migrações internacionais e o aumento do racismo e da xenofobia na União Europeia*. Braga: Universidade do Minho, 1996.

MEMMI, A. *O Racismo*. Lisboa: Caminho, 1993.

MYRDAL, G. *An American Dilemma. The Negro Problem and Modern Democracy.* Nova Iorque: Harper and Row, 1944.

OLIVA, A. R. *et al.* Apresentação. Tecendo redes antirracistas: Áfricas, Brasis, Portugal. In: OLIVA, A. R., CHAVES, M. N., FILICE, R. C. G.; NASCIMENTO, W. F. (Orgs.). *Tecendo Redes Antirracistas*: Áfricas, Brasis, Portugal. Belo Horizonte, São Paulo: Autêntica, 2019. p. 13-20.

OLIVEIRA, R. C. de. *Identidade, etnia e estrutura social.* São Paulo: Livraria Pioneira, 1976.

OMI, M.; WINANT, H. Racial Formation. In: ESSED, P.; GOLDBERG, D. T. (Orgs.). *Race Critical Theories*. Malden e Oxford: Blackwell Publishing, 2002, p. 123-145.

PARKIN, F. *Marxism and Class Theory*. A Bourgeois Critique. Londres: Tavistock Publications, 1979.

PARSONS, T. (1951). *El sistema social.* Madrid: Alianza Editorial, 1988.

PETTIGREW, T. F.; MEERTENS, R. W. O racismo velado: dimensões e medidas. In: WIEVIORKA, M. (Org.). *Racismo e modernidade: actas do Colóquio "Três Dias sobre o Racismo"*. Venda Nova: Bertrand, 1995. p. 111-128.

PIERRÉ-CAPS, S. *A Multinação: o futuro das minorias étnicas na Europa Central e Oriental.* Lisboa, Instituto Piaget, 1995.

PINTO, J. M. Considerações sobre a produção social de Identidade. *Revista Crítica de Ciências Sociais*, Coimbra, n. 32, p. 217-231, 1991.

QUIJANO, A. Colonialidad del poder: eurocentrismo y América Latina. In: LANDER, L. (Org.). *La colonialidad del saber, eurocentrismo y ciencias sociales. Perspectivas Latino-Americanas*. Buenos Aires: Consejo Latinoamericano de Ciencias Sociales (CLACSO), 2000. p. 246-276.

REX, J. *Raça e Etnia*. Lisboa: Editorial Estampa, 1986.

REX, J. Estratégias antirracistas na Europa. In: WIEVIORKA, M. (Org.). *Racismo e modernidade: actas do Colóquio "Três Dias sobre o Racismo"*. Venda Nova: Bertrand, 1995. p. 283-300.

ROLDÃO, C.; ABRANTES, P. *Os afrodescendentes no sistema educativo português.* Lisboa: CIES-ISCTE-IUL, 2016.

SANTOS, B. de S. Construção multicultural da igualdade e da diferença. In: VI CONGRESSO BRASILEIRO DE SOCIOLOGIA, 1995, Rio de Janeiro, *Anais do VI Congresso Brasileiro de Sociologia.* Rio de Janeiro: Universidade de Rio de Janeiro, 1995 e na Oficina do CES, 1999, n. 135, p. 1-63.

SAN ROMÁN, T. (Org.). *Entre la marginación y el racismo. Reflexiones sobre la vida de los gitanos.* Madrid: Alianza Editorial, 1986.

SCOTT, J. *Domination and de Arts of Resistance*: Hidden Transcripts. New Haven, Londres: Yale University Press, 1990.

SEABRA, T. *Estratégias familiares de socialização das crianças: etnicidade e classes sociais*. Lisboa: ISCTE, 1994. Dissertação (Mestrado em Sociologia) - Escola de Sociologia e Políticas Públicas, Instituto Superior de Ciências do Trabalho e da Empresa, Lisboa, 1994.

SILVA, M. C. *Resistir e Adaptar-se. Constrangimentos e estratégias camponesas no Noroeste de Portugal*. Porto: Afrontamento, 1998.

SILVA, M. C. Racismo e conflitos interétnicos: elementos para uma investigação. *Revista Crítica de Ciências Sociais*, Coimbra, n. 56, p. 41-63, 2000.

SILVA, M. C. *Sina Social Cigana - História, Comunidades, Representações e Instituições*. Lisboa: Edições Colibri, 2014a.

SILVA, M. C.; SILVA, S. Práticas e representações sociais face aos ciganos. O caso de Oleiros, Vila Verde. *Antropológicas*, Porto, n. 6, p. 57-86, 2002.

SILVA, M. C.; PINTO, M. G. Conflitos interétnicos latentes: um estudo de caso no concelho de Barcelos. *Cadernos do Noroeste*, Braga, v. 12, n. 6, p. 97-112, 2004.

SILVA, M. C.; SOBRAL, J. M. *Etnicidade, Nacionalismo e Racismo. Migrações, minorias étnicas e contextos escolares*. Porto: Afrontamento. 2014b.

SIMMEL, G. (1903). A metrópole e a vida mental. In: VELHO, O. G. (Org.). *O fenómeno urbano*. Rio de Janeiro: Guanabara, 1987.

STOER, S.; CORTESÃO, L. *Levantando a Pedra. Da Pedagogia Inter/Multicultural às Políticas Educativas numa época de transnacionalização*. Porto: Afrontamento, 1999.

STOLCKE, V. O enigma das intersecções: classe, raça, sexo, sexualidade. A formação dos impérios transatlânticos do século XVI ao XIX. *Estudos Feministas*, [s.l.], v. 14, p. 15-42. 2006.

TAGUIEFF, P.-A. O anti-racismo em crise. Elementos duma crítica reformista. In: WIEVIORKA, M. (Org.). *Racismo e modernidade: actas do Colóquio "Três Dias sobre o Racismo"*. Venda Nova, Bertrand, 1995. p. 308-344.

TAGUIEFF, P.-A. *La force du prejugé*. Essai sur le racisme et ses doubles. Paris: La Découverte, 1987.

TOURAINE, A. O racismo hoje. In: WIEVIORKA, M. (Org.). *Racismo e modernidade: actas do Colóquio "Três Dias sobre o Racismo"*. Venda Nova: Bertrand, 1995. p. 25-43.

VALA, J.; LOPES, D.; BRITO, R. *Novos racismos*: *Perspectivas Comparativas*. Oeiras: Celta, 1999.

VENÂNCIO, J. C. *Colonialismo, antropologia e lusofonias*: *repensando a presença portuguesa nos trópicos*. Lisboa: Veiga, 1999.

WACQUANT, L. A estigmatização territorial na idade da marginalidade avançada. *Sociologia*, Porto, n. 16, p. 27-39, 2006.

WEBER, M. (1920). *Economy and Society*. Berkeley, Londres: University of California Press, 1978.

WIEVIORKA, M. *El espacio del racismo*. Barcelona. Buenos Aires: Paidós, 1992.

XIBERRAS, M. *As teorias da exclusão: para uma construção do imaginário do desvio*. Lisboa: Instituto Piaget, 1993.

Sobre as autoras e os autores

Andy Monroy Osório é cabo-verdiano e reside em Fortaleza (CE) há 15 anos. É músico multi-instrumentista, DJ e ativista de causas sociais. É graduado em Comunicação Social, mestre em História e Letras pela Universidade Estadual do Ceará (UECE/MIHL) e doutorando em História Social pela Universidade Federal do Ceará (UFC). Faz pesquisas sobre representações de raça e gênero na mídia, ensino de história da África e movimentos anticoloniais. É membro do Grupo de Estudos Discurso, Identidade, Raça e Gênero (GEDIRG) e do Caldeirão: confluências anticoloniais do Programa de Pós-Graduação em História da Universidade Federal do Ceará (PPGH/UFC).

Angélica Ferrarez de Almeida é professora, pesquisadora, mestre em História Social da Cultura pela Pontifícia Universidade Católica do Rio de Janeiro (PUC-RJ) e doutora em História Política pela Universidade Estadual do Rio de Janeiro (UERJ). Pesquisa sobre a história social do samba e das mulheres no pós-abolição e tem diversos artigos publicados na área. É coordenadora de pesquisa no Museu do Samba, cocuradora da exposição Pequenas Áfricas do Instituto Moreira Sales (IMS) e compõe o júri do Estandarte de Ouro do carnaval carioca. Integra a rede de pesquisadores(as) e ativistas do Tecendo Redes Antirracistas.

Débora Cristina Sales da Cruz Vieira é doutora em Artes Cênicas, mestre em Educação pelo Programa de Pós-Graduação em Educação (2015) e especialista em Educação Infantil (2012), todos pela Universidade de Brasília (UnB). Graduada em Letras (português-espanhol) pelo Centro Universitário de Brasília (1998), é professora da Secretaria de Estado de Educação do Distrito Federal (SEEDF) desde 1997, atuando na docência, coordenação pedagógica e gestão. Tem experiência como pesquisadora na área de Educação Infantil, com ênfase em narrativas infantis, processos imaginativos e literatura para crianças. Atuou como membro do Comitê Distrital pela Primeira Infância entre 2013 e 2018. Integra o Círculo Vigotskiano: Grupo de Estudos em Teoria Histórico-Cultural, o grupo de pesquisa Imagens e(m) Cena (UnB/CNPq) e o Fórum de Educação Infantil do Distrito Federal (FEI-DF).

Débora de Jesus Borges Vieira é licenciada em Gestão pela Faculdade de Economia da Universidade de Porto (U.Porto/FEP) e mestranda em Relações Internacionais e Diplomacia Econômica (UniCV/RIDE). É técnica de finanças nível I do quadro da Direção Geral do Património e da Contratação Pública do Ministério das Finanças e do Fomento Empresarial.

Elisângela de Santana é mestre em Cultura, Memória e Desenvolvimento Regional pela Universidade do Estado da Bahia (Uneb) e doutoranda em Estudos Étnicos e Africanos pela Universidade Federal da Bahia (UFBA). É professora efetiva da Secretaria Estadual de Educação do Estado da Bahia (SEC) e da Prefeitura Municipal de Lauro de Freitas (BA). Áreas de interesse: narrativas autobiográficas; anticolonialismo; escravidão contemporânea; e educação antirracista.

Euclides Pereira Cabral é mestrando em Relações Internacionais e Diplomacia Econômica pela Universidade de Cabo Verde (UniCV/RIDE) e pela Universidade Aberta de Lisboa, em Portugal. Atua como professor de ensino básico e professor e coordenador pedagógico no concelho de São Lourenço dos Órgãos.

Eufémia Rocha é mestre e doutora em Ciências Sociais pela Universidade de Cabo Verde (UniCV), onde trabalha como professora auxiliar. Atua na área das Ciências Sociais com ênfase em Antropologia como pesquisadora vinculada ao Centro de Investigação em Ciências Sociais e Políticas (CICSP) e ao Centro de Investigação e Formação em Género e Família (CIGEF), ambos da Universidade de Cabo Verde (UniCV). Tem experiência principalmente nos seguintes temas: mobilidades e migrações internacionais na África Ocidental; relações étnico-raciais, racismo e xenofobia; gênero e migrações; e religião tradicional.

Fábio Florenço Gomes (Kwesi M. H. Ta Fari) é doutor e mestre em Educação pela Universidade Federal do Ceará (UFC, 2014), graduado em História pela Pontifícia Universidade Católica do Rio de Janeiro (PUC-RJ, 2007), pós-graduado em História da África e do Negro no Brasil pelo Centro de Estudos Afro-Asiáticos da Universidade Cândido Mendes (CEAA/UCAM, 2010). Possui certificação para o ensino de Yoga Africano (Kemetic Yoga Skills). Tem experiência como professor de História e pesquisador no ensino de História. Já desenvolveu atividades de pesquisa no Brasil, Cabo Verde, Senegal e Guiné-Bissau. Áreas de interesse: história da África; diáspora africana; musicologia; pedagogia; movimentos sociais; espiritualidade.

Kwame Gamal Mascarenhas nasceu na Bélgica, é artesão e começou a sua aprendizagem na formatação do arame através do alicate em 1997, no Brasil. É graduado em Educação Física pela Universidade Federal do Paraná (UFPR). É percussionista e criador do Bloco Obá. Fundou o Bloco Afro Abel Djassi na cidade da Praia, em Cabo Verde, e criou o grupo Afroband. Na percussão acompanha vários artistas como Isa Pereira, Heavy H., Uziel Sança, entre outros. Gamal é professor de educação física no ensino secundário na cidade da Praia. Aposta na capoeira e na dança como modalidade de lecionar.

Leandro Santos Bulhões de Jesus é historiador, licenciado e mestre pela Universidade do Estado da Bahia (UNEB), com especialização, doutorado e pós-doutorado pela Universidade de Brasília (UnB). Coordena o Núcleo de Documentação e Laboratório de Pesquisa Histórica do Departamento de História da Universidade Federal do Ceará (NUDOC/UFC), onde é professor da graduação em História do programa de Mestrado Profissional em Ensino de História. Pesquisa temas que versam sobre teorias contra-hegemônicas e contracoloniais, com interesse nas questões: luta por território, memória e educação de povos indígenas e quilombolas; ações afirmativas, como as Leis 10.639/03 e 11.645/08; e cinemas africanos. É colíder do Grupo de Estudos em Políticas Públicas, História, Educação das Relações Raciais e de Gênero (Geppherg/FE-UnB/UFC) e do Caldeirão: confluências anticoloniais do Programa de Pós-Graduação em História da Universidade Federal do Ceará (PPGH/UFC). Integra a rede internacional de pesquisadores(as) do Tecendo Redes Antirracistas e da Rede de Historiadoras(es) Negras(os). É membro do Programa Cientista Chefe da Cultura da Fundação Cearense de Apoio ao Desenvolvimento Científico e Tecnológico (Funcap/Secult-CE) e é o atual coordenador do GT de História e Cultura Visual da Associação Nacional de História (ANPUH-BA).

Loyde Cardoso é doutoranda em Literatura e Práticas Sociais pelo Programa de Pós-Graduação em Literatura da Universidade de Brasília (POSLIT/UnB). Sua experiência profissional abrange o ensino fundamental e médio em escolas particulares e públicas do Distrito Federal. É integrante do grupo de pesquisa Literatura, Corpo e Práticas Sociais. Atua também como educadora social na Secretaria de Desenvolvimento Social do Distrito Federal.

Manuel Carlos Silva é graduado em Direito pela Universidade de Lisboa (ULisboa) e em Sociologia pela Universidade de Amsterdã (UvA), onde se doutorou *cum laude* em 1994, em Ciências Sociais, Culturais e Políticas. Foi distinguido com o Prêmio Sedas Nunes pela obra *Resistir e adaptar-se: constrangimentos e estratégias camponesas no Noroeste de Portugal* (Afrontamento, 1997). É professor catedrático aposentado em Sociologia da Universidade do Minho (UMinho), na qual foi diretor do Centro de Investigação em Ciências Sociais (CICS). É membro integrado do Centro Interdisciplinar de Ciências Sociais (CICS.Nova/UMinho), professor visitante no Programa Pós-Graduação de Desenvolvimento, Sociedade e Cooperação Internacional na Universidade de Brasília (PPDSCI/UnB) e investigador do Núcleo de Estudos de Urbanos e Regionais (NEUR-CEAM/UnB). Foi diretor do curso de Sociologia (1995-1998), do departamento (2000-2002) e do curso de doutorado em Sociologia da Universidade do Minho (2006). Lecionou Teorias Sociológicas, Sociologia Rural e Urbana, Sociologia do Desenvolvimento e Desigualdades Sociais, Estratificação e Classes Sociais. Foi avaliador de cursos em Ciências Sociais em Portugal pela Agência A3ES (2010-2014), de candidaturas para bolsas de doutorado e pós-doutorado (2004-2013), assim como da produção científica em Ciências Sociais na Fundação para a Ciência e a Tecnologia (FCT) e na Agenzia Nazionale di Valutazione del Sistema Universitario e della Ricerca (ANVUR). Foi coorganizador de vários congressos nacionais, nomeadamente da Associação Portuguesa de Sociologia (APS), onde também foi presidente (2010-2012), e internacionais (CongLab, 2009). É membro do Grupo de Estudos em Políticas Públicas, História, Educação das Relações Raciais e de Gênero (Geppherg/FE-UnB/UFC). Integra a rede internacional de pesquisadores(as) do Tecendo Redes Antirracistas.

Miguel de Barros nasceu em Bissau no ano de 1980 e foi reconhecido como uma das personalidades mais influentes da África Ocidental em 2019 pela Confederação da Juventude da África Ocidental (CWAY), acumulando reconhecimento e atuação internacional. Já tendo ganhado, em 2018, o Prêmio Pan-africano Humanitário de Liderança em Pesquisa e Impacto Social, é o coordenador da Célula de Pesquisa de História, Antropologia e Sociologia do Centro de Estudos Amílcar Cabral (Cesac), do qual também é cofundador. Foca o seu trabalho na sociedade civil, nos jovens e processos participativos, seja em pesquisas, formação ou atuação junto à comunidade. É membro do Grupo de Estudos em Políticas Públicas, História, Educação das Relações Raciais e de Gênero (Geppherg/FE-UnB/UFC). Integra a rede internacional de pesquisadores do Tecendo Redes Antirracistas.

Odair Barros-Varela é professor auxiliar da Universidade de Cabo Verde (UniCV), onde desempenhou a função de presidente da comissão executiva da Escola de Negócios e Governação (ENG). É professor convidado na Universidade Federal do Pará (UFPA) e em outras universidades estrangeiras. É graduado em Relações Internacionais, mestre e doutor em Sociologia pelo Centro de Estudos Sociais (CES/UC) e pela Faculdade de Economia da Universidade de Coimbra (FEUC). Realizou um pós-doutorado em Ciência Política na Faculdade Ciências Políticas e Direito da Université du Québec à Montreal (UQAM). É investigador associado em alguns centros de pesquisa nacionais e internacionais e é presidente do Centro de Produção e Promoção de Conhecimentos (CeProK), com sede em Cabo Verde. Recebeu o Prêmio Fernão Mendes Pinto (edição 2013), atribuído pela Associação das Universidades de Língua Portuguesa (AULP) em parceria com a Comunidade dos Países de Língua Portuguesa (CPLP), pela tese de doutorado defendida na Universidade de Coimbra em 2012, trabalho que também recebeu, em 2013, uma menção honrosa no *Prêmio CES para Jovens Cientistas Sociais de Língua Portuguesa*. Possui diversas publicações nacionais e internacionais. É membro do Grupo de Estudos em Políticas Públicas, História, Educação das Relações Raciais e de Gênero (Geppherg/FE-UnB/UFC). Integra a rede de pesquisadores(as) e ativistas do Tecendo Redes Antirracistas: Áfricas, Brasis e Portugal.

Redy Wilson Lima é graduado em Sociologia (ULHT) e doutorando em Estudos Urbanos (FCSH-UNL e ISCTE-IUL). É investigador não doutorado do Centro Interdisciplinar de Ciências Sociais da Universidade Nova de Lisboa (CICS.NOVA/FCSH), investigador colaborador do Centro de Estudos sobre África, Ásia e América Latina do Instituto Superior de Economia e Gestão da Universidade de Lisboa (CEsA/ISEG), membro do Conselho para o Desenvolvimento da Pesquisa em Ciências Sociais em África (CODESRIA) e da Associação Portuguesa de Antropologia (APA) e professor assistente convidado no Instituto Superior de Ciências Jurídicas e Sociais (ISCJS). Desenvolve pesquisas etnográficas no contexto cabo-verdiano nos campos da sociologia urbana, sociologia da violência e do crime e sociologia da juventude e movimentos sociais. Atualmente desenvolve o projeto de pesquisa de doutorado sobre os processos de afirmação juvenil e apropriação do espaço urbano em Cabo Verde e colabora com a Rede das Associações Comunitárias e Movimentos Sociais da Praia no processo de mapeamento, auto-organização e governação urbana e comunitária da cidade. **É membro do Grupo de Estudos em Políticas Públicas, História, Educação das Relações Raciais e de Gênero** (Geppherg/FE-UnB/UFC) e integra a rede de pesquisadores(as) e ativistas do Tecendo Redes Antirracistas.

Renísia Cristina Garcia Filice é professora associada da Faculdade de Educação de Universidade de Brasília (FE/UnB). Também é organizadora das coletâneas *Tecendo Redes Antirracistas* I e II (2019; 2020) e autora das obras *Identidade fragmentada: um estudo sobre o negro na história da educação brasileira – 1993-2005* (2007) e *Raça e classe na gestão da educação básica: a cultura na implementação de políticas públicas* (2011), além de vários artigos sobre história, relações raciais e políticas afirmativas no Brasil. Atua na área do ensino de história do Brasil e afro-brasileira; educação antirracista e direitos humanos; políticas afirmativas; e transversalidade e interseccionalidade em raça, gênero e classe na gestão de políticas públicas. É líder do Grupo de Estudos em Políticas Públicas, História, Educação das Relações Raciais e de Gênero (Geppherg/FE-UnB/UFC) e idealizadora e integrante da rede de pesquisadores(as) e ativistas do Tecendo Redes Antirracistas.

Suliete Gervásio Monteiro (Suliete Baré) é indígena do povo Baré, Rio Negro (AM), bacharela em Engenharia Florestal e mestranda em Direitos Humanos e Cidadania, ambos pela Universidade de Brasília (UnB). Atuante no movimento indígena, foi presidente da Associação dos Acadêmicos Indígenas da UnB (AAIUnB). É pesquisadora no Observatório dos Direitos e Políticas Indigenistas (OBIND), possui experiência na área de impacto social, cultural e ambiental, com ênfase em Políticas Indígenas, Direitos Humanos dos Povos Indígenas e Território Indígena. É mãe desde 2008.

wanderson flor do nascimento é professor de Filosofia e Direitos Humanos na Universidade de Brasília (UnB). Pesquisa sobre filosofias africanas, relações raciais, abordagens anticoloniais em política e epistemologia, tradições brasileiras de matrizes africanas – com ênfase nos candomblés – e formação docente para a educação antirracista e antipatriarcal. É membro do Núcleo de Estudos Afro-Brasileiros da Universidade de Brasília (NEAB/CEAM/UnB) e colíder do Grupo de Estudos e Pesquisas em Educação, Raça, Gênero e Sexualidades Audre Lorde (GEPERGES Audre Lorde/ UFRPE/UnB/CNPq). Integra a rede de pesquisadores(as) e ativistas do Tecendo Redes Antirracistas.

Este livro foi composto com tipografia Minion Pro e impresso
em papel Off-White 80 g/m² na Formato Artes Gráficas.